KB189649

누구나 알고 싶어 하는 불상의 마음

불·보살·십대제자

누구나 알고 싶어 하는 불상의 마음

고명석 지음

조계종
출판사

내 마음속에 스민
불·보살님

우리 국토의 산이며 들판, 풍경 소리 그윽한 산사에는 많은 불佛·보살菩薩님들이 영겁의 미소를 품은 채 우리를 반기고 있다. 그뿐 아니다. 사천왕이며 금강역사 등의 호법신중護法神衆들이 퉁방울만한 눈을 굴려대면서 삿된 무리의 범접을 가로막으면서 선남선녀들에게 보호의 손길을 내민다.

이렇게 불·보살과 신중神衆들은 자비로운 얼굴로, 대지에 굳건히 서 있는 불탑이나 부도에 부조된 당당함으로, 아름다운 불화의 형식으로 우리의 마음을 감싸 주거나 보호하고 있다.

보통 불상이라 할 경우, 부처님 상만을 그렇게 부르는 것으로 알고 있는데, 커다란 의미에서 볼 때, 불상에는 보살상이나 신중상도 포함된다.

한국인의 정신을 일깨우고 다잡아 주는 값진 문화유산으로 그 내면의 빛을 우리 영혼에 들이붓고 있는, 전통이 켜켜이 쌓인 불상들, 그러나 우리는 그러한 불·보살이며 신중을 대할 때 한갓 미적인 요소를 갖춘 돌덩이나 작품쯤으로 지나친다. 부처님이 어떤 분이며 무엇을 의미하는지 모르고 그냥 스쳐 지나갈 뿐이다. 그리고 그 님들에 대해 알고 싶어도 제대로 정리된 자료가 없으며, 있다 해도 단편적이거나 피상적인 고찰에 불과할 뿐이어서 항상 아쉬워하는 실정이다.

그래서 필자는 이전부터 불·보살·신중을 망라해서 그 님들의 이름이며 탄생 배경, 역할, 간직된 이야기, 역사, 신앙 및 문화적 특징을 정리하기 시작했다. 종교적, 사상적 조명도 곁들여 깊이 있는 이해를 통해 이 시대를 살아가는 사람들과 공감의 장을 형성하고자 했다. 간혹 잘못된 정보를 바로잡기도 하고, 통일되지 않은 여러 입장도 정리해가면서 앞으로의 나아갈 방향에 관한 의견을 제시한 부분도 있다. 그리고 불상이나 불화 등의 문화유산에 담겨 있는 불교 사상과 신앙을 이 시대의 언어로 소통할 수 있게 제시하였다.

이렇게 해서 100문 100답 형식으로 15년 전에 대원정사에서 책을 간행하였지만 절판되고 말았다. 다행히도 다시 새로운 인연을 맺게 되어 기쁘다. 불필요하거나 잘못된 부분은 덜어내고 새로운 내용을 가필하여 새롭게 출간하게 되었다. 현재 시점에서 다시 또 보고 성찰하면서 재집필했으며 발전된 불교학설과 불교의례도 반영하였다. 그리고 신중에 대한 내용도 곧 책으로 발간할 예정이다.

이 책을 읽어나갈 때 기왕이면 순서대로 읽기를 추천한다. 하지만 어느 특정 분야를 먼저 보더라도 해당 사항을 한눈에 파악할 수 있도록 서술하였으므로, 독자들은 관심 사항에 따라서 어느 항목이든 자유롭게 선택하여 읽어도 무방하다.

필자는 이러한 책을 집필할 만큼 탁월한 학문적 업적을 쌓은 사람은 아니다. 그러나 그동안 배우고 느끼고 체험한 것을 여러 사람과 나누는 과정에 불상과 불화에 대한 인문학적 안목이 생기게 되었다. 무엇보다도 중요한 점은 불교라는 종교를 나의 살아 있는 신앙으로 간직하기 위해 부단히도 고민해 왔다는 것이다. 하나하나 전공 분야에서 볼 때 부족한 점도 있겠지만, 여러 분야를 문화와 신앙 그리고 사상이 어우러진 글로 갈무리했다는 점에서 조그마한 자부심을 가진다.

책을 편찬할 때 많은 도움과 조언을 주었던, 지금은 열반의 세계에 머물러 있을 일지一指 스님께 감사한다. 그리고 문제점을 지적하고 문장을 다듬어준 고광영 전 불교시대사 사장께 감사한다. 안타깝게도 고광영 사장도 얼마 전 열반에 들었다. 두 분에게서 받은 덕이 너무 많은데, 준 것이 별로 없다. 이 책을 통해서라도 두 분의 목소리가 들렸으면 한다.

마지막으로 이러한 자리를 베풀어 준 제불보살님들이며 여러 호법신들게 그리고 사랑하는 아내에게 두 손 모아 합장 배례한다. 조계종출판사 직원들에게도 감사의 마음을 전한다.

2014. 6.

고명석 씀

차 례

2 | 슬퍼하는 자의 벗,
보살菩薩

3

번뇌의 티끌, 십대제자

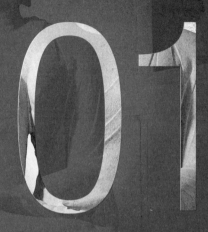

01

깨달음의 향기,
영원한 우리의 님,
불佛

부처와 부처님

부처가 되는 것인가, 부처님을 믿는 것인가?
—

부처인가,
부처님인가?

본래 불교는 언행과 마음을 잘 다스려 고통의 질곡을 빠져나가 탁 트인 해탈, 해방의 세계로 나아가는 나 자신을 중요시한다. 주인공인 나 자신이 깨달아 부처가 되는 것이 불교가 추구하는 최고의 가치이자 지고의 목표이다. 부처는 누구나 될 수 있는 일반 명사이다. 그래서 일반적으로 불자들은 법회가 끝나면 "성불成佛합시다"라고 합장하며 서로 덕담의 예를 나눈다. 우리 모두 부처가 되자는 것이다. 나아가 선불교禪佛教에서는 누구나 '본래 부처'라고 천명한다. 본래 누구나 깨달음의 품성과 덕성, 자질과 역량을 지니고 있다는 것이다. 그래서 바로 이 자리에서 그 깨달음을 실천하자는 신행 문화도 형성되고 있다.

반면 믿음의 대상으로서 부처님도 우리에게 힘과 용기를 주고 고통과 어둠의 질곡에서 구해내는 성스러운 님이시다.

부처의 산스크리트 원어는 '붓다Buddha'이다. 이 말은 '깨닫다'라는 동

깨달음의 향기, 영원한 우리의 님, 불佛

사 원형 '부드bud'에서 파생된 명사로 '깨달은 자'를 의미한다. 깨달아 번뇌가 자취도 없이 사라진 자를 일컫는 것이다. 그러나 우리는 '깨달은 자'라고 말하지 않고 '부처님' 또는 '부처', 혹은 '붓다'라고 말한다. 이는 일상 언어로서는 풀어서 해석해 내지 못하는 독특한 뉘앙스가 있기 때문이다. 그래서 불교가 중국에 전래되어 '붓다'를 표기할 때는 그 속어형, 아마도 중앙아시아어로 '부도' 내지는 '보드'라고 발음됐을 말을 '부도浮屠'라고 음사音寫하게 된다. 물론 '각자覺者' 또는 '지자知者'라는 번역어도 있었지만 그 예는 극히 드물다. 이 부도란 말의 일본식 발음이 '후토'다. 여기에 '케'가 덧붙어 '후토케'가 되고 다시 '호토케'로 와전되어 굳어졌다 한다. 지금도 일본에서는 부처님을 우리말의 '님'을 의미하는 '사마'를 붙여 호토케사마라고 부른다.

당나라 시절 인도땅으로 가서 불교의 본래 모습을 직접 수학하고 돌아온 현장玄奘 스님에 이르러서 'Buddha'는 '불타佛陀'라는 말로 정형화되어 번역되기 시작했다. 따라서 한국 불교계에서는 얼마 전까지만 하여도 '불타', 또는 이 말의 변화된 형태인 '부처', 그리고 '부처님'이라는 말을 많이 써 왔지만 지금은 산스크리트의 원어를 따서 '붓다'라고 칭하는 경우도 많다.

'부처'라는 말이 나오게 된 것은 균여 스님의 『보현십원가』에서 그 실마리를 찾을 수 있다. 이에 따르면 '불타'나 '부도'를 '부텨-불체佛體'라고 했는데, 이 '부텨'가 부처의 어원일 것이라는 견해다. 그렇다면 고려 이전부터 '부텨', '부처', '부텨님', '부처님'이라고 불렀을 것이다. 이 외에도 '붇다'에서 '붇체'로, 그것이 다시 '부처'로 되었다는 설이 있다.

'붓다'라는 말이 본격적으로 쓰이기 시작한 것은 기복화된 신앙 형태에서 벗어나 불교 본래의 모습으로 돌아가자는 초기 불교 운동, 그 불교의 참모습 찾기 운동이 새로운 불교를 꿈꾸는 불자들에게 강하게 어필한 결과라 생각된다. 사실 믿음의 대상으로서 부처님보다는 깨달아 붓다가 되는 길이 불교의 본래 모습이기 때문이다. 그리고 산스크리트의 '붓다'라는 말에는 부처님이라는 표현 또한 포함되므로 요즘은 붓다라는 말을 많이 쓰고 있다.

그러나 '부처' 혹은 '붓다'라 부르면 거기에는 뜨거운 신앙심이 결여된 듯 보인다. 맹목적인 기복불교가 문제가 되지만 신앙의 측면에서 믿고 의지할 수 있는 영원한 님으로서의 부처님 또한 중생들에게는 소중하다. 부처님은 인류의 구제자요 만생의 자비로운 어버이시기에 절대적 귀의와 예경을 표현하는 것이 마땅하다. 그렇다면 우리말로는 당연히 부처님으로 불러야 할 것이다. 그런데 내가 깨달음에 이른다고 할 때는 '내가 부처님이 된다'고 하기보다는 '내가 부처 혹은 붓다가 된다'거나 '내가 부처 이룰 적에'라는 표현이 더 적절하다.

그리고 엄밀한 의미에서 절대적 님, 귀의의 대상으로서 부처님은 결코 깨달음의 주체로서 부처 혹은 붓다와 별개의 인물이 아니다. 그리고 본래 부처인 나와도 별개의 인물이 아니다. 왜 그런가?

자력 신앙과 타력 신앙

정토淨土: 극락세계에 가서 태어나는 것을 강조하는 정토불교淨土佛敎에서는 아미타 부처님께 무조건 믿고 의지하면 구원을 얻는다는 타력他力신앙을 내건다. 그러나 중생을 정토로 인도하는 아미타 부처님도 사실 법장法藏 비구 스님이 괴로움에 빠진 중생의 현실을 보고, 한 사람이라도

깨달음의 향기, 영원한 우리의 님, 불佛

사바세계에서 고통당하는 사람이 있다면 나는 절대 성불하지 않겠다고 서원을 발하여 수행한 결과 부처가 된 것이다. 즉 한 수행자가 원을 발하고 수행한 끝에 대자대비한 부처님의 경지에 이른 것이다. 여기서 우리는 중요한 사실을 알게 된다. 바로 타력을 강조하는 정토불교의 밑바탕에서도 인간이 절대자가 되는 자각적 깨달음, 인간으로부터 절대자에게로 작용하는 힘의 방향이다. 그리고 다시 그 붓다가 인간을 구원하는 부처님으로 자리 잡게 된다. 이 지점에서 우리는 자각적으로 깨달은 자와 인류를 구제하는 구원자 사이에 연결된 끈을 발견하게 된다. 이러한 점은 창조주로부터 피조물에게로 거역할 수 없는 일방통행만 허용되는 기독교의 신앙과 극명한 대조를 보여 준다.

결국 불교 입장에서 바라볼 때 가는 자는 오는 자이고 오는 자는 바로 가는 자이다. 가는 자와 오는 자 사이에 일방통행의 단절은 없다. 부처님 자비의 힘으로 정토의 저 세계에 가는 자가 결국 지혜의 힘으로 깨달음을 얻어 중생 구제를 위해 다시 이 세상으로 돌아온다. 저세상으로 가는 자와 이 세상으로 오는 자는 동전의 앞뒷면과 같다. 이런 의미에서 자력적 의미의 지혜와 타력적 의미의 자비는 떨어질 수 없는 불이적不二的 구조를 이룬다. 여기에는 근접하기 어려운 배타적이고 가부장적인 주종 관계보다는 서로를 따사롭게 감싸 안는 가슴 뭉클한 휴머니즘과 무애자재한 생명이 약동하고 있다.

사실 자기를 닦는 자력적인 과정에서 자기를 잊어가고 자기를 잊은 그 자리는 어느새 주변의 모든 것들이, 온갖 타력이 작용한다. 우리 스스로 진리를 추구한다 할 때, 거기에는 그러한 진리로 이끄는 외부적인 힘과 다양한 인연이 작용하고 있다고 볼 수 있다. 진리의 길로 가는 과정 그 하나하나의 순간에는 자력뿐만 아니라 부처님의 타력이나 그 밖의 도움을 주는 외부의 다양한 인연도 작용하여 서로 어우러진다.

자력적 행위 그 자체에도 거기에 온 마음을 쏟다 보면 어디선지 타력에 자신이 이끌리고, 이끌려 가는 타력적 행위 내에도 거기에 마음을 다하다 보면 자력의 움직임이 솟아난다. 자自와 타他가 만나서 저절로 완성으로 향하는 이치다. 일과 하나가 되어 열중하다 보면 내가 일을 하는 건지 일이 나를 이끄는 건지 구분이 서지 않는다. 그럴 때 가장 아름다운 작품이 탄생하는 것과 같은 이치가 아닐까 싶다.

여기서 자력과 타력 각각이 서로 밀고 당기면서 하나로 움직이는 미묘한 긴장을 보게 된다. 인생의 주인공은 주체적인 나이지만, 그런 나를 도와주는 부처님의 타력적인 가피력 또한 작용한다는 점을 깊이 새겨보아야 한다. 내 인생은 내가 걸어가고 내가 주인공인 것은 분명하다. 그런데 부처님과 보살님, 인연 맺은 이웃과 사회, 자연으로부터 그 길을 가는데 가호와 가피를 받는 것 또한 잊어서는 안 된다.

부처 · 붓다 · 부처님 · 불佛 · 여래如來

추구하는 목표는 같을지 몰라도 가는 방법과 길은 다양하다. 그 길은 각자가 처한 상황이나 조건에 따라 달리 선택할 수 있다. 방편은 다양한 법이다. 감성적이며 나약한 심성의 소유자일뿐더러 업장이 무겁고 죄업罪業 의식이 유독 강한 사람은 타력적 신앙에 어울리며, 자기 의지가 강한 주체적인 사람들은 자력적 깨달음이 잘 들어맞는다. 아니 한 개인 안에서도 이 두 가지 측면이 오락가락한다.

"강자는 어떤 고통에도 굴하지 않고 깨달음의 세계, 천당이며 극락에

갈 수 있겠지만, 태어나면서부터 정신적으로나 물질적으로 약자인 나는 어찌하면 좋겠습니까?"라는 어느 슬픈 얼굴을 한 사람의 절규에 어떻게 답할 것인가? 과연 생존 자체마저 위협받는, 그래서 이리저리 흔들리는 나약한 의지의 소유자에게 언제까지 자력적인 깨달음만 강조할 것인가? 아니다. 그들에게는 타력적인 믿음을 통한 구원의 길이 가장 절실하게 다가올 것이다. 거듭 말하건대 그것은 자력 신앙의 입장에서도 전혀 이 단의 길이 아니다. 타산적이고 자기중심적인 자아의 움직임을 남김없이 버리고 대자대비한 부처님께 모두 내어 맡기는 신앙으로 부처님의 힘이 자기 자신 속에 가득 차오르는 것은, 거꾸로 보면 자신을 철저히 비워 자신이 완전히 부처가 되는 것이기 때문이다. 선禪적으로는 내가 본래 부처임을 확인하고 부처의 행위를 드러내는 것이다. 그러므로 어느 위치에 서 있느냐, 어디에 마음의 중심을 두느냐가 중요할 뿐이다. 어느 길이든 자기 비움의 무아無我가 살아 움직인다면 자력이든 타력이든, 그 둘 다를 아우르든 거기에는 단절이 아닌 소통과 상생이 길이 열린다.

그렇다면 자력自力을 강조하는 느낌을 주는 '부처', 타력他力을 강조하는 듯한 '부처님' 둘 다의 칭호는 각 시대와 상황에 따라 적절히 구사될 수 있을 것이다. 그리고 그 둘 다를 아우르며 자력적인 느낌을 더 주는 '붓다' 또한 사용될 수 있을 것이다. 그래서 이 책에서도 '붓다' 혹은 '부처', '부처님'이라는 말을 동시에 쓰면서 항목마다 그에 걸맞은 용어를 선택하고자 노력했다. 그리고 모두를 아울러서 불佛 또는 여래如來라는 말도 사용했다. 불교는 그만큼 다원적이며 열려 있는 종교이기 때문이다. 단지 하나의 단어만으로 불교의 다양성을 표현한다는 것은 모래를 쪄서 밥을 짓는 것만큼이나 무모하고 어리석은 행위이다.

불교에는 왜 많은 부처님이 존재하는가?

불교에는 석가모니불 외에 많은 부처님이 존재한다. 아미타불, 비로자나불, 약사여래 등등이 그런 분들이다. 그뿐만 아니라 부처님과 거의 버금갈 정도의 보살님도 아주 많다. 왜 이렇게 다양한 부처님이나 보살님이 존재하는 것일까? 그것은 깨달으면 누구나 부처가 될 수 있고 누구나 깨달음의 성품을 지니고 있기 때문이다. 그리고 진리를 추구하면서 이웃을 향한 보편적 사랑을 실천하며 완성의 길로 가면 누구나 보살이기 때문이다. 또 누구나 그러한 보살의 마음을 품고 있기 때문이다.

경전에 등장하는 다양한 부처님은 각각의 원력이나 특성, 머무는 공간과 시간에 따라 달리 나타난다. 예컨대 아미타불이나 약사여래는 중생구제의 원력에 따라 각각의 다른 불국정토 세계를 관장하는 분이다. 연등불은 과거의 부처님이며, 석가모니불은 현재의 부처님이며 미륵불은 미래의 부처님이다. 비로자나불은 법신불로서 온 우주에 편만하신 부처님이다.

우리가 신앙의 대상으로 숭배하는 보살님들 또한 중생 구제의 원력이나 방향에 따라 다양하게 분류된다. 그분들은 중생이 아닌 성인이다. 하지만 우리 자신도 보살로서의 길을 용기 있게 걸어가며 진리를 실천하면 우리도 보살이다. 성인으로서의 보살님은 부처님이 다스리는 각기 다른 불국토에서 당신들의 소임과 원력에 따라 각기 다른 임무를 수행한다. 그들은 세상 곳곳에서 슬퍼하는 자의 벗으로서 언제나 우리와 함께 한다. 슬퍼하는 자의 벗으로 보살님들은 우리와 공감하고 소통한다.

한 부처님이 아닌 많은 부처님, 보살님들이 불교 속에 존재한다는 것은 그만큼 불교가 획일적이거나 강압적이지 않고 다양성을 인정하고 유연하며 부드럽기 때문이다. 시대와 역사에 따른 다양한 문화에 직면하여 그 상황에 맞는 맥락에서 사람들과 함께 호흡해 온 것이 불교다. 아울러 사람들의 기질에 따라 다양한 방편을 드러내면서 서로 공감하고 소통하며 각자의 길을 인정해 온 것이 불교다. 불교는 그만큼 다원적이다. 그런 의미에서 이 세계에 다양한 불·보살님들과 만나는 것은 아직 알려지지 않은 숲 속의 새로운 속살을 발견하고 가슴 벅찬 것처럼 신기하고 마음 설레는 종교적 구도의 여정이기도 하다.

여래십호
如來十號

진여와 여래

깨닫기만 하면 붓다가 된다고 했다. 그리고 우리는 본래 깨달은 존재라고 했다. 그러면 도대체 무엇을 깨닫는 것인가? 무엇이 부처의 성품이고 본래 부처의 모습인가? 그것은 있는 그대로의 진리, 사물과 존재의 참모습[實相], 다시 말해서 진여眞如라는 말로 표현되는 진리를 깨달으면 붓다가 되는 것이다. 그 진여를 실현하면 부처의 모습이 드러난다.

진여란 산스크리트 '타타타tathatā'를 번역한 말로 '그와 같은 것'을 말한다. 언젠가 한때 유행가로 많은 사람의 사랑을 받았던 그 '타타타'이다. 왜 '타타타'인가? 왜 '그와 같은 것'이라고 했는가?

언어와 사유를 뛰어넘은 궁극의 진리를 표현하는 길은 난망하다. 우리들의 말과 생각은 한계가 있다. 한 개의 사과도 자신이 직접 만져보고 먹어봐야 그 모습과 맛을 제대로 알지, 아무리 말로 설명해도 그 모양이며 참맛을 정확히 알아낼 수 없다. 우리가 일상적으로 접하는 사물도 이렇게 말과 생각으로는 정확하게 표현하기 어렵다. 그런데 사람들의 사유

깨달음의 향기, 영원한 우리의 님, 불佛

능력을 초월하는 궁극적인 진리는 어떻게 답할 수 있을까? 아마 침묵만이 그 유일한 해답일 것이다.

그 언설을 떠난 경지는 단지 '그와 같다'고 할 뿐 다른 언급은 불필요하다. 그래서 진여는 "그렇고 그렇다"고 하며 '여여如如'라고도 부른다. 그 '타타타'를 온몸으로 깨달은 인격이 '타타가타tathāgata'이다. 이 '타타가타'를 한문으로 번역하면 '여래如來' 혹은 '여거如去'가 된다. 즉 '타타tathā'란 '그와 같이', '여실하게'라는 뜻의 부사인데, 여여하게 진여의 세계로 가는 것이 '가타gata'요, 여실하게 그곳으로부터 오는 것이 '아가타āgata'로서, 전자의 경우를 '여거'라 하고 후자를 일러 '여래'라 한다. 다시 말하자면 그와 같은 진리의 세계에 도달했기 때문에 '여거'요, 그 세계로부터 중생을 구제하러 이 사바세계에 왔기 때문에 '여래'인데, 일반적으로 그 중생 구제의 측면을 강조하여 '여래'라 번역하고 있다. 가고 오는 관계가 이 '여래'라는 말에서도 역동적으로 꿈틀거리지만, 자비의 방향이 강조되어 나타난다. 이 '여래'에게는 더 이상 번뇌가 없다. 번뇌가 완전히 제거되었으므로 오고 감에 걸림이 없다.

여래십호如來十號와 그 밖의 여래를 부르는 명칭

석가모니를 비롯하여 모든 여래에게는 열 가지 다른 명칭, 즉 별칭이 있는데, 이를 '여래십호如來十號'라고 한다. 명칭에는 그에 어울리는 특징이 있기 마련이다. 그 열 가지의 별칭을 분석해 보면 여래가 구체적으로 어떠한 능력의 갖추고 있는지를 알 수 있다. 그 열 가지 이름을 나열해 보면 이렇다.

응공應供, 정변지正遍知, 명행족明行足, 선서善逝, 세간해世間解, 무상사無上士, 조어장부調御丈夫, 천인사天人師, 불佛, 세존世尊.

'응공應供, Arhat'이란 말 그대로 마땅히 공양 받을 만한 분이라는 뜻이다. 맑고 향기롭고 아름다운 사람을 보면 저절로 머리가 숙여지며 공경과 예를 표하기 마련이다. 여래는 세상사의 모든 유혹을 물리치고 치열한 수행 끝에 모든 번뇌를 끊어버리고 진리를 깨달았다. 그 깨달음의 향기는 그윽하고 평화로우며 모든 곳에 소리 없이 스며든다. 나아가 여래는 진리를 깨달은 데서 그치지 않고 그 가르침을 우리에게 전해 주어 고통의 세계에서 벗어나도록 했다. 이러한 여래는 기실 모든 인간뿐만 아니라 하늘을 날고 땅속을 기어 다니는 모든 생물, 온 생명으로부터 존경받고 공양을 받을 만한 분이다.

'정변지正遍知, Samyak sam Buddha'란 다른 말로 '정등각자正等覺者'라고 한다. 우주와 인생의 모든 이치와 존재 원리를 올바로, 그리고 샅샅이 깨쳤다는 뜻에서 그렇게 불리는 이름이다.

'명행족明行足, Vidyācaraṇa-saṃpanna'의 명행은 산스크리트로 '비드야차라나vidyācaraṇa'이다. '비드야vidyā'는 지혜智慧, 영지靈知 또는 명명을 의미하고 '차라나caraṇa'는 행行을 뜻하며 '삼판나saṃpanna'는 구족具足 내지는 성취를 일컫는다. 바로 지혜와 행이 완전한 자를 일컬어 명행족이라한다. 사실 지혜와 행을 완전히 갖추기란 상당히 어렵다. 지식인들이 사회를 이끌고 비판을 하지만, 또 우리도 덩달아 뭐 좀 안다고 이것저것 말들을 많이 하나 지혜롭지 못하며 행동 또한 거기에 미치지 못하는 경우가 다반사다. 오히려 우리는 겉과 속이 다른 지식인의 허위의식을 비판하곤 한다. 그뿐만 아니라 자신의 이중적인 모습에 환멸을 느껴 허무와

깨달음의 향기, 영원한 우리의 님, 불佛

자학에 빠지곤 한다. 그래서 동서고금을 막론하고 지혜로운 이, 어진 이, 실천하는 이를 존경해 왔으며 그 모든 것을 갖춘 사람을 이상적인 인간상으로 삼았다. 여래는 그렇게 말과 행동, 지혜와 실천력을 완벽하게 갖춘 분이다.

'선서善逝, Sugata'란 "잘 갔다"라는 뜻이다. '번뇌로 가득한 이 세계를 뛰어넘어 피안彼岸의 저 언덕으로 잘 갔다' 혹은 '인생살이를 잘 경영하여 저세상으로 잘 갔다'는 것으로도 볼 수 있다. 사실 인생을 잘 사신 분만이 잘 가실 수 있다. 여래는 잘 사신 분이다. 잘 사셨기 때문에 잘 가신다. 진정 멋진 인생이셨다. 그래서 다시는 생사의 고해에 빠지지 않는다.

'세간해世間解, Lokavit'의 세世는 시간이요 간間은 공간을 의미한다. 한마디로 세간이란 시간과 공간이다. 이 세상의 모든 존재나 사건들은 이 시간과 공간에서 이루어진다. 여래란 바로 이 세상의 돌아가는 모든 이치를 꿰뚫음과 아울러 존재 원리를 깨달아 고통 받는 사람을 구제해서 그들이 나아갈 방향을 밝힌다는 뜻에서 세간해로 불리는 것이다.

'무상사無上士, Anuttara-puruṣa'란 이 세상에서 가장 높은 경지에 다다른 이, 다시 말해서 그 위에 더는 없는 이상적인 인간의 모습을 말한다. 여래는 바로 그러한 분으로 삼계독존三界獨尊 내지는 삼계존三界尊이라고도 한다.

'조어장부調御丈夫, Puruṣadamya sārathin'란 중생들을 잘 다스리고 제도하여 해탈의 세계를 이끄는 대장부라는 뜻이다. 여래는 지혜와 자비를 두루 갖추어 자신을 잘 조어할뿐더러 희대의 살인마 앙굴리마를 비롯하여 여러 중생을 그들의 기질에 맞추어 잘 제도한다.

'천인사天人師, Śāsta-devamanuyānām'는 하늘의 신들과 땅의 인간들을 인도하는 위대한 스승을 일컫는 말로 인천人天의 대도사大導師라 한다.

'불佛'이란 깨친 이로서 붓다를 말하며 세존世尊이란 세상의 모든 이치를 깨달아 중생들을 바르게 인도하는 까닭에 '세상의 존경을 받을만한 분'이라는 뜻에서 그렇게 부른다. 석가모니도 보리수 아래에서 모든 악마의 유혹을 물리치고 깨달음을 얻고부터 '세존世尊, Bhagavat'이라 일컬어졌다.

이 여래십호는 불佛 십호로 불리기도 하는데, 그럴 경우 위에서 설명한 열 가지 명호 중 불佛 대신 여래가 자리 잡는다.

이 밖에도 여래는 행복을 기르는 밭이라고 하여 복전福田, 모든 만물에 빛을 내보내 자라나게 한다는 뜻에서 태양으로 비유되기도 하고, 이 세상에서 가장 강력한 힘과 위엄을 깃춘 분이라고 해서 백수의 왕 사자獅子로 비유될 때가 있다. 여래의 말씀은 사자의 포효 같다고 하여 '사자후獅子吼'라고도 한다. 또한 여래는 중생의 병을 고치기 때문에 '대의왕大醫王'이라 칭한다.

여래는 세상이 돌아가는 이치, 세상의 존재 원리, 역사와 사회의 구조 등을 샅샅이 꿰뚫고 있다. 마음에 있는 모든 편견의 때를 모두 거두어 내고 현실 자체에 즉해서 보는 밝은 거울과 같은 존재이다.

세상이 고통으로 신음하는 목소리로 가득 찼을 때 그러한 고통의 사슬을 끊고 그것에서 벗어나는 해탈의 가르침을 베푼 여래는 우리를 깨달음의 길로 이끄는 안내자다. 또한 여래는 세상을 고통에서 건져 내는 구세자요, 절망에 빠진 사람을 구하는 구원자이기도 하다.

초기 불교에서는 여래십호를 마음으로 알아차려 떠올리고 외우는 것을 염불念佛로 일컬었다. 여래십호만 마음속 깊이 생각하고 입으로 부르면 번뇌에서 벗어나고 여래의 뜻을 이해하며 기쁨과 환희, 마음의 평화,

깨달음의 향기, 영원한 우리의 님, 불佛

나아가 삼매에 들어 해탈에 이룬다고 했다. 그뿐만 아니라 모든 공포와 두려움에서도 벗어난다고 했다. 그만큼 여래십호에는 깨달음에 이른 자의 가장 완벽한 상태가 깃들어 있기에 마음으로 잘 간직하면서 간절히 외워 선정에 들면 어떤 공포에서도 벗어나고 우리 자신도 해탈의 세계에 동참하는 것은 당연하지 않겠는가?

"여래·응공·정변지·명행족·선서·세간해·무상사·조어장부·천인사·불·세존"이라고 간절히 염송해 보자.

석가모니불
釋迦牟尼佛

석가모니불은
어째서 인류의 위대한 스승이자 성인으로 자리잡게 되었나?
—

인간, 나약하다면 갈대보다 나약하고 귀하다면 어떤 것과도 바꿀 수 없는 얼마나 고귀한 존재인가?

다람쥐 쳇바퀴 돌듯 매일 되풀이되는 일상에서 우리는 간계한 이성으로 자신과 상대방을 속이고 독선과 나태에 빠져들기도 하며, 그 잔인함으로 상대방에게 깊은 상처를 주기도 한다. 한없이 욕망을 추구해 나가다가 언젠가는 지쳐 쓰러져 절망하고 만다. 그 무기력과 허무를 이겨 내기 위해 절대적이고 전지전능한 신에 의지하여 살아가거나, 끝없이 쾌락을 추구하거나 물질적 탐닉을 통해 자신을 망각의 늪으로 함몰시키기 마련이다.

그런데 그 어느 대상에 의지하지 않고 인간 내면의 그 숭고한 가치를 발견하여 세상에 홀로 우뚝 선 이가 있으니 그가 바로 석가모니불이다. 나아가 깨달음을 보여 주고 그 깨달음을 이 사회 속에서 구체적으로 실천해 낸 분이 석가모니불이다. 끝이 보이지 않는 절망의 나락 한가운데에서도 한 줄기 구원의 손길을 보내 인간 스스로 그곳에서 헤어날 힘과 용기를 불어넣어 준 인물, 그가 바로 이 역사 속에 실제로 존재했던 석가

깨달음의 향기, 영원한 우리의 님, 불佛

모니불이다.

19세기 유럽의 학자들이 불교에 관심을 두기 시작했을 때 그들 대부분이 석가모니불의 실재성을 부정하고 가상의 인물로 단정을 내렸다. 그들은 석가모니불을 문학적으로 의인화된 신화적 인물로 제시하려 했다. 적어도 그분이 실제로 활동했다는 증거는 없다는 점을 지적하고자 애썼다. 그래서 석가모니불이 존재했다는 사실 여부에 대해서 여러 가지 설이 오가다가 그분의 체취가 흠뻑 묻은 유적을 발견하고 나서 놀라움을 금치 못했다. 서양이 세계의 중심이며 보편적 가치를 지니고 있다는 터무니없는 환상에 젖어 있고 유신론적인 견해에 물들어 있던 유럽인들에게 그들의 신과 같은 놀라운 인물이, 더구나 그들의 눈에는 한낱 미개한 지역에 불과했던 아시아에 석가모니불이 실존했다는 사실은 인정하기 힘들었다.

석가모니불,
그분은 누구인가?

석가모니불은 약 2,500년 전, 예수 그리스도가 태어나기 600년 전에 히말라야의 산자락 기슭에서 태어났다. 오늘날의 네팔 국경 지대에 있는 룸비니Lumbinī, 藍毘尼 동산에서 말이다. 그날이 음력 4월 8일이라고 해서 우리는 그 사월 초파일을 부처님오신날로 정해 기리고 있다.

석가모니의 아버지는 샤카Śākya, 釋迦족의 왕 '슈도다나Suddhodana, 淨飯王'였으며 어머니는 '마야Māyā 부인'이다. 깨닫기 전 이름은 '고타마 싯다르타Gotama Siddhātha'다. 여기서 고타마란 가족명, 즉 성性을 말한다.

석굴암 본존상

그 뜻은 좋은 소를 일컬으며 중국에서는 구담瞿曇이라고 번역했다. '싯다르타'란 '목적을 달성한 자', '뜻을 성취한 자'라는 의미다.

이 싯다르타 태자가 훗날 피골이 상접할 정도로 치열한 고행과 극단적인 고행에 대한 집착을 부정하고 깊은 선정을 통해 깨달음을 얻어 석가모니Śākyamuni, 釋迦牟尼로 불리게 된다. 석가Śākya란 석가족의 출신 부족임을 일컫는 말이고, 모니muni란 존귀한 자를 뜻하는 말로 석가족 출신의 존귀한 자가 석가모니다. 한 마디로 석가모니란 석가족의 고타마라는 성을 가진 존귀하신 분인 것이다.

고타마 싯다르타는 깨달았다. 깨달았으므로 고타마 붓다로 불리게 되었다. 여기서 고타마는 고유 명사이지만 붓다는 '깨달은 자'를 뜻하는 보통명사이다. 이 말을 예수 그리스도Jesus Christ와 비교하며 설명해 보겠다. 예수라는 말은 고타마나 이 씨, 김 씨처럼 고유 명사이다. 그리스도란 구세주 메시아를 일컫는 말로 기름 부음을 받은 자라는 뜻으로 보통명사이다. 그런데 부처님은 고타마 붓다뿐만 아니라 무수하게 존재할 수 있다. 과거칠불七佛도 있으며 미래의 부처님인 미륵불彌勒佛도 있다. 천불天佛도 있는가 하면 만불萬佛도 존재하지 못할 법은 없다. 그런데 기독교에서는 그리스도란 오직 예수 한 분뿐이다.

예수 그리스도 이후의 무수한 성인, 예를 들어 기독교를 철학적 체계로 확립한 중세 서양의 거장들인 아우구스티누스나 토마스 아퀴나스 등은 비록 그들이 기독교의 뛰어난 성인이긴 하지만 그리스도는 아니다. 따라서 "예수님은 유일한 그리스도요 우리의 주님이십니다. 아멘"하면 기독교인인 것이다. 반면 같은 종교권의 유대교에서는 예수가 예언자일지는 몰라도 메시아라고 주장하지 않는다. 이슬람교는 예수 대신 마호메트를 최후의 메시아라고 본다. 사정이야 어떻든 기독교에서는 예수를 하나님의 유일회적 계시, 궁극적 계시라고 부르면서 예수의 역사성을 굉장히 중요시한다.

반면 불교는 그다지 역사성을 중요시하지 않는다. 예수 그리스도가 역사적 인물이 아님이 증명된다면 기독교는 신앙 자체가 위협을 받지만 고타마 붓다는 이와 다르다. 고타마의 실존성이 증명되지 않는다 하더라도 누구라도 진리를 깨닫기만 하면 붓다가 되기 때문에 불교는 하등의 불안을 느끼지 않는다. 다만 고타마 붓다는 최초로 법을 터득하여 몸소 보여 준 역사상 초유의 인물이라는데 그 가치가 있다. 그 누구보다도 멋지게, 아름답게, 훌륭하게 깨달은 자로서의 전형을 보여 주었다고 보면 좋을 것이다.

석가모니불,
그는 왜 위대한 영웅인가?

고타마 싯다르타는 태어나자마자 일곱 발자국을 걸으면서 "천상천하 유아독존天上天下 唯我獨尊 삼계개고 아당안지三界皆苦 我當安之"라고 외쳤다. '하늘 위와 하늘 아래 나 하나만이 존귀하며, 온 세상이 고통에 쌓여 있으니, 내가 이를 편안케 하리라'라는 뜻이다.

여기서 일곱 발자국을 걸은 것은 여섯 가지[天, 人, 修羅, 畜生, 餓鬼, 地獄]의 윤회의 수레바퀴에서 크게 한발 더 건너뛰었다는 상징적 의미가 담겨 있다. 또한 "천상천하 유아독존"이라는 외침은 '나 하나만이 제일'이라는 독불 장군식의 발언이 아니다. 신에 의지하거나 물질에 의지하는 의타심이 아니라 인간의 고귀함, 인간 자존성에 대한 우렁찬 외침이요, 천하를 홀로 당당하게 걸어가는 인간의 본모습에 대한 확신에 찬 외침이다. 확대해석하면 누구나 부처라는 자기 확신이요 자기 선언이다.

이러한 의미를 되살려 오늘날에도 사월 초파일이 되면, 자그마한 탄생불誕生佛에 관불灌佛의식을 한다. 이는 석가모니 탄생 시 하늘에서 용이 내려와 몸에 향탕香湯을 부었다는 데서 유래하지만, 그 진정한 의미는 탄생불에 물을 부으면서 인간의 존귀한 가치를 인식하고 그 가치를 어떻게 실현하느냐를 스스로 되새기는 데 있다.

싯다르타는 16세에 야쇼다라Yaśodharā를 만나 결혼해서 아들 라후라 Rāhulla를 낳는 생의 아수라장에서 벗어나고자 29세에 출가를 감행한다. 이를 위대한 포기The Great renunciation라 한다. 왜 위대한 포기인가? 부친을 이어 왕이 될 일국의 왕자가 일반인은 도저히 엄두도 못 낼 일을 감행했고, 그 떠남과 자기 버림에서 얻은 깨달음의 빛이 영원토록 이 세계를 비추며 뭇 생명의 길을 인도해 주었기 때문이다. 바로 교묘하게 위장된 집단적 이기성의 대명사로 곧잘 표현되는 가家나 국國의 테두리를 박차고 나가 보편적 인류애의 지평을 열어나간 것이다.

출가 후 싯다르타 태자는 당대 최고의 요가 수행자들 밑에 들어가 정진한 결과 최고 경지를 맛보았지만 삶 속에서 지혜가 증득되지 않아 그들을 떠난다. 그다음 선택한 수행은 극단적인 고행이었다. 수행에는 어느 정도 고행이 동반되지만, 극단적인 고행은 그야말로 고행에 집착하는 고행주의 자체였다. 극단적인 고행은 오히려 몸과 마음을 격양시키고 유익하지 못했다. 그래서 6년간의 고행을 마치고 수자타의 유미죽을 얻어 마신 뒤 중도中道를 지향하며 보리수 아래서 선정에 든다.

"내 깨달음에 이르기까지 결코 이 자리에서 일어나지 않으리라."

그렇게 선정에 들어 온갖 마왕의 유혹을 물리치고 7일째 되던 날 새벽, 싯다르타가 고개를 들어 샛별을 바라보자 내면에 잠자고 있던 깨달음이 새벽 햇살처럼 밝아온다. 드디어 싯다르타는 마음에서 끊임없이 일어나던 번뇌를 단숨에 쓸어버리고 위대한 승리자가 되었다. 위대한 영웅이 된 것이다. 그래서 그분을 대웅大雄, Mahāvira이라 하며, 그분을 모신 궁전을 대웅전大雄殿이라 칭하게 된 것이다. 그 깨달음의 핵심 내용은 중도적 조망이다. 전통 종교나 사상에 매몰되지 않고 중도적 조망을 통해 석가모니 부처님은 새로운 깨달음 세계와 인간이 나아갈 길을 밝힌다.

그때 고타마 붓다의 나이 35세. 그날이 음력 12월 8일로 우리나라에서는 성도재일成道齋日이라 하여 전국의 사찰에서 밤새워 용맹정진을 한다. 깨달은 그 날을 기념해 부처님처럼 치열하게 정진하는 것이다.

석가모니불은 커다란 깨달음을 얻은 후 80세에 이르리 대열반에 이르기까지 어느 한 곳에 머물러 있지 않고 길에서 길로 진리의 전파에 나선다. 그것은 또한 깨달은 자의 구체적인 실천의 길이었다. 회의와 절망, 아만과 질투, 끝없는 욕망과 물욕에 눈멀어 끝내는 파멸에 이를 수밖에 없는, 고통 받는 자들에게 진리를 설한다. 말씀을 일방적으로 전달하는 것이 아니라 돌이켜 자신을 바라보게 해 스스로 '아' 하면서 깨닫게 한다. 바보·천치 같은 사람, 똥을 지어 나르는 천민, 남편에게 버림받은 여인, 극악무도한 살인마에게 서슴없이 다가가 일깨워 주며 진정한 행복과 평화에 젖어들게 한다. 각자의 능력에 맞게 어디에도 고정됨이 없이 감로수 같은 말씀을 전한다. 이를 상대방의 병에 맞추어 약을 쓴다고 하여 '응병여약應病與藥'이라 하며 상대방의 능력에 맞게 가르침을 준다고 하여 '대기설법對機說法'이라 한다. 심지어는 자신의 가르침을 뗏목에 비유하여 강을 건너면 뗏목에 대한 집착을 버리듯 자신의 가르침에도 집착하지 말 것을 당부하였다. 그래서 당신께서는 45년 동안 교화하고 다녔지만 자신은 한 마디도 말 한 바가 없노라고 했다.

　열반에 들려고 할 때 20년 동안 곁에서 시중을 들었던 아난阿難, Ananda이 흐느끼면서 마지막 설법을 간청하자 부처님은 답한다.

> "자신을 등불로 삼고 자신의 깨끗한 마음에 의지하라. 진리를 등불로 삼고 진리에 의지하라."[自燈明 法燈明, 自歸依 法歸依]
> "내가 떠난 후엔 내가 말한 가르침이 곧 너희의 스승이 될 것이다. 모든 것은 덧없이 흘러가니 쉬지 말고 정진하라."

　여기서 우리는 어떤 권위적인 모습을 털끝만큼도 볼 수 없고 숭고한 인간, 감히 누구도 구현하지 못한 완벽한 인간의 모습, 아니 인간의 격을 초월한 인간의 모습을 보게 된다. 그러한 석가모니불께 누구라도 존경과 사모의 마음을 품지 않겠는가?

구원불과 삼신불
久遠佛 三身佛

부처님은 왜
세상에 영원히 머무르며 삼신불로 존재하는가?

—

영원히 이 세상에 머무시는 부처님

석가모니불, 그분 또한 사람의 모습을 하고 이 땅에 나투셨기에 80세의
생애를 마감하고 열반涅槃의 세계로 떠나갔다. 남은 사람에게는 아무리
그분께서 법(진리)과 스스로에 의지한 각각의 삶을 살아나가라 했을지
라도 그러한 가르침을 설해준 인격의 사라짐은 너무나 허전했을 것이다.
그렇게 다정다감하고 자비로운 예지의 소유자가 갑자기 사라진 빈자리,
그 허무와 그리움의 공백을 어떻게 매울 수 있겠는가.

그러한 님을 떠나보내고 그리워하는 마음은 간절하다 못해 애절했을
것이다. 그리움은 님의 가심이 허무 속으로 사라지는 것이 아니라, 본래
의 고향, 영원한 진리의 세계로 돌아갔다는 구원불久遠佛, 영원불永遠佛
의 신앙으로 승화된다. 바로 석가모니불을 아득한 옛날부터 깨달음의 세
계에 머물러 있었다는 구원실성久遠實成의 부처님으로 모시게 된 것이다.

그러면 2,600여 년 전 인도 땅에 태어나 깨달음을 성취하고 80세의 일
기로 열반에 드신 석가모니불은 누구인가? 『법화경』에 따르면 그 대답

깨달음의 향기, 영원한 우리의 님, 불佛

은 이렇다. 석가모니 부처님 역시 영원한 님으로 머물다가 사람들에게 깨달음의 의미와 가치, 그 실천행의 전형을 보여 주기 위해 방편으로 그렇게 오셨다 가셨다는 것이다.

그래서 『법화경法華經』에서는 여래의 출현을 하나의 커다란 인연一大事因緣으로 설한다. 즉 석가모니불이 2,600여 년 전 이 땅에 출현한 이유는 중생들에게 위없는 지혜를 열어 보여 주어서 중생이 부처님의 세계로 깨달아 들어가게 하기 위해서라는 것이다. 바로 깨달음의 세계를 개開, 시示, 오悟, 입入하기 위한 방편으로 석가모니불은 이 땅에 오셨을 뿐, 그분의 진짜 몸은 항상 이 세계에 머물러 설법 교화하고 계신다는 것이다.

그 영원한 부처님을 '법신法身'이라 한다. 석가모니불께서 깨달은 것도 법이고 우리가 의지해야 할 것도 법이다. 그렇다면 법이란 무엇인가? 매년 어김없이 규칙적으로 다가오는 사시사철의 변화라든가 생겼다가 머물고 이윽고 사라지는 만상의 움직임이 법이다. 인생의 생로병사도 이 법에 따른 것이요, 꽃이 피고 지는 것도 이 법의 흐름에서 벗어나지 않는다. 그러한 이치뿐만 아니라 그러한 이치에 따라 피고 지는 꽃이나 여타의 생명, 그 밖의 사물 하나하나가 모두 법이다. 법은 진리이고 그 진리가 이세상에 드러난 모습이다. 그러나 법의 참다운 모습은 우리들의 분별적인 생각을 초월해 있다.

삼신불三身佛의 구체적인 모습들

경전에서는 그 법을 구체적으로 "이것이 있기 때문에 저것이 있다"는 연기법緣起法으로 제시한다. 연기법의 핵심은 바로 세상을 관계적으로 조망하는 것이다. 그 관계적 조망에서는 고정된 관점이나 분별의식에 머물러 있지 않는다는 것이 중요하다. 그래서 연기법은 대승불교에 들어와 공空으로 설명된다. 공이란 텅 비어 있다는 말이다. 그렇다면 공은 단지 아무것도 없다는 허무虛無를 말하는가? 아니다. 공은 고착하여 굳어진 것에 대한 부정이요 항상 새로워지려는 자유로운 생명의 흐름에 대한 큰 긍정이다.

공은 집착을 부정하며 철저하게 자기를 비운다. 그러한 공의 자기 부정과 자기 비움은 이웃에 대한 자비와 사랑으로 전개되기도 한다. 그러면서 집착이 없기에 걸림이 없다. 결박과 속박에서 벗어나 한없이 자유롭다. 어떤 무엇으로도 규정되지 않으며 분별적 지성으로 포착할 수 없다. 그러기에 텅 비어 있는 것 같지만 가득 차 있다. 딩 빈 충민이기도 하다. 공으로 대립과 분별, 편견과 억측, 집착과 갈등을 잠재우고 거기에 따라 세상을 조망하며 살아가는 것이 불자의 길이다. 그 공으로서의 법을 인격화하여 표명한 것이 '법신法身, dharma kāya'이다.

법은 태고부터 이 세상에 두루 편재해 있어 줄거나 늘어나지 않은 채로 움직인다. 생겨나거나 사라지지 않는다. 만들어진 것이 아니므로 소멸되지도 않는다. 그러한 모습으로 영원히 우주에 머문다. 따라서 법신도 영원히 머물면서 이 세상에 움직인다는 것은 당연한 귀결이다. 영원불로서 석가모니불은 이렇게 해서 우리 곁에 다시 오게 된다.

그렇다면 법신은 인간이 사유를 통해 만들어 낸 개념에 불과한가? 아니면 본래 존재하는 영원한 님인가? 물론 후자가 답이다. 법은 언제나 존재하고 있었으며 석가모니불은 단지 그것을 발견하여 보여 주었던 것이다. 진리는 영원히 존재한다. 단 그것을 인격화해 보았을 때 법신으로 다가오게 되는 것이다.

깨달음의 향기, 영원한 우리의 님, 불佛

이러한 법신불로부터 수행의 결과 복락을 수용하여 부처님이 되신 분이 '보신불報身佛, saṃbhoga kāya; 受用身이라고 함'이며 중생들의 원에 따라 몸을 나투시는 부처님이 '화신불化身佛, nirmāṇa kāya; 應身이라고도 한다' 이다.

그렇다면 보신불이란 어떠한 부처님을 말하는가? 한량없는 자비심으로 중생을 구제하고자 이 땅에 출현한 부처님이 보신불이요, 아득한 옛날부터 끝없는 수행과 공덕을 쌓은 결과로 깨달음을 얻어 붓다가 되었기 때문에 보신불이라고 한다. 또한 보신불은 그러한 공덕의 결과 아주 복된 몸을 받아서 수용한다. 공덕으로 장엄한 몸인 것이다. 구체적으로 말해서 이상적인 인물이 갖춘다는 32상 80종호三十二相 八十種好를 받아서 누리게 된 것이다. 32상 80종호는 부처님 모습으로 불상에 드러나 있는 특징을 말한다.

보신불에는 『대승기신론大乘起信論』에 의하면 다음과 같이 세 가지 특징이 있다.

첫째는 본행本行이다. 본행이란 구도자(보살)의 온갖 구도적 행위를 말한다. 보신불은 붓다가 되기 전 구도자로 있을 때 대자비심을 일으켜 모든 중생에게 이익을 주겠노라 결심하여 여러 가지 바라밀행波羅蜜行; 피안으로 가는 지혜로운 행위을 실천하였다.

둘째는 대원大願, 혹은 本願이다. 구도자는 중생이 여러 가지 고통과 죄악에서 헤매는 광경을 보고 반드시 그들을 구제하겠노라는 원願을 세운 결과 그 과보로서 붓다가 되어 영원무궁토록 중생 구제의 일을 벌인다. 모든 중생을 구제하겠노라고 48가지의 커다란 대원을 세워 마침내 성불한 아미타 부처님이나 병든 자를 고치고자 12가지 대원을 일으켜 성불한 약사여래가 그 대표적인 예이다.

셋째는 대방편大方便이다. 참된 구도자는 뭇 중생과 자신은 한 몸이라는 사실을 분명히 알기에 중생에 대한 차별심이 없다. 그래서 중생들을 남김없이 구제하고자 그들에게 맞는 갖가지 방편을 자유롭게 구사한다. 이와 같은 대방편의 지혜로부터 불가사의한 작용이 저절로 나타나 어느 곳에나 미치게 된다.

다음 화신불을 보자. 화신불의 본래 바탕도 법신불이다. 이분 역시 대자비심으로 중생을 교화하고 구제하기 위하여 여러 가지 모습으로 나타난 부처님을 가리킨다. 단 보신불과 차이가 있다면 특정한 시대와 특정한 역사 속에서 특정한 사람을 구제하기 위해서 이 삶의 현장에 모습을 드러낸다는 점이다. 그분은 법신불이 다양한 모습으로 이 땅에 몸을 드러내어(이것을 '아바타'라고 함) 중생을 구제하는 부처님이다. 우리들의 기도에 감응하는 부처님이다.

흔히 우리가 자비의 화신이니 평화의 화신이니 하면서 어떠어떠한 화신이라는 말을 하는데, 바로 그렇게 자비나 평화를 안겨다 주는 여러 부처님을 모두 화신이라 한다. 석가모니불도 2,600여 년 전 인도라는 역사의 장에 나타나 중생들을 교화했으므로 화신불이요, 앞으로 이 역사의 세계에 태어나 중생을 구제한다는 미륵불도 여기에 해당된다. 어디 그뿐이랴. 유·무형으로 우리를 따사롭게 감싸 안는 그 모든 자비의 손길이 모두 화신이기에 그러한 마음자리마다 화신불의 목소리가 들려오게 된다.

그런데 우리나라 사찰에서는 법신 비로자나불毘盧遮那佛, 보신 노사나불盧舍那佛, 화신 석가모니불을 삼신三身으로 섬기고 비로전毘盧殿에 모신다. 노사나불을 공덕으로 장엄한 부처님이기에 보신불이라 하지만, 왜 비로자나불에서 '비'가 하나가 생략된 노사나불이라 하였는지는 명확하지 않다. 추측하건대 노사나불은 소리와 형상이 없는 비로자나불을 형상화한 부처님이기 때문일 것이다. 노사나불은 부처님으로서 32상 80종호를 갖춘 비로자나불의 또 다른 이름이자 그 구체적인 인격적 현현으로 보아도 무방하기에 다만 그렇게 이름을 살짝 달리 불렀다는 얘기다. 그래서 사찰에서는 매월 음력 28일은 노사나재일盧舍那齋日로 기리고 있다. 노사나 부처님은 비로자나 부처님이 형상을 통해 드러난 인격적 나투심인 까닭에 우리는 비로자나 부처님의 세계를 기리며 그 진리의 세계를 공덕으로 원만한 노사나 부처님을 통해 간구하는 것이다.

석가모니불의 경우, 본모습은 영원한 부처님이기 때문에 법신불이요, 대자비로서 중생을 구제함과 아울러 수행의 결과 붓다가 되었기에 보신불이며, 이 역사의 세계에서 인격을 갖추고 중생을 구제해 나갔기 때문에 화신불이다. 결국 석가모니불은 법신불인 공空으로부터 자기를 비우는 자비행의 실천으로 형상을 갖추고 이 세상에 출현하여 중생을 구제하게 된 것이다. 법신불로서 석가모니가 공이라면 화신불이나 보신불로서의 석가모니불은 자비인 것이다. 석가모니불은 삼신불의 모습을 다 갖추고 있지만 삼신불의 어느 하나로 특화해서 부를 때는 2,600년 전 인도 대륙에서 중생들을 구제하였기 때문에 화신불이라 한다.

우리는 그러한 석가모니불에서 영원한 생명과 따스한 인간애를 맛본다. 그 영원한 부처님이 이 세상에서 중생을 항상 구제하고 있다. 생명의 소리, 진리의 가르침에 귀 기울이며 하루하루를 살아간다면 얼마나 평화롭고 행복한 삶이겠는가?

비로자나불
毘盧遮那佛

거룩한 침묵의 세계여,
비로자나불이여,
침묵의 가르침이여!

—

소리도 없고 형상도 없다

침묵沈黙과 적조寂照의 미美, 그것은 아마도 불교미佛教美의 최상일 것이며 이 세상에서 가장 거룩하고 장엄하며 평화스러운 미일 것이다. 색깔로 치면 무채색의 은은하고 고요한 아름다움은 다채색의 강렬한 아름다움보다 훨씬 인간을 평화롭게 하며 스스로를 반조하게 하는 숙연함이 있다. 그것은 영원으로 향하려는 인간의 속성을 군더더기 없이 말쑥하게 잘 표현한다.

바로 영원한 법신불인 비로자나불毘盧遮那佛은 그러한 모습을 가장 잘 보여 주는 대표적인 부처님이다. 『법화경』을 바탕으로 영원한 법의 인격체로서 법신불을 언급하긴 했지만 『법화경』에서는 그 대략적인 묘사만 했을 뿐, 그 구체적 특성이나 법신불의 세계에 대한 상세한 설명은 없었다. 『화엄경華嚴經』에 이르러 영원한 부처님인 법신불을 침묵의 부처님, 광명의 부처님으로 언급하면서 비로자나불을 전면에 내세운다.

비로자나불의 산스크리트 표기는 '바이로차나 붓다Vairocana Buddha'

깨달음의 향기, 영원한 우리의 님, 불佛

이다. 바이로차나는 태양이 모든 곳을 밝게 비추는 특징 내지는 태양 자체를 말한다. 원래 '골고루'라는 뜻의 부사 '비vi'와 '빛나다'라는 뜻의 동사 원형 '루츠ruc'에서 파생된 것으로 불을 가리키기도 하고 때로는 달을 지칭하기도 했다. 여하튼 태양의 빛이 만물을 비추듯이 비로자나불은 우주의 일체를 비추며 일체를 포괄한다.

그러나 이 법신불에는 형상이 없고 소리도 없다. 그래서 전혀 설법을 하지 않는다. 다만 법신불의 미간 백호에서 광명이 터져 나와 시방세계의 모든 나라를 비춘다. 그래서 비로자나불을 모신 전각을 대적광전大寂光殿 혹은 적광전寂光殿이라 하며 그 부처님 이름을 따서 비로전毘盧殿이라 칭하기도 한다. 불국사에는 설법하지 않는 전각이라는 뜻을 담고 있는 무설전無說殿이 있다. 그러나 말을 하지 않는다고 해서 전혀 말이 없는 것은 아니다.

비로자나불이 빛을 발하자 그곳에서 무수한 불·보살과 신들이 나타나 비로자나불의 세계를 찬탄하고 그 대지를 아름다운 연꽃으로 꾸미며 부처님 대신 설법한다. 바로 화엄華嚴의 바다가 펼쳐진다. 모든 사물 하나하나가 아름다운 한 떨기 연꽃으로 피어나 조화를 이루며 세계를 아름답게 장엄하니 바로 연화장蓮華藏; 연꽃으로 장엄함의 세계이다. 오케스트라를 구성하는 모든 악기가 각기 제 목소리를 내더라도 하나의 화음을 이루어 아름다운 곡을 연주하는 것을 상상해 보면 쉽게 이해가 될 것이다. 이를 일컬어 하나가 여럿과 어울리고 여럿이 하나에 들어가는 진리의 세계, 조화와 통일의 세계인 법계法界라 한다. 그러한 통일의 원리, 우주가 돌아가는 이치를 인격화해서 법신불이라고도 한다.

도피안사 철조비로자나불좌상

비로자나불,
인격화된 공空의 모습

법신불은 법, 즉 공의 인격화된 보습이다. 그렇다면 구체적으로 공의 의미를 살펴보면 비로자나불의 특징이 좀 더 확연히 드러난다. 교토학파의 일원인 히사마츠 신이치久松眞一의 「동양적 무의 성격」에 공의 특징이 잘 설명되어 있어 그 내용을 요약한다.

첫째, 무일물성無一物性이다. 무일물이란 단지 한 물건도 없다는 부정적 표현이 아니라 어떠한 집착의 흔적조차 없다는 뜻이다. 내외의 대상을 전부 끊어버리고 어떤 것에도 흔들리지 않는 경지를 말한다.

둘째, 허공성虛空性이다. 이 허공에는 얼 가지 뜻이 있다. (1) 무장애無障礙다. 말 그대로 어떤 것에도 장애를 받지 않는다는 의미이다. (2) 주편周遍이다. 허공은 모든 곳에 널리 펴져 있다는 뜻이다. 그런데 공은 마음의 세계까지 미치므로 사실 허공보다 더 그 범위가 넓다. (3) 평등이다. 취하고 버리거나, 귀하고 천하거나, 선이거니 악이거니 관계없이 모든 것을 평등하게 받아들인다. (4) 광대廣大이다. 타자로부터 한정되지 않으므로 한계가 없이 광대무변하다. (5) 무상無相의 뜻이 있다. 외형상으로나 내면상으로 어떤 한정된 모습이 없다. (6) 청정淸淨의 뜻이다. 말 그대로 맑고 깨끗하다는 의미다. 푸르른 벽공碧空을 떠올려 보라. 육체적으로 청정하다는 의미뿐만 아니라 마음 또한 명경지수처럼 청정하다. (7) 부동不動이다. 시작도 없고 끝도 없으며 불생불멸이다. 그렇다고 해서 전혀 움직이지 않는 고정된 상태를 말하는 것은 아니다. 즉 동에 대한 상대적인 개념으로서의 부동이 아닌 것이다. (8) 유공有空의 뜻이다. 자로 재거나 기하학적으로 측량하는 것이 불가능하며, 참이라든가 미 등으로 헤아리기도 불가능하다는 의미이다. (9) 공공空空이다. 공이라 해도 단순한 무가 아니다. 유무를 초월하여 유도 아니고 무도 아닌 무적 주체를 말한다. 공에 대한 머무름 또한 공에 대한 집착이므로 그러한 공마저 끊어버린 대 자유이다. (10) 무득無得의 뜻이 있다. 어떤 소득도 없다. 다른 것은 물론 자기 자신에 대한 소득도 전혀 없다. 그래서 얻을 바가 없으며不可得, 탐욕으로부터 떠나 있고無貪, 아기의 마음처럼 순수赤貧하다는 의미가 성립한다.

셋째, 즉심성卽心性이다. 허공에는 생명이 없으나 공에는 마음이라는 포근한 생명이 있다. 그러나 그것은 단순한 생명이나 마음이 아니다. 허공과 같은, 그렇지만 활기 넘치는 생명과 자각이 용솟음치고 있는 마음이다. 바로 무념 무심한 마음이 공에 담겨 있는 것이다.

넷째, 자기성自己性이다. 이는 주체적 마음을 말한다. 그것은 대상적으로 보이는 마음이 아니다. 나아가 주객으로 나누어진 이후의 이분법적인 자기가 아니라 주객으로 나누어지기 이전의 주체적 자기를 말한다.

다섯째, 자재성自在性이다. 공은 주체적일뿐더러 완전히 자재한 주체이다. 어떤 대상, 심지어 부처님에게도 속박되지 않는 진실로 자유로운 경지를 말한다. 불교의 진정한 해탈은 이러한 자재성이 철저해지는 것이다. 어디에 집착하거나 걸림이 없이 즉각적으로 상황에 응해서 자유롭게 행동하는 유희 삼매의 경지이다. 이를 인격적으로 말하면 어디에 의존하는 바 없는 참사람인 무위진인無依眞人이라 한다.

여섯째, 능조성能造性이다. 바로 창조성을 말한다. 인간은 도구를 만들어내기 시작하면서 찬란한 인류 문명을 형성해 냈다. 그러나 아무리 인간이 유용한 물건들을 만들어냈어도 생명만은 창조할 수 없었다. 즉 인간의 창조성에는 한계가 있는 것이다. 그런 의미에서 신이 모든 생명까지

만들어 낸 전지전능한 창조자라 할 수 있으나 그것은 실증되지 않은 신화에 불과하며 단지 그렇게 믿어질 뿐이다.

일체유심조一切唯心造라는 말이 있다. 모든 것은 마음이 만든다는 것이다. 이것은 단순한 신앙이 아니라 유심唯心의 실증이다. 마음은 마치 바닷물과 같아 물결이 수시로 일어나고 사라지되 물 자체는 불기불멸不起不滅하는 모습을 보여 준다. 물을 바탕으로 무수한 물결이 생겨났다가 사라지듯 공으로부터 숱한 사물들이 창조되고 사라진다.

한마디로 공은 광대무변하고 못 미치는 데가 없으며 모든 생명의 바탕이요 창조자다. 그래서 그 공의 인격화로서 법신불인 비로자나불을 가리켜 '변일체처遍一切處; 모든 곳에 두루 미치며요 광명변조光明遍照; 밝은 빛으로 곳곳을 비추지 않는 곳이 없다'라 한다. 이 비로자나불인 법신의 특징을 『대승기신론大乘起信論』에서는 진여眞如의 모습으로 다음과 같이 언급한다.

1) 크나큰 지혜요 광명이다(大智慧光明)
2) 세상의 모든 대상계를 두루 비춘다(遍照法界)
3) 진실 그대로를 아는 힘이 있다(眞實識知)
4) 깨끗한 마음을 본성으로 한다(自性淸淨心)
5) 영원하고 행복하며 자유로우며 깨끗하다(常樂我淨)
6) 청결하고 시원하며 언제나 변함이 없이 자재하다(淸凉不變自在)

진여, 법신, 비로자나불은 모든 언어와 형상을 떠나 있다. 말로 표현할 수 없다. 그러나 굳이 그 말할 수 없는 경지를 어떤 모습으로 표현하자면 위의 6가지 특징을 갖추고 있다는 것이다.

무無에서, 그 고요한 침묵에서 삼라만상이 꽃을 피우고 열매 맺으며 이 세계를 아름답게 수놓고 있다. 그것이 화엄華嚴이다.

우리나라는 예로부터 이 화엄의 비로자나 부처님을 극진히 섬겨왔다. 신라는 그 삼국 통일의 원리를 이러한 화엄의 사상에서 빌어 왔다. 해인사, 부석사, 범어사, 화엄사, 갑사, 국신사를 비롯한 전국의 유수한 사찰이 화엄의 세계관 위에 다함이 없는 백화난만한 꽃을 피운다. 거기 비로자나 부처님이 침묵의 미소를 보내고 있다. 보림사나 도피안사의 철조비로자나불 좌상도 그렇게 천 년을 훨씬 넘는 오랜 세월 동안 미소 짓고 있다.

다보여래
多寶如來

다보여래여!
다보탑과 석가탑에 새겨진 뜻은 무엇입니까?

—

증명의 부처님, 다보여래

불국사 하면 떠오르는 게 다보탑과 석가탑이다. 우리는 그저 여행이나
사찰순례를 통해서 그 외형적인 아름다움에 탄성을 자아내며 깊은 감
명을 받지만 거기에 담긴 깊은 뜻을 모르고 지나치기 일쑤이다. 나아가
다보탑은 많이 알고 있어도 다보여래는 생소한 느낌을 받는 이가 많다.
　다보여래多寶如來의 산스크리트 이름은 '프라부흐타라트나 붓다
Prabhūtaratna Buddha'라고 한다. 말 그대로 풀이하자면 보물을 많이 간직
하고 있다는 뜻인데, 여기에서 보물이란 부처님이 갖추고 있는 뛰어난 덕
성德性을 비유한다. 부처님에게는 사람이 헤아릴 수 없는 진귀한 덕성을
갖추고 있으므로 그렇게 부른 것이다. 그러나 이것은 문자 상의 정의이
다. 경전을 근거로 다보여래의 본래 의미를 정의하면 진리를 입증해 주는
증명불證明佛이라 할 수 있다
　아무리 뛰어난 진리를 설한다 할지라도, 나아가 그 진리가 우리의 상
상을 뛰어넘는 불가사의한 오묘한 경지일 때는 명확한 증거가 없으면,

깨달음의 향기, 영원한 우리의 님, 불佛

사람들은 감히 그것을 믿으려 하지 않는다. 다보여래는 바로 불가사의한 모습을 증명해 주어 사람들로 하여금 굳은 신심을 심어주고 진리의 영원성을 보증하기 위해서 나투는 부처님이다.

우리나라에서는 다보여래의 형상을 찾아보기 힘드나 그 부처님을 독특한 모습으로 조성한 다보탑이 천여 년의 세월 동안 진리를 증명하면서 불국사에 굳건히 서 있다. 『법화경』「견보탑품見寶塔品」에 실린 내용을 이야기하면서 그 의미를 되새겨 보기로 하겠다.

다보여래는 아주 먼 옛날 구도자의 길을 가고 있었을 때 큰 서원을 세웠다.

"내가 장차 성불하여 중생들을 제도하고 마침내 입멸入滅하게 되면 그대로 사리가 되어 어떠한 부처님이든 『법화경』을 설하는 장소에 탑 모양으로 땅에서 솟아나 그의 설법을 증명하리라."

이윽고 이 구도자는 깨달음을 성취해 다보여래가 되어 『법화경』을 설할 때마다 나타나 그 말씀이 사실과 다름없음을 증명하였다. 드디어 석가여래가 세상에 출현하여 『법화경』을 설하자 다보여래는 탑으로 우뚝 솟아났다. 높이 2만 리, 너비 1만 리나 되는 거대한 탑인데 공중에 덩그러니 솟아나 떠 있는 모습이 장관이었다. 그 탑은 갖가지 보물로 장식되어 아름다운 향기를 흘려보내고 있었다. 칠보로 된 그 지붕은 사천왕의 궁전까지 맞닿아 있었으며 난순欄楯: 탑의 기둥이 5천이요 감실龕室: 부처님을 모시는 조그마한 공간은 천만이었다. 그 속에서 다보여래의 목소리가 들려 왔다.

"잘하는 일이다. 잘하는 일이다. 석가여래가 두루 누구에게나 평등한 큰 지혜로 『법화경』의 진리를 가르치시니 그가 말하는 것은 모두 다

진실이요 틀림없다."

사부대중은 그 음성을 듣고 깜짝 놀라 기뻐하며 일어나 탑에 합장하였다. 그때 그 무리에서 대요설보살大樂說菩薩이 일어나 이러한 사건에 의문을 제기하며 다보여래 뵙기를 간청한다. 다보여래를 직접 보지 않으면 믿을 수 없다는 얘기다. 그러자 다보여래는 자기의 분신分身인 무수한 부처님이 시방세계에 널리 퍼져 진리를 설하고 있는데 그분들이 모두 한자리에 모이면 몸을 보이겠다고 말하였다. 곧 미간백호에서 빛을 발하자 수많은 부처님이 홀연히 등장하였다. 그들은 인간 세계의 석가여래가 계신 곳으로 가 다보여래의 보탑에 공양하자고 입을 모았다. 그들이 인간 세계로 내려오자 이 세상은 불국토로 변하여 아름다운 모습을 보여 주었다.

수많은 분신 부처님이 모두 모여 한마음으로 보탑 열기를 희구하자, 석가여래가 일어나 공중에 서자 모든 무리가 한 명도 남김없이 기립하여 합장하고는 다보여래 뵈옵기를 간청하였다. 이윽고 석가여래가 보탑의 문을 여니 그 자리에 모였던 모든 사람이 다보여래를 친견할 수 있었다. 다보여래는 탑 안의 사자좌에 앉아서 말씀하셨다.

"잘하는 일이다. 잘하는 일이다. 석가여래가 이 『법화경』의 진리를 기꺼이 설하시매 내가 이 경을 듣기 위하여 여기 왔노라."

다보여래는 자리의 절반쯤을 비워 석가여래에게 같이 앉기를 권하니 석가여래는 곧 탑 안으로 들어가 그 자리에서 가부좌를 튼다. 이윽고 석가여래는 그 자리에 모인 모든 대중을 자신처럼 아주 높은 허공에 머물게 하고는 큰 음성으로 "이 『법화경』을 오래 머물게 하라"고 당부하였다.

깨달음의 향기, 영원한 우리의 님, 불佛

이상이 「견보탑품」의 대략적인 내용이다. 중국의 대동大同이나 용문龍門 또는 운강의 석굴사원에는 삼 층으로 된 탑을 새기고 그 안에 석가와 다보 두 부처님을 나란히 모신 불상이 있다. 혹은 탑 없이 두 부처님만 나란히 조성한 불상도 더러 있다. 이를 이불병좌상二佛竝坐像이라고 하는데 우리나라에서도 이러한 형태의 불상이 눈에 들어온다. 괴산 원풍리 마애 이불병좌상, 발해 출토 이불병좌상, 죽령의 이불병좌상이 그 예이다.

다보탑에 새겨진 뜻은

다시 다보탑과 석가탑을 떠올려 보자. 그것은 『법화경』「견보탑품」을 내용으로 조형한 신라 문화의 금자탑이다. 신라는 중국 것을 그대로 모방하지 않고 독창적인 기획과 기술을 활용하여 불국사 비로전 앞에 석가여래와 다보여래를, 하나의 탑이 아닌 두 개의 탑으로 조형하여 세계적으로도 가장 아름답고 함축성 있는 석탑을 만들어 내었다.

다보탑은 쉽게 말해 다보여래의 탑이란 뜻이다. 이를 칠보탑七寶塔이라고도 한다. 칠보란 부처님의 일곱 가지 덕성을 보물로 비유한 것이다. 탑에는 바로 그러한 부처님의 변함없는 영원한 실상, 즉 법신이 깃들어 있다.

땅에서 솟아오른 탑은 높이가 2만 리(500 유순)요 폭은 1만 리라 했다. 여기서 높이는 인과因果의 깊이를, 폭은 덕德이 널리 이웃에 스며들고 있는 모습을 말한다. 이 탑이 땅에서 솟아올라 공중에 머무른다. 땅은 어리석은 인간의 마음 상태를 일컫는 것이어서, 땅에서 떠나 공중에 의연하게 자리를 잡고 있다는 것은 모든 집착에서 벗어나 공空에 섰다는 의미이다.

다보탑에는 많은 공간이 있다. 경에서는 사면으로 향기를 자욱하게 뿜는다고 하였다. 주석가들은 이를 사제四諦의 도풍道風이 사덕四德의 향기를 불어대는 것이라고 하였다. 탑은 사천왕의 궁전에 닿았을뿐더러 무수한 신三十三天들이 꽃비를 뿌린다고 하였다.

불국사의 품 안으로 들어가는 돌계단 수는 서른셋이며, 그것은 하늘나라로 한발 한발 올라서는 것을 상징한다. 붉은 안개가 서려 있다는 자하문紫霞門을 들어서면 그곳은 이미 불국佛國이다. 이를테면 석가탑과 다보탑, 다시 말해서 석가여래와 다보여래는 그 불국의 주인공이다. 다보여래는 법신불이요 석가여래는 보신불이자 화신불이다. 그리고 수많은 부처님의 분신노 화신불이다. 보신불인 석가여래가 『법화경』의 진리를 선하자 법신불 다보여래가 이를 증명한다. 바로 석가여래의 가르침이 영원무궁한 진리임을 증명하는 것이다. 바로 그 진리의 세계가 불국이 아닌가? 여기서 우리는 석가탑과 다보탑이 서 있는 불국사를 왜 그렇게 일컬었는가 하는 그 한 가닥 실마리를 알게 된다.

영원한 진리의 말씀을 아름답게 형상화하여 거기에 강한 신심을 불어넣었던 신라인의 마음이 은은하게 전해오는 두 탑에서 우리는 다보여래의 무언의 말씀을 들어야 한다. 『법화경』의 진리를 설하는 자리, 아니 『법화경』만이 아니라 무상의 깨달음을 입증해 주는 그 자리에 증명불로서 다보여래가 우리 곁에 탑처럼 굳건하게 서 있다는 사실을 명심해야 한다.

깨달음의 향기, 영원한 우리의 님, 불佛

아미타불
阿彌陀佛

영원한 생명의 님,
아미타 부처님이시여! 죄악과 죽음의 물결 앞에서 저를 지켜주소서.

—

죽음에 직면한 인간과 아미타불

인간의 괴로움 중에서 가장 두려운 고통은 무엇일까? 틀림없이 그것은 죽음에 직면하는 고통이다. 떠나는 자건 보내는 자건 만남을 기약할 수 없는 이별의 순간은 큰 슬픔이다. 더욱이 이별이 죽음의 세계로 보내고 떠나는 것이라면 생각만 해도 몸서리쳐지는 두려움이다. 무병장수를 꾀한다는 도인이나 아무리 돈이 많은 사람도 결국에는 풀잎 끝의 이슬에 불과했다. 죽음에 이르는 병은 모든 인간을 절망케 한다. 죽음, 그것은 인간의 한계 상황이다. 그러한 죽음이 음흉한 미소를 흘려보내며 우리 곁에 서성이고 있다.

그러나 진정 인간이란 죽음 앞에서 절망할 수밖에 없는 존재인가? 그건 아니다. 그렇다면 생은 무의미해질 게 아닌가? 그 죽음을 극복하는 방법 또한 있으리라. 석가모니불이나 선사들은 자력自力, 즉 자신의 힘으로 깨달음을 통해 고통은 물론 죽음을 극복했다.

그러나 자력으로서 깨달음을 통해 죽음을 극복하는 길이 비록 바람직한 방향이라 할지라도 연약하고 힘없는 중생들에게는 그것은 한없이 멀고 힘에 벅찬 여정이다. 이 사람들에게는, 아니 비단 그런 사람들뿐만 아니라, 인간이란 누구나 그렇게 연약한 면이 있으므로 절대적 능력, 절대타력他力을 지닌 님의 힘을 빌려 죽음을 극복하고자 하는 마음이 있다.

지금 말하려는 아미타불은 인간의 한계 상황인 죽음을 물리치고 영원한 생명을 주시는 부처님으로 다가온다. 그분은 서방정토 극락세계의 교주로서 죽음의 고통에서 인간을 구제해 주는 무한한 빛이요 생명의 님이다. '아미타 붓다Amitā Buddha'라는 아미타불의 산스크리트 원어는 '아미타바 붓다Amitābha Buddha' 혹은 '아미타유스 붓다Amaitāyus Buddha'로도 쓰인다. '아미타바'는 '한량없는 빛'을, '아미타유스'는 '한량없는 수명'을 의미한다. 그래서 전자를 무량광불無量光佛, 후자를 무량수불無量壽佛이라 부른다.

우리 사찰의 무량수전이며 아미타전에 자비로운 미소를 보내고 있는 아미타 부처님, 그 부처님에 대한 신앙이 어떻게 일어나게 되었는가를 『관무량수경觀無量壽經』에서는 이렇게 전한다.

석가모니불 생애 말년의 일이다. 마가다국의 태자 아자타삿투Ajātaśattu는 석가모니불의 사촌 형제 데바닷다Devadatta의 꼬임에 넘어가 부친 빔비사라Bimbisāra 왕을 몰아내고 왕위를 찬탈했다. 그뿐만 아니라 부왕을 옥에 가두고 굶겨 죽이기 위해 외부인의 출입을 막고 음식물 반입을 금지했다. 아자타삿투의 모친이자 왕비인 베데히Vedehi, 韋提希 부인은 몸을 깨끗이 씻고 우유와 꿀로 반죽한 것을 몸에 바르고 보관寶冠에 포도주를 넣어서는 감옥으로 들어가 그 반죽을 벗겨 왕에게 먹여 주림을 면케 해 주었다.

부왕의 몸이 날로 건강을 되찾아가자 이를 수상히 여긴 아자타삿투는 그것이 어머니의 소행임을 알아차리고 부친을 살해하고 모친까지 죽이려 했으나 중신들의 간곡한 만류로 골방에 감금한 채 출입을 못하게끔 감시하였다. 부인은 분함과 억울함, 슬픔과 절망에 휩싸여 몸부림쳐보았지만 속수무책이었다.

골방에 갇힌 베데히 부인은 부처님이 계신 곳을 바라보며 부처님 뵈옵기를 간절히 염원하였다.

그렇게 기원하자 부처님께서는 목련 존자와 아난 존자를 거느리고 나타났는데, 그 주변에서는 범천과 제석천, 사천왕이 허공에서 하늘 꽃을 눈송이처럼 뿌려 부처님을 공양하고 있었다. 감격한 부인은 흐느끼면서 가르침을 청한다.

"부처님이시여, 저는 전생의 무슨 죄가 있어서 이와 같은 불효막심한 자식을 두게 되었나이까? 저는 이 천박하고 악독한 세상에서 더는 살고 싶지 않습니다. 청컨대 저에게 깨끗한 세계를 보여 주옵소서."

이에 석가모니께서는 극락정토를 보여 주고, 말세 중생을 위해서 간절히 아미타불 부르고 염불하면 그분이 계시는 극락정토에 왕생할 수 있다고 설하신다.

이상이 바로 『관무량수경』 서분序分의 대략적인 줄거리이며, 이 내용을 그림으로 표현한 것이 고려불화 '관경변상도 서분'이다.

사실 인간은 죄악이 깊고 깊어 번뇌의 불길이 그치지 않는 존재다. 이렇게 번뇌를 갖춘 인간으로 태어났기에 어떠한 수행으로도 생사에서 벗어날 수 없다. 그래서 정토불교에서는 인간이란 지옥에 가는 일이 정해졌다고 한다.

아무리 선을 행한다 하더라도 결국에는 악의 구렁텅이에 빠진 자신을 보게 된다. 그래서 기독교의 사도 바울은 말한다. "내가 원하는 바 선은 행하지 못하고 내가 원하지 않는 악을 행한다", "나는 비참한 인간이다. 누가 죽음의 육체에서 나를 구해 줄 것인가?" 불경에서도 말한다. "남의 눈에 보이는 겉모습은 현명하고 착하며 정진하는 것 같지만 탐욕, 분노, 삿됨이 많은 까닭에 간특함이 몸에 가득하다".

개심사 목조아미타여래좌상

깨달음의 향기, 영원한 우리의 님, 불佛

아미타 부처님이 존재하는 이유는 생명이 다한 사람을 극락세계로 이끄는 역할뿐만 아니라 바로 이러한 죄 많은 중생을 구원하는 데 있다. 일본 정토진종淨土眞宗 창시자, 신랑親鸞은 이런 말을 했다. "선인善人도 왕생하는데, 하물며 악인惡人이랴". '악한 사람도 왕생하는데 하물며 착한 사람이랴'라고 해야 할 것 같은데, 그 반대의 말을 하고 있는 이유는 무엇일까? 그것은 바로 악인이야말로 아미타 부처님이 구제할 대상이기 때문이다. 악인들이 없으면 아미타 부처님은 존재할 필요가 없다. 연약한 심성의 소유자거나 자신의 힘으로 어쩔 수 없는 중생에게는 오로지 아미타 부처님께 의지하는 타력왕생他力往生의 길밖에는 구원의 빛이 보이지 않는 것이다.

그러나 비단 아미타신앙은 죽어서 왕생하여 극락정토에 도달하는 것뿐만 아닌 살아서도 아미타 부처님의 도움으로 마음을 전환하여 이 삶에서 정토를 구현하는 삶을 살아가기도 한다. 그것은 염불의 힘이기도 하다.

법장 비구의 48대원

그런데 아미타 부처님의 탄생 비밀을 살펴보면 타력과 자력의 불가분리적인 움직임이 있다는 사실을 알아차리게 된다. 사실 아미타 부처님은 한 인간이 출가하여 큰 원을 세워 수행한 결과로 그렇게 되었기 때문이다.

『무량수경無量壽經』에 의하면 아득한 옛날 세자재불世自在佛이 계실 때, 지혜가 뛰어난 한 왕이 있었다. 그 왕은 세자재불로부터 법문을 듣고 크게 감복하여 모든 부귀와 왕의 자리를 버리고 출가한다. 그가 바로 법장法藏, Dharmakara 비구이다. 그는 부처님을 찬탄하고 스스로 붓다가 되기 위해서 48가지 대원大願을 세웠다. 그 원 하나하나는 중생을 구제하려는 이타행利他行으로 가득하다.

이 48대원은 대략 세 가지로 요약할 수 있다. 첫째, 극락에 왕생하는 사람을 모두 정신적으로나 육체적으로 이상적인 인격으로 실현시키리라는 원, 둘째, 극락에 왕생코자 하는 사람들을 인도하리라는 원, 셋째, 정토를 실현하리라는 원이다. 이 48대원 중 제18원이 가장 인상 깊다.

"만약 내가 부처를 이룰 때 시방의 중생들이 지극한 마음으로 믿고 원해 나의 국토에 태어나고자 나의 이름을 열 번을 불러도, 태어날 수 없다면, 나는 결단코 부처가 되지 않겠습니다."

이러한 원을 세우고 수행한 결과, 결국 법장비구는 깨달음을 얻어 극락정토의 주인공인 아미타 부처님이 된 것이다. 그렇다면 우리는 이러한 결론을 또한 내릴 수 있을 것이다. 누구든지 중생을 구하려는 간절한 원을 세우고 수행 정진한다면 붓다가 될 수 있다는 자력의 일면과 그러한 아미타 부처님으로부터 구원을 받으려는 타력의 일면이 궁극에 가서는 서로 연결될 수 있다는 사실을 말이다.

그리고 아미타 부처님의 힘으로 정토에 태어나면, 누구든 제 힘으로 수행하여 그 세계에서 붓다가 된다는 것이 정토신앙에 흐르고 있다. 그러나 정토에 태어난 자가 수행하여 붓다가 되기까지는 분명히 자력성불自力成佛이지만, 아미타 부처님께 완전히 자신을 내맡겨 정토에 왕생하기까지는 타력에 몸을 실어야 한다. 정토에 도달하기까지는 자신을 철저히 비우는 무아無我의 몸이 되어 아미타 부처님의 본원력本願力에만 의지해야 하는 것이다. 무거운 업보 때문에 고통의 바다에 빠져 허우적대다가 가라앉을 수밖에 없는 죄업 중생은 아미타 부처님의 큰 배를 타고 바다를 건너 무사히 목적지에 당도하게 된다.『나선비구경那先比丘經』에서도 부처님의 위신력을 강조하여 이렇게 말한다.

"큰 돌은 물에 뜨지 않고 가라앉기 마련이지만, 아무리 큰 돌도 배에 실음으로써 물에 뜰 수 있다."

하지만 아미타 부처님의 본원력에 몸을 맡긴다 할지라도, 염불하는 그 자체는 자력이기에 어느 정도 자력적인 노력도 들어 있는 것은 사실이지만, 아미타신앙에서는 아미타 부처님에 대한 전적인 귀의와 믿음이 필요하다는 얘기다.

아미타 부처님을 그리워하는 마음

지옥 같은 이 세상을 멀리 떠나서 자력으로는 아무것도 얻을 수 없는 절망[厭離穢土 自力絶望], 그 절망을 극복하기 위해 정토를 갈망하고 아미타 부처님께 자신의 모든 것을 바치고 귀의하는[欣求淨土 他力投歸] 삶의 길을 가려는 사람이 세상에는 많이 있다.

아미타 부처님의 정토세계로 이끄는 보살로서 관세음보살과 대세제보살이 있다. 때로는 대세지보살을 대신하여 그 자리에 지장보살이 자리잡기도 한다. 그래서 보통 절에서 아미타불상은 단독으로 모셔지는 경우도 있지만, 아미타 부처님을 좌우에 보좌하는 보살로 관세음보살과 대세지보살, 혹은 관세음보살과 지장보살과 더불어 삼존三尊 형식으로 모시기도 한다.

아미타 신앙은 신라, 고려 및 조선에 이르기까지, 특히 중국이나 일본에서 화려한 꽃을 피운다. 현 삶에서의 질곡, 그 어둠의 터널에서 빠져나와 맑고 깨끗한 저세상으로의 왕생을 그리는 마음, 그 세계에서의 아름다운 만남을 나는, 아니 우리는 고대한다. 저 강진 무위사의 아미타여래삼존좌상과 그 후불벽화국보 제313호며 불국사의 아미타불, 부석사 무량수전의 풍경 소리, 고려 불화 아미타삼존도의 자비로운 손길에서 그러한 마음이 전해오는 듯하다.

우리나라의 아미타도량은 부여 무량사, 강원도 고성 건봉사, 강진 백련사, 서울 청계산 정토사, 양산 정토원, 서울 신림동 마하보디사, 일산 문사수법회, 영천 만불사, 천안 사원사, 그 밖에 긱 지역에 산재해 있는 '정토사' 혹은 '정토', '극락'이라는 말을 단 기도도량 등이다.

나무아미타불, 여섯 글자를 자신을 텅 비운 상태에서 소리 내어 부르고 귀로 역력하게 들으며 마음으로 새겨보자. 간절한 마음으로 그렇게 불러보자. 마음은 고요하고 명징해질 것이다. 집중이 잘 안 되면 아미타 부처님의 원만한 상호를 직접 눈으로 보거나 떠올리면서 "나-무-아-미-타-불~"하고 염불해 보시라. 다른 염불법도 마찬가지다.

매달 절에서는 음력 보름날을 아미타재일阿彌陀齋日로 기리고 있다. 매일 일하면서 혹은 짬을 내어 염불할 수도 있겠지만, 아미타재일 날은 더욱 아미타 부처님을 기리면서 나무아미타불을 간절히 부르고 기도하며 수행하는 자세를 갖추면 더없이 좋다. 선망부모를 비롯한 가신 님을 추모하면서, 혹은 자신의 죄업을 참회하며 아미타 부처님의 한량없는 광명과 생명이 나를 비추고 나에게도 갖추어지길 발원하면서……

깨달음의 향기, 영원한 우리의 님, 불佛

이러한 정토신앙을 기리는 마음을 가장 잘 표현한 것 중 하나가 월명사의 「제망매가祭亡妹歌」이다.

생사의 길은
예 있으매 머뭇거리고
나는 간다는 말도
못다 이르고 가느냐.

어느 가을 이른 바람에
여기 저기 떨어지는 나뭇잎처럼
한 가지에 나고서도 가는 곳 모르온저

아! 미타의 대지에서 맛보올 그날까지
나는 도道 닦아 기다리련다.

약사여래
藥師如來

내 몸과 마음이 아픕니다.
약사여래이시여,
어찌하면 좋으리까?

—

인간은 누구나 실리를 추구한다

이익을 추구하는 것은 모든 사람의 한결같은 마음이다. 어떤 인간이건, 그 사람이 잘났든 못났든, 비렁뱅이든 대부호이든, 평범한 샐러리맨이든 지식관료이든 모두가 같다.

실리를 추구하는 최고 목표는 먹을 것, 입을 것을 비롯해 육체적으로 조금이라도 편히 지내는 데 유용한 물건을 당장 자기 것으로 만드는 데 있다. 그러나 세상만사가 자기 뜻대로 안 되는 경우가 부지기수다. 사실 자신이 열심히 일한다고 해서 무조건 이익이 보장되지는 않는다. 일에는 상대가 따를 뿐 아니라 천재지변 등 미래를 예측할 수 없는 여러 가지 돌발 상황이 벌어져 사태를 그르치는 경우가 허다하다.

비단 이러한 물질적인 이익뿐만 아니라 육체의 건강과 병고 없이 즐거운 인생을 보내기 위해 우리는 애를 많이 쓴다. 요즘은 건강을 위한 운동 시설과 보조식품이 일반화되었고 의료 기술이 발달하여 놀라운 치료 효과를 보이지만 그래도 암이라든가, 에이즈 등의 불치병에는 속수무책이다.

깨달음의 향기, 영원한 우리의 님, 불佛

많이 배웠건 못 배웠건 그럴 때 다급하게 두드리는 것이 종교의 문이다.

어떤 종교라도 그것이 대중화되기까지는 무엇보다도 현세 이익적 신앙 형태를 드러내는 것이 다반사다. 깨달음의 경지에 도달하는 것이 불교의 최종 목표라도 대중을 그러한 방향으로 이끄는 여러 가지 방편이 필요하다. 그 방편 중 가장 뛰어난 효과를 발휘하는 것이 현세 이익의 처방이다. 그래서 불교에서도 실로 다양한 현세 이익의 방법론을 끌어들여 포교의 효과를 최대한 살리고자 했다. 그것은 포교의 효과를 기하려는 의도이기보다는 중생의 고통을 없애주려는 자비의 배려다. 기독교도 마찬가지다. 예수가 약자를 만나는 계기는 두 가지 얘기로 집약된다. 하나는 기적담이고 다른 하나는 사랑을 바탕으로 한 위로담인데, 그 기적담에는 하나같이 소경이 눈을 뜨고 앉은뱅이가 벌떡 일어나 걷는 등의 현세 이익적 이야기이다.

현세 이익의 신앙은 신체적인 병 치료부터 재산과 복덕을 제공하는 이야기까지 여러 가지가 있다. 삶을 영위하는 데서 최고의 재난은 죽음이지만, 죽음보다도 그 죽음을 초래하는 병을 무찔러 우선 퇴치하는 것이 급선무다. 이 때문에 당장에 병마를 이겨내기 위한 타력적인 힘, 내지는 절대 타자의 힘이 필요하다. 그 주인공이 바로 약사여래다. 약사여래는 인간을 병으로부터 구해내 죽음을 멀리 쫓아 보내는 님으로서 대중의 신앙을 획득하게 된 것이다.

약사여래의 12대원

소슬한 바람 따라 풍경 소리 울리는 절에 가면 약사전藥師殿이며 만월보

전滿月寶殿이라는 전각이 있다. 약사여래는 거기 정중앙에 머물러 좌우에 일광보살日光菩薩과 월광보살月光菩薩을 거느리고 약함을 들은 채 중생의 아픔을 부드럽게 어루만져 주고 있다.

약사여래의 산스크리트 이름은 '바아샤자구루 바이두루야 붓다Bhaiṣajyaguru-vaiḍūrya-Buddha'로서 의사 중에서 가장 뛰어난 분을 의미한다. 따라서 의왕여래醫王如來 또는 대의왕불大醫王佛이라고 불렸으며, 동방정유리세계東方淨琉璃世界의 교주이므로 약사유리광여래藥師琉璃光如來라고도 불린다. 정淨은 청정하다는 뜻이고 유리는 칠보七寶로 불리는 일곱 가지 보석 중에 하나로 청색의 보석을 가리키는데, 만덕萬德을 갖춘 부처님의 덕성을 비유한다. 정유리세계는 약사여래가 일찍이 구도의 길을 나실 때 12가지 대원을 세워 수행한 결과 깨달음을 얻고 이룩해낸 순일무잡하고 청정한 국토다. 또한 정유리세계는 동방에 있는 둥근달이 훤히 비추는 곳이기에 만월滿月세계라고도 부른다. 이 때문에 약사전을 만월보전이라고도 하는 것이다.

약사여래의 12대원은 모두가 현실에서 고통을 당하고 있는 중생들에 대한 연민과 보살핌으로 가득하다. 『약사여래본원경藥師如來本願經』에 담겨 있는 그 하나하나를 살펴보자.

1) 자신과 더불어 다른 이의 몸에서 나는 광명이 두루 밝게 빛나기를 서원한다.
2) 거룩한 위덕威德으로 중생들의 밝은 눈이 열리기를 서원한다.
3) 중생이 얻고자 하는 바를 다 만족케 하되, 조금도 모자람이 없기를 서원한다.
4) 중생이 모두 청정한 계행戒行을 갖추기를 서원한다.

5) 모든 중생이 대승의 가르침에 편안히 머물기를 서원한다.

6) 모든 불구자의 몸이 완전히 회복되기를 서원한다.

7) 중생들의 온갖 질병을 다 없애고 몸과 마음이 안락하여 위없는
깨달음을 이루도록 서원한다.

8) 모든 여인이 그 몸을 바꿔 남자로 태어나기를 서원한다.

9) 모든 중생이 천마天魔, 외도外道의 삿된 소견을 버리고 바른 견해로
들어서기를 서원한다.

10) 모든 중생이 폭군의 악정과 사회적 부조리, 강도나 기타 적에게서
벗어나기를 서원한다.

11) 기아에 허덕이는 중생들이 모두 충분한 음식물을 섭취하게 되기를
서원한다.

12) 가난하여 헐벗은 중생들이 좋은 옷을 마음껏 입을 수 있도록 서원
한다.

『약사여래본원경』에서는 이 밖에도 이 경을 읽은 공덕으로 나라가 안
온해지고 시기적절하게 바람이 불고 비를 내리며, 무병무난無病無難해진
다고 설한다. 더불어 약사여래의 본원력을 통하여 외적의 침입과 내란을
막고, 별자리며 해와 달의 괴변, 때아닌 비바람, 가뭄, 질병 등으로 큰 재
난에 빠진 국가를 구원한다. 약사여래를 좌우에서 보좌하는 일광보살과
월광보살, 혹은 약왕보살과 약상보살도 중생들에게 병 고침과 이익을 주
는 보살님들이다. 이뿐만 아니라 12약차대장十二藥叉大將이 약사여래의
명호를 공경·공양하는 자를 옹위하고 일체의 곤란에서 구출하며 모든
소망을 이루어 준다는 측면에서 약사 신앙은 고통과 가난, 어려움의 질
곡에서 헤매는 사람들의 마음에 깊게 들어앉기 마련이다.

우리 삶 속에 전개된 약사여래

삼국시대부터 왕실에서 약사여래에 대한 신앙이 있었음을 『삼국유사』는
잘 전해 준다.

> 선덕여왕 덕만德曼이 병환이 든 지 오래되었다. 흥륜사의 스님 법척法
> 惕을 불러 그 병환을 치료했으나 오래도록 효과가 없었다. 그때 밀본
> 법사密本法師의 덕행이 국내에 알려져 좌우 신하가 바꾸기를 간청했
> 다. 왕이 그를 불러들이니 그는 침상 밖에서 『약사경藥師經』을 강하였
> 다. 경을 다 읽자마자 지니고 있던 육환장六環杖이 침실 내부로 날아
> 들어가 늙은 여우 한 마리와 법척을 찔러 뜰아래 기와로 내던지매 왕
> 의 병이 나았다.　　　　　　　　　　　　『삼국유사』「밀본법사密本法師」

　신라에 불교를 처음 전한 묵호자墨胡子도 왕녀의 병을 낫게 함으로써
신라인들에게 삼보에 대한 믿음에 확신을 갖게 한다. 신통한 치유 능력
으로 병을 고쳐 불교를 믿게 했다는 얘기인데, 사실 병고病苦는 계급과
지위 고하를 막론하고 누구에게나 찾아들기 때문에 약사신앙은 불교 전
래 초기부터 성행했을 것이다.

　비단 병뿐만 아니라 가난한 자에게 먹을 것과 입을 것, 그리고 바라
는 바 이익을 제공하기 때문에 약사여래에 대한 민중적 지지 기반은 대
단했으리라. 약사여래는 그럴듯한 전각에 모셔지기보다는 들판의 마애
불상에서 눈에 많이 띈다. 이러한 사실은 약사 신앙이 서민들의 삶 속에
깊이 녹아 있었다는 것을 간접적으로 보여 준다.

　약사 신앙은 8세기경 우리나라 민중들 사이에 크게 번지게 된다. 그

깨달음의 향기, 영원한 우리의 님, 불佛

대표적인 예를 755년경 분황사芬皇寺에 안치된 거대한 약사여래상과 백률사栢栗寺 청동 약사여래상에서 찾을 수 있다. 안타깝게도 분황사 약사여래상은 사라진 상태지만, 백률사 약사여래상은 국보 28호로 지정되어 현재 국립경주박물관에 봉안되어 있다. 8세기 이후 우리나라 불탑의 기단부에 12신장이나 팔부중八部衆, 사천왕을 조각하기 시작한 것도 이 약사 신앙과 관계가 깊다고 한다. 이들은 약사여래의 권속이었기 때문이다.

장곡사 금동약사여래좌상

또한 약사여래는 동방 정유리 정토의 교주이기에 이때부터 우리 민족에게 동방의 부처님으로 널리 신앙이 되기에 이른다.

고려 시대에도 수시로 약사도량藥師道場을 열어 민중들의 개인적 고통뿐만 아니라 외침으로부터 국가를 보호하고자 했다. 칠갑산 장곡사長谷寺의 그 상하 대웅전에 있는 철조약사여래좌상국보 제58호과 금동약사여래좌상보물 제337호은 고려 시대 대표적인 불상이다. 장곡사는 현재도 약사도량으로 유명세를 타고 있다.

오늘날 우리나라에서 기도 인파가 가장 많이 몰리는 곳은 팔공산 선본사 갓바위 부처님일 것이다. 사실 불교를 믿지 않은 어떤 사업가도 갓바위 부처님에 불공을 드리고 난 뒤 사업이 날로 번창해 가끔 찾아가 뵙는다는 얘기도 있다. 그 정도로 갓바위 부처님의 영험함이 대단하다는 것이다. 어디 사업뿐이겠는가? 지금도 득남, 건강과 쾌유, 각종 시험의 합격 등의 소원 성취를 위한 사람들의 발길이 끊이지 않는다. 그리고 놀랍게도 부처님의 가피와 효험을 실제로 얻는 사람들이 주변에 한둘이 아니다. 그런데 바로 팔공산의 갓바위 부처님이 약사여래다. 이 팔공산에는 갓바위 부처님 말고도 여러 약사여래상이 여기저기서 모습을 드러내고 있어 팔공산 자락은 소위 약사 신앙의 1번지로 불리고 있다. 남양주 흥국사나 북한산 승가사, 봉화 청량사, 완주 송광사, 창녕 관룡사, 이천 영원사, 경주 불굴사, 고성 문수사, 서울 도압사, 그리고 서울 약사사를 비롯한 전국에 산재해 있는 약사사나 약사암 또한 약사도량이다.

팔공산을 비롯하여 그 밖의 약사도량에 갈 수 없다면 매월 음력 8일 가까운 절에서 약사재일藥師齋日에 약사여래께 공양을 올리고 그간 지은 잘못을 참회하며 아픔과 괴로움을 여의게 해 달라고 간절히 기도해 보자. 간절히 마음 모아 나뿐만 아니라 이웃의 아픔과 재난의 고통을 말끔히 씻어 주시길 약사여래께 기원해 보자. 건강도 발원하며 마음 또한 살펴면 얼마나 좋겠는가.

바야흐로 기술 문명의 시대다. 이럴 때 다소 미신에 가까운 듯 보이는 약사 신앙은 그 설 자리가 없을 것 같은데 오히려 더 인기를 누리고 있다. 아무래도 과학 이상의 불가사의한 힘이 약사여래의 원에서 나오기 때문일 것이다. 나아가 의학의 발전과 인간 수명의 연장도 약사의 한 공덕이라 보면 좋을 것이다. 과학기술을 발전시켜 생산력을 향상시키는 것도 이 약사여래의 힘이리라.

과거칠불
過去七佛

과거 일곱 부처님의 존재 의미와
그 분들의 가르침은 무엇인가?

—

깨달음의 상황 인식

누구든지 깨달으면 그를 일러 붓다라 한다면 과거와 현재는 물론 미래에
도 무수한 부처님이 역사의 무대에 등장한다. 그래서 삼세제불三世諸佛이
라 했던가? 특히 과거에 일곱 부처님이 있었다는 얘기는 현재를 살아가
는 우리에게 깨달음에 대한 확신을 하게 하는 구체적인 증거가 된다.

그런데 왜 10명이나 1천 명이 아니고 7명이라고 했을까? 너무나 많은
수를 끌어오면 허무맹랑하므로 그 역사적 실재성을 설득력 있게 전달하
기 위한 배려일까? 아득한 옛날 7명의 부처님이 이 역사의 세계에 등장
하여 중생을 교화했다고 경전에 나와 있고『대당서역기』나『고승법현전』
에서 그들의 유적을 구체적으로 거론하지만 사실 그것을 곧이곧대로 믿
기에는 우리는 너무나 과학적이고 합리적인 세계에 산다. 그러나 과거칠
불의 이야기에 신화적인 색채가 강하다고 하여 그것을 허구일 뿐이라고
말할 순 없다. 특히 과거칠불 가운데 마지막 부처님인 석가모니불은 실
제로 역사 속에 존재했던 부처님이다. 석가모니불은 깨달음을 몸소 보여

깨달음의 향기, 영원한 우리의 님, 불佛

준 산 증인이기에 붓다가 된다는 것은 결코 먼 나라 얘기가 아니다. 과거 칠불의 존재 의미는 과거에도 깨달은 이가 있었다는 가슴 벅찬 소식일 뿐만 아니라, 유한한 한계 상황 속에서 우리에게 깨달음을 촉구하는 실존적 의미를 담고 있다.

과거칠불이 출현한 시기를 살펴보면 맨 처음 첫 번째 부처님으로부터 차례대로 이어지면서 인간의 수명이 짧아진다. 결국 맨 마지막의 석가모니불이 출현할 당시 인간의 평균 수명은 100세로 줄어든다. 이는 시간을 단축해 가면서 압박해 들어오는 인간의 실존적 한계 상황을 적나라하게 보여 주며 이 유한한 삶에서 성실히 깨달음의 길로 정진하라는 상징적 표현이다.

과거칠불의 명칭과 의미

과거칠불의 명호와 그 삶의 궤적을 살펴보자.

첫째, 비파시불毘婆尸佛이다. 산스크리트 이름은 '보다', '분별하다'라는 뜻의 '비파스vipas'에서 파생된 '비파신 붓다Vipaśyin Buddha'로 승관불勝觀佛·정관불淨觀佛·변견불遍見佛·종종견불種種見佛로 의역意譯된다. 모든 사태를 구석구석 잘 본다는 뜻이다. 팔정도에 정견正見이라는 말이 있다. 옳게 보고 잘 볼 때 깨달을 수 있다는 것이다. 그래서 단순한 견見이라고 하기보다는 정견正見 내지 변견遍見이라 하고, 그런 의미에서 이치를 꿰뚫는 관觀이라는 말이 더 어울린다. 이 비파시불은 과거 장엄겁莊嚴劫 천불千佛 중 998번째 부처님으로 91겁 전에 출현하였으며 이때 인간의 수명은 8만 세(일설에는 8만 4천 세라 함)였다 한다.

둘째, 시기불尸棄佛이다. 산스크리트 이름은 '시킨 붓다Sikhin Buddha'로 정계頂髻·유계有髻·지계持髻·화수火首·최상最上 등으로 의역된다. '시킨'이란 머리 정상에 상투를 틀고 있는 상태를 일컫는다. 부처님의 외형상의 특징을 거론하는 32상 중 육계肉髻라는 말이 있다. 바로 정수리의 살이 솟아나 상투 모양을 한 모습을 가리킨다. 이는 머리 중 정상으로 최고의 경지를 비유한다. 이 부처님은 과거 장엄겁 천불 중 999번째 부처님으로 31겁에 출현하였으며 당시 인간의 평균 수명은 7만 세였다 한다.

셋째, 비사부불毘舍浮佛이다. 산스크리트 이름은 '비슈바브 붓다 Viśvabhu-Buddha'로 모든 곳에 존재하고 있는 부처님을 말한다. 그래서 변일체처자재遍一切處自在·일체승一切勝·종종변현種種變現·변승遍勝·광생廣生 등으로 의역된다. 모든 곳에 자유롭게 출현하여 여러 가지로 몸을 변현하여 중생을 제도한다는 뜻이다. 과거 장엄겁 천불 중 1,000번째 부처님으로 31겁 중에 출현하였으며 이때 인간의 평균 수명은 6만 세였다 한다.

넷째, 구류손불拘留孫佛이다. 산스크리트 이름은 '쿠라쿠찬다 붓다 Krakucchanda-Buddha'로 영지領持·멸루滅累·소응단이단所應斷已斷·성취미묘成就微妙 등으로 의역된다. 번뇌와 여러 가지 삿된 견해, 그로 말미암는 잘못된 말장난이나 언어적 유희 등을 끊어 미묘한 경지를 성취했다는 뜻이다. 현재 현겁賢劫 천불千佛 중 첫 번째 부처님으로 대략 400만 년 전에 출현하였으며 당시 인간의 평균 수명은 4만 혹은 5만 세였다 한다.

다섯째, 구나함모니불拘那含牟尼佛이다. 산스크리트 이름은 '카나카무니 붓다Kanakamuni-Buddha'로 금선인金仙人·금색선金色仙·금유金儒·금적金寂·금적정金寂靜 등으로 의역된다. 카나카는 금金을 뜻하고, 무니는 존귀하신 분 또는 선인仙人을 일컫는 데서 그렇게 의역된 것이다. 이 부처님은 피부 색깔이 아주 진한 색을 띠고 있는 귀하신 존자이므로 금색선인金色仙人이라고도 불린다. 현재 현겁 천불 중 두 번째 부처님으로, 인간의 평균 수명 3만 세 때 출현하여 깨달음을 얻고 중생을 제도했다 한다.

여섯째, 가섭불迦葉佛이다. 산스크리트 명으로 '카샤파 붓다Kaśyapa-Buddha'로 음광불飮光佛로 의역된다. 현재 현겁 천불 중 세 번째 부처님이다. 인간의 평균 수명 2만 세일 때 출현한 부처님으로 이후 백 년마다 수명이 한 살씩 줄어 인간의 평균 수명이 백 세일 때 현겁 천불 중 네 번째 부처님으로 석가모니불이 출현한다. 그러니까 석가모니불이 2,600년 전에 태어나셨으므로 역으로 환산하면 가섭불은 지금으로부터 약 2만 2천6백여 년 전에 출현한 셈이다.

이 가섭불이 가부좌를 틀고 명상했던 자리가 우리 신라 땅에 전한다. 바로 황룡사지皇龍寺址에 있는 가섭불연좌석迦葉佛宴座石이다. 황룡사는 불교가 신라에 들어오기 이전 일곱군데前佛七處의 가람伽藍 터 중 하나로 지칭되는 곳으로 이는 우리나라가 예로부터 부처님이 상주하고 계셨다는 인연 있는 국토임을 입증하는 신라 불국토설의 강력한 상징이다.

이와 관련하여 과거 장엄겁 천불, 현재 현겁 천불, 미래 성수겁聖宿劫 천불을 일컬어 삼세삼겁삼천불三世三劫三千佛이라 하는데, 이중 현재 현겁 천불을 기리는 날이 매월 음력 14일인 현겁천불재일賢劫千佛齋日이다. 현시점에서 볼 때 가섭불이나 석가모니불이 과거불이기는 하지만 먼 시간의 단위로 볼 때는 현재적인 현겁의 부처님에 속하고, 여기에다 우리가 미래불로 간주하는 미륵불 역시 이러한 어마어마한 시간 단위에서 볼 때 현재 현겁의 다섯 번째 부처님으로 등장한다. 어마어마한 광겁의 시간 단위에서 현재, 미래, 과거라는 분류도 얼마나 짧은가를 알 수 있다.

과거칠불과 수행자의 자세

과거칠불과 관련하여 수행자의 생활 자세를 일깨우는 중요한 경구가 있어 소개한다. 『사분율비구계본四分律比丘戒本』에 나오는 얘기다.

인욕忍辱하는 일이 첫째가는 진리라고 부처님께서 설하였다. 비록 출가는 하였지만 남을 괴롭히면 사문이라 할 수 없다. – 첫 번째 비바시불

눈 밝은 사람은 험악한 길을 피해 갈 수 있듯이 총명한 사람은 능히 모든 악을 멀리 쫓아 보낸다. – 두 번째 시기불

비방도 질투도 하지 말고 마땅히 계율을 받들어 행하라. 음식에 족할 줄 알고 항상 고요하고 한가함을 즐겨라. 마음이 반드시 정진하기를 좋아하면 이것이 곧 모든 부처님의 가르침이다. – 세 번째 비사부불

꿀벌이 꽃을 취할 때 빛과 향기는 건드리지 않고 다만 그 맛만 취해 가듯 비구는 마을에 들어가서도 오로지 본분만 지킬 뿐, 다른 일은 신경 쓰지 않는다. 다른 일이 어찌 되었든 안중에 두지 않고 다만 자신의 행동이 올바른지 않은지를 살필 뿐이다. – 네 번째 구류손불

마음에 게으름이 없어야 한다. 성스러운 법 부지런히 행하라. 이리하여 우수憂愁가 없어지면, 마침내 열반에 들리라. – 다섯 번째 구나함 모니불

모든 악이란 악은 짓지 말고 모든 선은 받들어 행하라. 그 마음을 깨끗이 하면 이것이 모든 부처님의 가르침이다. – 여섯 번째 가섭불

입으로는 말을 조심하고 항상 그 마음을 깨끗이 하며 몸으로 모든 악을 짓지 마라. 이 세 가지는 삼업三業의 도道를 청정히 함이다. 이와 같이 행할 수 있다면 이를 위대한 선인仙人의 도道라 하리라.

– 일곱 번째 석가모니불

이 중에서 가장 중요한 구절은 "모든 악이란 악은 멀리하고 모든 선을 받들어 행하라. 스스로 그 마음을 깨끗이 하는 것, 그것이 모든 부처님의 가르침이다[諸惡莫作 衆善奉行 自淨其意 是諸佛敎]"라는 내용이다. 이를 과거 일곱 부처님의 공통된 계율이라 하여 칠불통계게七佛通戒偈라 한다. 예로부터 이 구절은 불교의 핵심을 간명하게 제시해 주고 있어 매우 중요시해왔다. 그 하나의 일화를 소개한다.

중국 당나라 시절 빽빽한 나무 가지 위에 앉아서 명상한다 하여 '새 둥지'라는 뜻의 조과鳥窠로 잘 알려진 지도림支道林 선사가 있었다. 이 선사가 살던 지방에 당대의 유명한 지식인 백거이白居易가 고을 태수로 머물면서 그를 찾았다.

"나무에 자리를 틀고 앉아 있으니 얼마나 위험하오?"

선사가 되받아친다.

"태수의 자리가 제 자리보다 훨씬 안 좋습니다."

"나는 이 지방 태수요. 여기에 뭐 위험한 것이 있겠소."

선사가 말했다.

"하오면 태수도 스스로 모르시는군요. 감정으로 불타고 마음이 불안하니, 그보다 더 위험한 일이 어디 있겠소."

그러자 백거이가 묻는다.

"어떤 것이 불법의 큰 뜻입니까?"

"모든 악을 짓지 말고 모든 선을 받들어 행하며 자신의 마음을 청정히 하는 것, 이것이 모든 부처님의 가르침이오."

백거이는 피식 웃는다.

"그것은 세 살 먹은 어린애도 아오."

나무 위에 있던 선사가 조용히 이른다.

"세 살 먹은 아이도 알지 모르나 여든 된 노인도 그것을 실천하기란 어렵소이다."

바로 불교의 핵심은 실천에 있다고 하는 가르침이지만, 그중에서 무엇보다도 중요한 것은 자기 마음을 깨끗이 하는 것, 즉 '자기 성품의 본래 청정함에 대한 깨달음'이다. 자기 본래의 성품, 바로 그 깨끗한 마음자리에 눈뜨는 것이 불교가 아니겠는가?

그런데 시간은 화살처럼 흐른다. 어느덧 죽음의 문턱이다. 어디 이 마음 밝히는 일을 뒤로 미루어야 하겠는가? 이렇게 찰나적으로 생멸하는 한세 상황에서 과거칠불의 의미는 깨달음이 서 세상의 얘기가 아닌 우리가 부둥켜안고 가야 할 과제로 제시된다는 사실을 일깨우는 부처님으로 다가온다.

깨달음의 향기, 영원한 우리의 님, 불佛

연등불
燃燈佛

연등불이시여,
영겁의 세월 속에서 부처 되리라는 굳은 언약 잊지 않겠습니다.

—

현재의 나와 영겁의 무게

"…끝없는 시간에서 서로를 뒤쫓는 영겁들, 무한한 공간에서 동시적으로 존재하는 영겁들…", "생과 사의 수레바퀴, 유출, 결실, 해체, 그리고 재유출의 윤회…". 하인리히 침머Heinrich Zimmer는 『인도의 신화와 예술 Myths and Symbols in Indian Civilization』에서 무시무종한 시간과 공간에서 유전하는 삶의 모습을 이렇게 얘기했다.

흐르는 강물을 보라. 인생은 아득한 옛날부터 흘러내려 오는 도도한 강물 가운데 하나의 작은 물방울에 지나지 않는다. 영겁으로 흐르는 시간의 작은 파편이 우리 인생을 형성한다는 설은 인도인에게는 보편적이었다.

그렇다고 해서 이러한 영겁의 흐름, 그 윤회의 과정이 전혀 무의미한 것이 아니다. 그 하나하나의 물결이나 시간의 파편에는 바로 영겁의 무게가 실려 있다. 오늘 내가 서 있는 이 자리에도 영겁이 공간적 너비와 시간적 길이를 지니고 동시적으로 존재한다. 그 동시적으로 존재하는 영겁의 무게가 현재 자신의 삶을 결정하는 삶의 궤적이다. 석가모니불도 영겁의 기간을 거쳐 그 씨줄과 날줄을 오직 깨달음이라는 일념으로 짜온 결과, 결국 이 땅에서 붓다가 된 것이다.

바로 석가모니불이 깨달음에 뜻을 두고 구도의 길을 가던 시절, 그 구도자에게 반드시 미래에 성불하리라는 약속을 한 부처님이 연등불燃燈佛이다.

연등불의 산스크리트 명은 '디팡카라 붓다Dīpaṃkara Buddha'이다. '디팡카라'란 '등불을 켜다'라는 뜻으로 청년 석가의 마음에 보리의 등불을 켜게 하는 부처님으로 정의된다. 정광불定光佛, 보광불普光佛로도 불렸으며, 제화갈라提和竭羅로 음역音譯되기도 한다.

연등불과 식가모니불의 인언담을 살펴보자. 여기서 석가모니불은 수메다Sumedha, 善慧라고 불리는 유복한 집안의 아들로 등장한다.

석가모니불의 전생 청년 수메다善慧

아주 먼 옛날 '아마라바티'라는 도시에 수메다라는 청년이 살고 있었다. 그의 부모는 태생이 좋은 가문으로서 여러 사람으로부터 존경을 받았지만, 많은 재산을 남겨둔 채 일찍 세상을 떠나고 말았다. 부모의 죽음을 맞이한 수메다는 인생무상을 느꼈다.

"이만큼 재산을 쌓았으면서도 나의 조상들은 내세를 향해 길을 떠날 때 한 푼도 가져가지 못했다. 하지만 나는 다음 세상까지 가져갈 수 있는 씨앗을 심으리라."

그는 사람들을 모이게 한 뒤 전 재산을 그들에게 보시하고 아마라바티 도시를 멀리한 채 길을 떠났다. 그 후 히말라야 산 기슭에서 암자를 짓고 선인仙人의 생활을 위해서 출가했다. 수행자 수메다는 불과 7일 동안 정진한 끝에 여러 가지 삼매의 힘과 신통력을 얻어 고요한 명상의 나날을 보내고 있었다.

그때 연등불이 세상에 출현하여 40만 명의 제자를 거느리고 '람마'라는 마을의 수닷사나 대승원에 머물고 계셨다. 마을 사람들은 그 부처님 소식을 듣고 부드러운 버터, 옷, 화환 등을 들고 그 승원으로 가 연등불께 예배하고는 설법을 들은 다음 한번 마을로 와주시길 부탁했다. 부처님은 쾌히 승낙했고 마을 사람들은 부처님이 오실 길을 닦기 위하여 패진 길을 메우는 등 상당히 부산했다. 수메다는 마을 사람들로부터 연등불이 오신다는 말을 듣고 마을 거리로 달려 내려와서 간청했다.

"만약 당신들이 부처님을 위해 이 길을 꾸미고 있다면 나에게도 한 군데 나눠 주지 않으시렵니까? 나도 당신들과 함께 길을 단장하고 싶습니다."

마을 사람들은 기꺼이 수락했다.

사람들은 수메다가 초인적인 힘을 가진 자라는 소문을 들은 터라 물로 패진 길을 그에게 할당하였다. 그러나 수메다가 미처 그 일을 다 끝내기 전 연등불이 그쪽으로 다가왔다. 수메다는 오늘 이 부처님을 위해 목숨까지 기꺼이 버리리라 생각하고는 머리털과 나무껍질로 만든 옷을 더러운 진흙 더미 위에 펼치고 몸을 던져 엎드렸다. 연등불은 주저하다가 수메다의 간청에 못 이겨 그 위를 걸으시고는 미소 지었다. 그때 수메다는 서원을 발한다.

'나는 모든 것을 아는 지혜一切智에 도달한 붓다가 되어 천상계는 물론 이 세계의 뭇 생명들을 위하여 가르침을 펴리라……'

수메다는 해탈을 이루고 다른 사람도 해탈케 하며, 많은 사람의 이익을 위해 부처가 되고 싶다고 서원을 발한 것이다.

연등불은 그의 이러한 서원을 알아차리고 다음과 같이 말했다.

"그는 붓다가 되고자 하는 굳은 마음으로 여기에 이렇게 엎드려 있다. 그의 맹세는 반드시 성취되리라. 지금으로부터 4 무수 십만(阿僧祇) 겁 후에 붓다가 되리니, 그때의 명호를 석가모니라 이를 것이다."

그 후 수메다는 보살행을 골똘히 생각하고 육바라밀행을 닦아나가 성불하게 되었다.

이 극적인 얘기를 조형한 것이 수메다가 연등불에게서 깨달음을 약속받는 연등불수기도燃燈佛受記圖이다. 인도 불적에 등장하는 그 수기도에는 수메다가 머리를 풀어헤쳐 진흙탕을 덮자 연등불께서 깨달음을 약속하는 모습이 잘 표현되어 있다.

한편 수메다가 연등 부처님께 드릴 꽃을 구하려다 천신만고 끝에 '고삐'(구리 선녀라고도 함)라는 아가씨를 만나 꽃 7송이를 구한 이야기도 전하는데 이것은 불교 화혼식의 한 형태로 자리 잡는다. 그 여인이 수메다에게 꽃을 주며 다음 생애에 자신과 결혼할 조건을 달았기 때문이다. 결혼하여 함께 보살의 길을 가자는 수메다가 내건 약속과 함께.

그리하여 수메다는 꽃 7송이 중의 5송이는 자신이, 나머지 2송이는 그 여인 대신 연등 부처님께 올리게 된다.

이렇게 꽃도 바치고 진흙탕도 매워가면서 구도심을 태웠기에 수메다는 미래의 석가모니 부처가 되리라는 수기를 받게 된 것이다.

깨달음의 향기, 영원한 우리의 님, 불佛

석가모니불,
연등불,
수기受記

연등불 수기에서 우리는 세 가지 중요한 사실을 생각해 보아야 한다. 하나는 석가모니 성불의 의미, 다음은 과거불로서 연등불의 의미, 마지막으로 수기受記, vyākarana의 의미이다.

분명히 연등불은 과거불이다. 그런데 과거칠불에서 얘기했듯 과거불로서의 연등불을 또다시 등장시키는 이유는 무엇인가? 그것은 붓다가 된 인간 석존이 어떻게 깨달음을 얻게 되었는가? 언제 깨달음을 구했는가와 관련된다. 고타마 싯다르타가 2,600여 년 전 인도 땅에 태어나 6년간의 수행 끝에 고타마 붓다가 되었다고 하지만, 그것은 영겁의 시간에 비해 얼마나 짧은가? 사실 그렇게 깨달음에 도달한 것은 한 인간으로 태어나 생로병사의 고통을 비롯한 온갖 고통에서 해탈하기 위해 수행한 결과라고 하지만, 그것은 인도인의 시간관에서 볼 때 지극히 찰나적이다. 그래서 깨달음의 씨앗은 먼 옛날에 심어져 계속 정성스럽게 가꾸고 보살행을 실천해 온 결과 결국은 현생에서 깨달음에 이르렀다는 결론에 도달하게 된다.

연등불은 아마 일상적인 삶을 거부하고 더 나은 생을 살아갈 것을 촉구하는 여러 가지 자극의 의인화, 아니 그러한 길을 일깨워 주는 스승으로서의 부처님일 것이다. 그리고 거기에는 무엇보다도 부처님은 현재는 물론 과거에도 존재했으리라는 깨달음의 보편성과 영원성이 적용된 것이다.

석가모니불을 중심으로 한 삼존불三尊佛 양식 중 과거불로서의 제화갈라보살과 미래불로서의 미륵보살을 동시에 모신 모습은 깨달음이 과거, 현재, 미래에 걸쳐 영원히 지속되고 있음을 상징적으로 보여 준다. 제화갈라보살이란 연등불인 디팡카라의 음역인데, 미륵보살과 함께 석가모니의 협시協侍보살로 등장한다. 사실 연등불이라고 해야 맞지만, 석가모니불을 중심으로 연등불을 보좌하는 협시보살의 의미로 받아들여 연등보살, 다시 말해서 제화갈라보살이라 한 것이다. 이를 아름답게 조형화 한 증거를 유명한 서산의 마애삼존불상국보 제84호에서 찾을 수 있다. 일명 백제인의 미소라 불리는 본존불의 자비로운 미소와 반가상 형식의 미륵보살, 그리고 익살스러운 미소를 보내는 제화갈라보살은 오늘도 그렇게 깨달음이 과거, 현재, 미래로 영원히 전개되고 있다는 것을 보여 준다.

그러면 수기受記란 무엇이며 어떻게 해석해야 할 것인가? 수기란 원래 해답 또는 해설을 의미한다. 제자들의 장래 운명을 해설 또는 예언하는 의미로도 사용된다. 그것은 굳고 변치 않으며 확실히 실현되리라는 언약이다. 부모나 스승이 자식이나 제자들에게 공부를 열심히 하면 반드시 미래에 성공한다는 그러한 일반적인 수준의 약속이나 언약이 아니다. 그것은 헤아릴 수 없는 무수한 세월 동안 수행과 보살행을 거쳐 부처가 되리라는 기별 혹은 각고의 정진 끝에 반드시 깨달음을 이룰 것이라는 종교적 언약이며 확신이다.

한마디로 수기란 구도자에게 내리는 미래 성불의 예언이다. 나아가 이러한 수기는 미래 성불뿐만 아니라 불교적 구원의 약속이나 구원자로서 특정한 보살의 성취로 확대된다. 신의 계시에 버금가는 깨달음으로 부처가 되거나 구원되리라는 강력한 예언적 확약이다. 그러한 굳은 언약이 시공을 초월하여 지금 이 시간에도 울려 퍼지고 있다. 지금 그러한 굳은 언약을 말해 줄 님이 우리 곁에 오고 있다. 진정 그런 부처님이 저만치 오시는데 누가 그 길을 닦지 않겠는가? 보살의 길을 가는 자라면 누구든 부처님의 목소리에 귀 기울이지 않겠는가?

그렇다면 우리는 이 연등 부처님을 언제 만나는가? 언제라도 우리가 석가모니불처럼 깨달음을 향한 구도의 길을 가는 순간 만날 수 있다. 살아가기 바빠서 일상생활 동안 구도의 마음을 낼 수 없다면 적어도 매월 음력 1일인 초하루만이라도 연등 부처님을 알현하도록 하자. 그날이 바로 정광재일定光齋日이다. 정광불은 연등불의 다른 이름이다. 연등불이 구도자에게 들려주는 수기의 언약을 되새기면서 말이다.

대일여래
大日如來

만다라의 주인공 대일여래,
다채로운 색과 현란한 통일 세계를 구축하게 까닭은 무엇이옵니까?

—

대일여래와 비로자나불

분석 심리학의 창시자 칼 융Jung, C. G은 스스로 만다라mandala를 그리면
서 마음의 평화와 자기 자신을 찾게 되었다고 고백한 바 있다. 그는 만다
라와 관련지어 4로 구분되는 형상이나 인물의 배치, 또는 원圓의 상像이
나타나는 것을 관찰하여 거기에서 인간의 마음 전체 또는 마음의 핵심
이 담겨 있음을 발견하고서 티베트의 밀교, 인도의 요가 및 선 등 동양
사상의 가치를 인식하였다.

만다라는 원 내지는 사각형의 형상을 한 깨달음의 집합체이자 본질을
보여 주는 상징체계로, 그 핵심부는 정중앙의 대일여래와 사방 네 분의
여래, 그리고 그들을 보좌하는 네 분의 보살로 구성된다.

사실 대일여래라 하면 우리에게는 매우 생소한 개념이며 우리나라에
서 불상으로 조성된 예는 거의 없다. 그러나 한국의 불교미술 세계에, 특
히 불교 건축물과 탱화 등에 만다라의 양식이 배어 있는 것을 볼 때, 대
일여래의 모습은 눈에 보이지 않지만 그 영향력은 과소평가할 수 없다.

깨달음의 향기, 영원한 우리의 님, 불佛

그럼 대일여래는 누구인가?

대일여래의 산스크리트 이름은 '마하 바이로차나 붓다Mahā Vairocana Buddha'이다. 이 명칭에서 보건대 법신불인 비로자나불Vairocana Buddha에 '큰', '커다란'을 의미하는 접두사 '마하Mahā'가 첨가되어 있음을 알 수 있다. 바이로차나란 태양을 지칭한다. 그래서 마하 바이로차나를 대일大日이라 했던 것이다. 이 명칭의 유사성에서 보듯이 두 분은 동일 계통의 부처님임을 짐작할 수 있다. 비로자나불을 중심으로 한 화엄신앙이 인도 불교계 전반에 영향력을 넓혀가자, 새롭게 일기 시작한 인도 고유의 밀교密敎, Tantrism와 결합하여 새로운 불교적 통일 세계를 구축하려는 시도에서 대일여래가 모습을 드러냈을 것이다.

비로자나불과 대일여래의 큰 차이점을 들라면, 비로자나불이 형상도 없고 소리도 없이 침묵하고 있는데 비하여 대일여래는 설법을 하며 화려한 형상을 갖추고 있다. 몸으로(무수한 형상으로), 입으로(소리로), 마음으로 진리의 세계를 보여 주는 지극히 현실 긍정적인 부처님이 대일여래다.

현재 이웃 나라 일본에 전해 오는 몇 안 되는 대일여래의 외형상 특징을 살펴보면, 일반적인 여래상과는 그 모습이 상당히 다르다. 머리에는 높다란 보관寶冠을 쓰고 아름다운 천의天衣를 몸에 걸치고 여러 가지 장식을 하고 있다. 얼핏 보면 보살의 형상인데 다만 법계정인法界定印과 지권인智券印을 하고 있는 수인手印의 모습에서 보살상과 차이를 보인다.

왜 대일여래는 이렇듯 유별난 모습을 하고 있을까? 아마도 그 이유는 다음의 두 가지로 요약될 수 있을 것이다. 일단 대일여래가 비로자나불과 마찬가지로 통일의 부처님이라는 데서 그 실마리를 찾을 수 있다. 만다라를 상세히 살펴보면서 그 궁금증을 풀어 보겠다.

만다라의 세계

'만다라曼茶羅, mandala'란 무엇인가? 여러 가지 다양한 의미가 있지만, 그중에서도 집합과 본질이라는 뜻이 그 의미를 가장 잘 드러낸다. 바로 그것은 제불諸佛의 집합과 더불어 깨달음의 본질을 보여 준다. 만다라의 정중앙에 대일여래가 위치하여 그분을 중심으로 여러 불·보살과 인도 재래의 여러 신神까지 모여든다. 이는 통일의 세계와 깨달음의 전개 과정을 보여 주는 것이다. 그 제불의 집합, 그 통일의 의미를 간단하게나마 살펴보자.

대일여래를 중심으로 사방으로 네 명의 보살과 네 명의 여래가 에워싼 공간이 있다. 이를 '중대팔엽원中臺八葉院'이라 한다. 팔엽원이란 연꽃의 여덟 잎사귀에 여래와 보살을 배치하여 그 수행과 깨달음의 과정을 보여 주는 구역이라는 뜻에서 그렇게 부른다. 이 팔엽원을 또 네 가지 원院이 둘러싼다. 첫째 지명원持明院은 부동명왕不動明王을 수장으로 미망의 타파를, 둘째 편지원遍知院은 모든 대립을 포괄하는 광대한 지혜를, 셋째 연화부원蓮華部院은 관음보살을 중심으로 자비를, 넷째 금강수원金剛手院은 금강역사를 중심으로 여래의 힘을 상징한다.

다시 편지원 위로 석가원釋迦院이 있고 석가원과 나란히 빙 둘러가면서 문수원文殊院·제개장원除蓋障院·지장원地藏院·허공장원虛空藏院·소실지원蘇悉地院이 자리 잡는다. 석가원이란 전통적인 석가모니불을 밀교가 포섭하고 있음을 보여 주며, 문수원·제개장원·지장원·허공장원·소실지원은 각각의 보살을 중심으로 지혜의 완성, 번뇌의 타파, 지옥 중생의 구제, 여러 가지 사물의 산출 및 활동의 완성을 제각기 상징한다. 그리고 그 밖으로 최외원最外院에는 인도 고유의 신들이 불교를 옹호하는 호법

최외원 (외금강부원)

문수원

석기원

변지원

연화부원(관음원)

중대 8엽원

금강수원(금강부원)

지명원

허공장원

소실지원

지장원

최외원

제개장원

최외원

최외원

태장계胎藏界 만다라의 12원 배치도

선신으로 배속되어 있다.

이렇게 모든 여래와 보살, 내지는 신들까지 포섭하려면 여래의 형상만으로 안 되며, 보살 내지는 신들의 형상으로도 그려낼 수 없기에 만다라의 중심불인 대일여래는 여래면서 보살의 형상을 갖춘 특이한 모습을 하고 있는 것이다.

만다라를 통하여 우리는 또한 깨달음의 세계를 한눈에 알 수 있다. 그것은 인간의 내면인 마음의 모습을 상징적으로 보여 주는 것이다. 그래서 수행과 깨달음이 익어가는 과정을 암시하는 중대팔엽원을 사람의 심장으로 비유하기도 한다. 이렇듯 만다라는 인간이 깨달아 가는 과정을 보여 주는 심원한 상징체계라 할 수 있다. 앞에서도 서술했듯이 칼 융은 이 만다라에서 인간의 마음과 자기 자신을 찾았다. 그리고 마음의 안정을 구했다.

융은 이렇게 말한다.

"내가 만다라를 그리기 시작했을 때, 나는 비로소 내가 걸어간 길, 그 모든 발자취, 내가 행한 모든 것이 다시금 하나의 점, 그 중앙에 귀착함을 보았다. 만다라가 중심이라는 것이 분명해졌다. 그것은 모든 길의 표현이다. 그것은 중앙으로 향하는 길, 즉 개성화個性化에의 길이다."

이부영 저, 『분석심리학』

요즘 모래 만다라를 그리는 티베트 승려들의 모습을 자주 볼 수 있다. 모래 만다라란 여러 가지 색깔의 모래를 빨대 같은 도구로 불어서 만든 것을 말한다. 그런데 그 만다라는 모래로 만들었기 때문에 곧 흩어져 사라진다. 공으로 사라진다. 만다라가 심원한 깨달음의 상징체계이긴 하지

깨달음의 향기, 영원한 우리의 님, 불佛

만 그 근거는 공이라는 의미다. 그래서 모래 만다라를 다 만든 다음에는 바람을 불어 없앤다.

현실 긍정의 부처님

그럼 대일여래가 그렇게 특이한 모습을 하고 있는 두 번째 이유를 살펴 보자. 그것은 대일여래가 현실 긍정의 부처님이라는 점에서 그처럼 화려 한 형상을 하고 있다고 볼 수 있다. 즉 대일여래가 여래의 형상을 갖추면 서도 보살의 형상을 갖추는 이면에는 현실 긍정과 현세 귀환의 정신이 있다는 것이다. 이것은 분명히 현세의 쾌락, 현세 감각의 긍정을 보여 주 는 것으로 밀교의 즉신성불卽身成佛과 깊은 관련을 맺고 있다. 즉신성불, 그것은 이 속俗에서 성聖을 구체적으로 성취하는 모습을 보여 준다. 즉 손의 모습으로 깨달음을 상징하는 수인手印이나 진실한 말을 의미하는 진언眞言 등의 시청각 효과를 동원하여 이 몸에서 바로 부처를 이루는 것이다. 그래서 내 몸이 그대로 신神이 되고 불佛이 되고 우주가 된다. 밀 교는 이렇듯 철저히 현상계를 긍정한다. 그 현실의 긍정은 아름다운 색 의 향연으로 전개된다.

　이러한 색에 대해서 『대일경』은 "유정계有情界로 하여금 애락愛樂시키 려는 까닭에"라고 말한다. 우리들의 감각과 관능을 충족시키고 긍정하 기 위하여 대일여래는 오채색의 아름다운 의상을 걸치고 있으며 여러 가지 장식을 하고 있다. 그 오채색이란 백·청·황·적·흑색이다. 백색은 보리를 구하는 마음으로 보리심의 자성이 청정한 상태를, 적색은 보리 심을 기르는 것을, 황색은 보리심의 불변을, 청색과 흑색은 큰 자비로서의 방편을 보여 준다. 여기서 대일여래의 근본색은 백색인데, 만다라에서는 그 색(대일여래)을 중심으로 주변의 모든 색(여러 불보살)을 통일하고 있는 것이다.

이러한 모든 여래와 보살을 포섭하려는 통일의 정신과 색채를 강조하는 정신은 우리나라에서 구체적으로 오대산 신앙으로 전개된다. 이에 대해서는 다음에 언급하겠다.

그런데 이상한 것은 우리나라에 대일여래상이 없다는 점이다. 반면 비로자나불상은 무수히 많으며 화엄 사상 또한 크게 융성했다. 왜일까? 물론 이웃 일본에도 대일여래는 폭넓은 민중의 신앙을 확보하지는 못했으나 밀교가 다방면에서 영향을 끼치고 있는 점과는 사뭇 다르다. 그 해답은, 우리 민족은 현란한 색의 긍정보다는 무채색의 비로자나불에서 마음의 통일과 안정을 구했다는 점에서 찾을 수 있다.

사방불
四方佛

오대산에 올라보라.
공덕산 대승사와 윤필암의 사방불을 친견해보시라.

—

오대산에서 사방불을 떠올리는 이유

가을 단풍으로 유명한 오대산伍臺山을 모르는 사람은 없을 것이다. 그러나 오대산이 화엄 밀교적 사상을 배경으로 불국토의 세계를 보여 주고 있으며 사방불과 관련이 깊다는 사실을 아는 사람은 그다지 많지 않다.

오대산은 자장慈藏 스님에 의해 불교적 영산靈山으로 떠오른다. 스님이 중국에 유학했을 당시 그곳 청량산淸凉山; 오대산이라고도 한다에서 문수보살로부터 "그대의 나라 오대산은 1만 명의 문수가 항상 거주하는 터이니 가서 찾아뵈라"는 말을 들었다. 그래서 자장 스님은 귀국 후 황룡사 9층탑을 세우고 통도사를 창건하는 등 승려들의 기강을 바로잡는 율사律師로서의 면모를 다지다가 만년에 문수보살의 진신眞身을 친견하려고 강원도 오대산을 찾는다.

우리 시대에 산의 인문학적 세계를 잘 보여 준 故 김장호 교수 말에 따르면 오대산에 올라 사방을 바라보면 정중앙에 봉우리 하나가 솟아 있고 그 주위를 빙 둘러가면서 네 개의 봉우리가 에돌아 있는 모습이 진정 오대伍臺나 다를 바 없다고 한다.

우리는 자장 스님이 오대산 북대에 올라 이승異僧을 만나며 이윽고 문수보살을 친견하는 극적인 상황을 『삼국유사』를 통해 읽어낼 수 있다. 비록 자장 스님이 다시 문수보살의 진신眞身을 뵈려고 태백산으로 들어가 그 기슭에 띠집을 짓고 살았으나 끝내는 찾아온 문수보살을 외면하여 비극적 최후를 맞이하지만 말이다.

그 후 정신대왕淨神大王, 신라 제31대 신문왕과 그의 두 왕자 보천寶川과 효명孝明에 의해서 705년경 오대산은 불교의 영산으로 더욱 구체화된다. 이들은 각각 속세를 버리고 암자를 지어 오대산에서 수행하였는데, 그들은 다섯 봉우리를 예참禮懺하여 5만의 부처님 진신을 친견한다. 즉 보천과 효명 두 왕자는 오대에서 주야로 독경하고 염불하는 등 수행을 통해서 중대에서는 비로자나불과 1만의 문수보살을 친견하고, 동대에서는 1만의 관음보살을, 남대에는 1만의 지장보살, 서대에는 아미타불을 수장으로 1만의 대세지보살, 북대에서는 석가여래와 5백 나한을 각각 친견하게 된다. 이러한 감격스러운 만남 이후에 그들은 대마다 방房 혹은 당堂을 설치하여 그 안에 각기 다른 불·보살을 그려 모시고 낮에는 경전을 독송하고 밤에는 각 불보살님께 염불念佛을 올리는 신행결사信行結社를 거행하였다. 이후 시대가 약간 흘러 5대는 화장사華藏寺를 중심으로 개편되는데, 화장사에서는 주로 화엄신중을 염송하였다.

오늘날 오대산 중대에는 적멸보궁이 자리 잡고 있고, 동대에는 관음암, 남대에는 지장암, 서대에는 염불암(혹은 수정암), 북대에는 미륵암(혹은 상두암)이 자리 잡고 있다. 적멸보궁에는 부처님의 진신사리가 모셔져 있어 기도처로서 유명하다. 서대의 염불암은 너와지붕으로 이루어진 고즈넉한 도량으로 호젓이 그곳으로 오르는 맛이 쏠쏠하다.

여기서 잠깐 대臺의 의미를 살펴보겠다. 대란 높고 평평한 곳이란 뜻과 함께 도량을 의미한다. 전자의 의미로 북한산 백운대, 속리산 문장대, 두타산 학소대 등이 있다. 그런데 이러한 대가 자리 잡은 터는 앞이 탁 트여 있고 속기가 배어 있지 않아 수도처로서도 적당하다. 그래서 대에는 암자나 도량의 뜻도 깃들게 된다. 중대하면 중암이며 남대하면 남암이라도 해도 좋다. 서울 관악산의 연주암을 연주대라 부르듯이 말이다. 운달산 금선대도 마찬가지다.

여러 가지 사방불의 형태와 우리나라의 사방불

만다라는 소의所依경전을 중심으로 크게 두 가지로 분류된다. 즉『금강정경金剛頂經』을 바탕으로 한 금강계金剛界 만다라와『대일경大日經』을 중심으로 한 태장계胎藏界 만다라가 그것이다. 금강계 만다라는 지知, 지혜, 남성을 상징하고 태장계 만다라는 이理, 자비慈悲, 여성을 상징한다. 밀교 사원에서는 이 두 만다라를 양쪽에 걸어놓고 양자의 조화를 도모한다.

앞서 중대팔엽원을 말하였다. 그 중대에는 비로자나불의 구체화된 형태인 대일여래가 자리 잡고 있으며, 금강계 만다라에서는 동남서북을 돌아가면서 아촉불阿閦佛, 보생불寶生佛, 무량수불, 불공성취불不空成就佛을 배열한다. 동화사 비로암 사리장치함의 금동사면불은 묵서를 통해서 알 수 있듯 바로 여기에 근거한다. 이 밖에 밀교의 흔적이 뚜렷이 남아 있는 마곡사 5층 석탑에서도 이러한 사방불의 모습이 보인다.

태장계에서는 보당불寶幢佛, 개부화왕여래開敷華王如來, 무량수불, 천고뇌음왕불天鼓雷音王佛을 동남서북 사방에 배치하여 금강계와 다른 모습을 보여 준다.

금강계 만다라의 사방불과 오대산의 사방불을 비교해 볼 경우, 밀교에서는 불공성취여래가 석가여래와 동일한 여래로 인식되고 지장보살이 보생불로 등장하기도 하므로 동쪽의 부처님만 다를 뿐 서로 일치점을 보여 준다.

그렇다면 오대산 사방불은 명칭만 다를 뿐 전반적인 윤곽은 확실히 만다라의 모습을 갖추고 있음을 추측할 수 있다. 특히 오대의 각 대를 색깔로 나타낸 것에서도 그러한 흔적이 드러난다. 물론 그 색깔이 만다라에서 보여 주는 색과는 다르지만 말이다. 예를 들어 만다라에서는 중앙의 대일여래는 흰색으로, 동쪽의 아촉불은 청색으로, 남쪽의 보생불은 황색으로, 서쪽의 무량수불은 적색으로, 북쪽의 불공성취불은 흑색으로 표현한다. 그런데 오대산에서는 중앙의 비로자나불을 황색, 관세음보살(동)은 청, 지장보살(남)은 적, 아미타불(서)은 백, 석가여래(북)는 흑색(녹색)으로 표현한다.

중앙의 비로자나불이 백색에서 황색으로, 그리고 남쪽의 황색이 적색으로, 서쪽의 적색이 백색으로 대치되고 있다. 홍윤식 교수는 이를 가리켜 오대산 신앙이 오행 사상의 영향을 받은 결과라 한다. 즉 중앙-인황人皇-황색, 동쪽-청룡淸龍-청색, 남쪽-주작朱雀-적색, 서쪽-백호白虎-흰색, 북쪽-현무玄武-흑색을 배치한 결과에 따른 것이라고 한다. 요컨대 오대산 신앙은 오행 신앙과 금강계 만다라의 오방 신앙을 신라적으로 소화한 결과라는 것이다.

오대산의 사방불 신앙은 8세기 이후 약사여래 신앙이 보편화된 결과, 관세음보살 대신에 약사여래가 등장하고, 지장보살 대신에 미륵불이 그 자리를 차지하여 약사(동), 미륵(남), 아미타(서), 석가(북)로 자리 잡으면서 사방불 신앙으로 정형화되기에 이른다. 이는 무엇을 말하는가?

사실 약사·미륵·미타·석가는 그 당시 우리 민족에게 가장 친숙했던 부처님이며 가장 인기를 많이 누렸던 부처님이다. 그래서 아촉불과 보생불, 나아가 관음과 지장보살 대신에 약사와 미륵으로 대치되었던 것이다. 그런데 오늘날은 다시 오대의 동대에는 관음보살, 남대에는 지장보살, 서대에는 아미타 부처님을 본존으로 하는 대세지보살, 북대에는 미륵보살로 관계 맺어지고 있다. 이도 역시 두드러진 보살신앙을 중심으로 하는 시대상의 반영이다.

『삼국유사』에서는 공덕산 대승사 사방불功德山 大乘寺 四方佛과 굴산산지 사방불掘山寺址 四方佛을 언급한다. 그 밖에도 사방불이 경주 박물관에 여럿 전해 내려오고 있어 신라 시대에 사방불 신앙이 성행했다는 사실을 잘 보여 준다. 그뿐만 아니다. 사방불은 8세기 이후 한국탑의 탑신부를 에돌며 자리 잡고 탑의 조형미는 물론이거니와 부처님께서 어디에나 상주하여 법을 설하는 불국의 모습을 잘 드러내고 있다.

구분 방위	금강계 만다라	오대산 신앙	8세기 이후 사방불	오늘날
중앙	백 – 대일여래	황 – 비로자나불	비로자나불	비로자나불문수보살
동	청 – 아촉불	청 – 관음보살	약사여래	관음보살
남	황 – 보생불	적 – 지장보살	미륵불	지장보살
서	적 – 아미타불	백 – 아미타불	아미타불	대세지보살아미타불
북	흑(녹) – 불공성취불	흑 – 석가여래	석가여래	미륵보살

〈각 사방불의 비교표〉

『삼국유사』에 전하는 대승사 사방불과 굴불사지 사방불과 관련한 이야기를 소개해 보겠다.

죽령 동쪽 1백여 리에 우뚝 솟은 산이 있다. 진평왕 9년(587년) 갑자기 하늘에서 반듯한 사면에 모두 여래상을 새긴, 한 길이나 되는 큰 바위가 붉은 비단에 싸여 이 산꼭대기에 떨어졌다. 왕이 듣고 그곳으로 거동하여 예배하고 바위 곁에 절을 세워 대승사大乘寺라 했다. 그리고 『법화경』을 외우는 무명의 스님을 청하여 주지로 삼았다. 그는 받침돌을 깨끗이 씻어 향불이 끊이지 않게 하였다. 그래서 산 이름을 역덕산亦德山 또는 사불산四佛山이라 했다. 그 뒤 그 스님이 죽어 장사를 시내주사 무덤 위에 연꽃이 피어났다.

문경 대승사와 윤필암으로 가면 공덕산(역덕산의 다른 이름) 사방불을 친견해 볼 일이다. 산을 오르는 땀방울쯤이야 산 정상의 사방불을 친견하는 환희와 불어오는 시원한 바람에 한순간 씻겨 내릴 것이다. 거기서 내려다보는 경관 또한 값지다.
다음은 굴불사지 사방불 사연을 보자.

경덕왕 때의 일이다.
경덕왕이 백률사에 행차하여 산 밑에 이르렀을 때, 땅속에서 부처님의 음성이 들려, 파게 하였더니 큰 돌이 나왔는데, 사면에 사방불四方佛이 새겨져 있었다. 그래서 그 자리에 절을 창건하고 굴불사掘佛寺라 이름 지었다.

사방불 즉 다방불多方佛

동서남북의 방위 개념은 모든 방향을 포괄하는 가장 간략한 상징이기도 하므로 사방불은 모든 공간에 부처님이 영원히 거주한다는 불신상주佛身常住의 전형적 모델이라 할 수 있다. 현재불에서 과거불 및 미래불이라는 3세 불로의 확대는 계속 늘어나 이른바 시간을 횡으로 가르고, 다시 공간적으로 투영되어 사방, 팔방(사방에 사방의 중간 방위, 즉 동남·남서 등을 더한다.) 시방十方; 팔방에 위와 아래를 더한 것에 현재불이 등장함으로써 현재 다방불多方佛 사상으로 발전한다.

시간적으로는 과거·현재·미래의 삼세에 걸쳐서 부처님이 오고 가며 공간적으로 시방세계에 부처님이 머문다. 하물며 중생은 본래 불성을 지니고 있기 때문에 이 세상의 모든 존재는 깨달은 상태에 있다고 하지 않는가? 그 언명이 산천초목 실개성불山川草木 悉皆成佛이다. 여기서 현재 현겁 천불千佛 사상도 나오고 과거겁과 현재겁, 미래겁 각각에 천불이 존재한다는 삼천불三千佛 사상도 나오는 것이다.

그러나 팔방이든 시방이든 천이든 삼천이든 그 모든 공간의 방향을 가장 압축적이고 상징적으로 표하는 것이 동서남북 사방이다. 사실 4라는 숫자는 우리나라에서는 기피하는 숫자이지만, 불교에서는 상당히 애호하는 숫자 중의 하나이다. 사제四諦, 사섭四攝, 사바라이四波羅伊 등이 그 대표적 예이다.

미륵불
彌勒佛

미래의 부처님,
메시아적 부처님,
혁명의 부처님.

—

미륵의 세계,
미륵의 정토

우리 역사에서 백성의 마음을 가장 많이 사로잡은 불·보살 중 몇 분을 꼽으라 하면 단연 미륵 부처님이 언급될 것이다. 역사의 격동기에 도탄에 빠진 백성이 희망의 님으로 고대하신 분이 바로 미륵불이다. 그래서인지 미륵불상은 다른 어떤 불상보다 민중적이다. 격식을 떠나 소박하고 단출하며 투박하기까지 하여 가장 민중들의 모습과 닮아 있다. 미륵불은 그런 모습으로 농투성이들이 밭 갈고 논매는 그 언저리, 어부들이 고기 잡는 바닷가, 그들 곁으로 터벅터벅 걸어 내려갔다.

이와 관련지어 미륵 정토 신앙은 아미타 정토와는 다른 색다른 맛을 보여 주는데, 그것은 아미타의 정토가 다분히 사후에 평화롭고 행복한 저세상으로 가는 곳임에 비하여 미륵 정토는 이 세상에 유토피아를 건설하려는, 이 차안으로 되돌아오는 희망의 신앙이기 때문이다.

미륵이라는 말은 남에게 즐거움을 적극적으로 부여하는 산스크리트

'마이트리maitrī; 우정, 친구, 好意를 의미하는 여성 명사'에서 파생된 '마이트레야maitreya'를 음역한 것이다. 정이 깊다는 뜻의 형용사인데, 이를 의역하면 자慈가 된다. 그래서 중국에서는 자씨 미륵존불慈氏 彌勒尊佛이라고도 불렀다.

미륵불은 조로아스터교의 메시아를 의미하는 미쓰라mithra 신神 개념을 강하게 품고 있다. 그래서 미륵은 석가모니불 입멸 이후 미래 세계에 강림하여 중생들을 구원할 메시아적 당래불當來佛로 그려진다. 즉 미륵불은 석가모니불로부터 미처 구원받지 못한 중생을 구원하기 위해 미래에 이 세계에 올 메시아적 부처님인 것이다. 그 시기는 석가모니불 입멸후 56억 7천만 년이 지나서란다. 그때까지 미륵은 보살로서 모든 것이 만족된 도솔천兜率天에서 밤낮을 가리지 않고 진리를 설하면서 수행하고 계신다.

이러한 미륵불이 강림할 당시의 지상 세계 인간의 수명은 8만 4천 세로, 탐욕과 질투가 없으며 먹을 것을 걱정하지 않는 전륜성왕轉輪聖王이 다스리는 평화로운 시기다. 그렇지만 미륵불은 아직도 사람들이 생사의 고통에 있음을 보고 그 세상에 태어나 출가하여 용화수龍華樹 밑에서 깨달음을 얻고 다시 그 나무 밑에서 세 번의 설법을 통해 많은 중생을 구제한다. 이후로 지상에는 불국토가 실현된다. 진정한 유토피아가 이 지상에 건설되는 것이다.

미래불이 현재불로 다가선 이유

미륵 신앙은 미륵보살이 머물고 있다는 도솔천에 태어나려는 상생上生

신앙과 미륵불이 도솔천에서 지상으로 강림하여 그분의 구원을 받는 하생下生 신앙으로 나누어진다. 그 도솔천에 태어나기 위해서 인간은 오계伍戒·팔재계八齊戒·구족계具足戒를 갖추고 몸과 마음을 다하여 정진해야 하며, 십선법十善法을 닦아야 한다. 그리고 미륵불을 부르기만 해도 도솔천에 상생한다는 설도 있다.

하생 신앙에서도 지계·인욕을 철저히 닦고 자비심을 보여 주어야 하는 등 수행의 길을 가야만 미륵불이 내미는 구원의 손길에서 벗어나지 않는다고 한다. 즉 도솔천으로 상생을 원하든지 하생한 미륵불의 구원을 받든지 간에 거기에는 수행이 뒷받침되어야 한다는 자력적 의미를 강하게 품고 있다.

그러나 이러한 자력적인 미륵 신앙은 중국을 거쳐 한국에 오면서 말세관과 결부되면서 타력적인 미륵 신앙으로 탈바꿈한다. 특히 우리나라는 시대가 어수선할 때 그 시대와 민중을 구원할 자칭 미륵불이 많이 출현하였다. 후고구려의 궁예와 후백제의 견훤이 그랬으며 일제강점기의 암울한 상황에서는 강증산姜甑山이 나타나 자기를 미륵이라고 칭하고 금산사 미륵장육존상으로 하생할 것이라고 예언하였다. 그 바탕에는 새로운 세상이 도래한다는 개벽사상이 꿈틀대고 있다. 이러한 현상은 일본에서도 예외는 아니다. 우리나라에서 간혹 눈에 띄는 일본 태생의 천리교天理敎는 미륵불을 바탕으로 개벽을 꿈꾸려 하는 대표적인 신흥종교 중의 하나이다.

그렇다면 다분히 자력적인 의미를 지닌 미륵 신앙이 역사의 현장에서 왜 타력적인 모습을 지니고 나타나게 되었는가? 이 점에 대해서 故 서경수 교수는 "자력적인, 자각적인 의미에서 파생된 미륵 신앙은 56억여 년 후의 미래불이 오늘 도솔천에서 강림하는 타력적, 타계적 신앙으로 굴절

된 것은 아노미 상태에서 오는 소장消長: 줄어듦과 늘어남의 강도에 의한 것이 아닐까?"라고 했다.

우리는 여기서 타력적 의미의 미륵불이 변혁의 혁명불로 다가온다는 데 주의를 기울여야 한다. 사실 56억 7천만 년은 너무나 먼 기간이다. 그렇게 아득히 먼 미래에 오실 부처님을 좀 더 가까이 우리 곁에 모실 수는 없을까? 56억 7천만 년을 좀 가까운 시점으로 바꿀 수는 없을까? 그래서 미륵불의 출현을 아득한 먼 미래가 아닌 가까운 장래에 두던가, 아니면 지금 여기에 두도록 말이다. 이러한 민중의 비원으로 미륵불은 56억 7천만 년 뒤의 미래불이라는 성격이 없어지고 단지 이상 세계를 실현하는 부처님으로 강조되지 않았을까? 소위 세상을 바로잡는 부처님으로서 말이다. 그래서 세상의 변혁자로서 미륵불은 언제나 시대의 변동기, 변혁기에 숭배되었고 미륵을 자처하는 사람들이 나타나게 된 것이다.

종말과 새 시대의 진정한 의미

낡은 시대가 사라지고 새 하늘과 새 땅에 대한 희망과 기대는 서양에서 종말 사상으로 전개된다. 또한 미래에 대한 기대로서 종말관이 서양에서도 사회변혁과 개선의 원동력으로 작용한다. 이러한 의미에서 당래불로서 미륵의 출현과 그 역사적 양태는 기독교의 메시아사상과 거기에 뿌리내린 서양의 역사관과 유사한 구조를 지니고 있어 흥미롭기까지 하다.

기독교의 경우, 아담의 원죄로 말미암은 인간 역사의 시작은 예수의 부활과 재림, 그리고 지상에서의 천년왕국 건설과 최후의 심판으로 끝이 나고 새로운 하나님의 나라가 도래한다. 신의 나라, 그것은 새 하늘과 새 땅의 도래이다. 이렇게 새 하늘과 새 땅을 선포하는 기독교의 종말관은 수많은 서구 역사철학 형성의 밑바탕이 된다.

그렇다면 불교를 비롯한 동양적 개벽 사상과 기독교를 비롯한 서양의 종말 사상은 왜 이렇게 유사한가? 사실 유태인들은 페르시아의 포로 시절인 바빌론의 유수 기간에 조로아스터교의 종말 사상에 영향을 받았다는 것은 사실이며 불교의 미륵 사상 역시 페르시아 조로아스터교로부터 영향을 받은 개연성이 있기 때문이다.

그렇다면 불교의 종말관과 기독교의 종말관은 어떻게 다른가? 기독교의 새로운 천국의 도래는 세속적인 역사의 단절을 의미한다. 재림 예수는 구름을 타고 한 손엔 검을 들고 불로서 세속 역사를 무자비하게 파괴한나. 『요한 계시록』을 보면 소름이 오싹할 정도로 그 살벌한 분위기가 번득인다.

그러나 미륵불의 세계는 세속 역사의 단절이 기존 질서의 완전한 파괴와 지구의 사멸을 의미하는 것이 아니라 속俗의 역사가 진眞의 역사로 전환됨을 의미한다. 그 전환은 수행을 통한 인간 마음의 변화와 거기에 결부되는 새로운 세계의 완성이다. 그러한 세계가 도래한다 해도 세계 질서와 자연법칙은 그대로 유지된다. 거기에서 불의 심판과 같은 신화적 단절은 있을 수 없다.

역사적 종말이란 바로 미래의 어느 순간에 도래하는 것이 아니라 지금 여기에서 일어나고 있다. 그것은 새로운 삶의 잉태요, 새 땅과 새 하늘의 미륵 세계다.

미륵불은 언제 오시고 예수 그리스도의 역사적 재림은 언제 실현되는가? 그때는 자아를 비우고 창조적으로 움직여가는 우리의 마음이 만들어내는 창조적 역사에 도래하는 것은 아닐까?

깨달음의 향기, 영원한 우리의 님, 불佛

종말은, 새로운 시대의 도래는 아집과 독선에 가득 찬 내가 죽고 무아가 되어 새 사람으로 태어나는 것이다. 그것은 마음의 긴장감 넘치는 큰 변화요 전환이다. 오늘날 우리에게 요구되는 미륵 부처님은 이렇게 나 자신의 결단을 요구하는, 그래서 새로운 나와 세상을 건설하려는 마음에 혁명을 일으키는 부처님으로 다가온다.

고창 선운사의 도솔암에는 미륵불로 추정되는 아주 커다란 마애불이 있다. 이 마애불 배꼽에서 동학도들이 비결을 꺼내면서 동학농민혁명의 기폭제 역할을 한다. 화순 운주사의 와불 미륵상이 일어나는 날 세상이 열린단다.

우리나라의 미륵도량으로 금산사, 법주사, 화순 운주사, 통영 용화사, 나주 미륵사, 은진 관촉사, 부여 임촌면 대조사, 충주 미륵사지 등이 있다. 미륵도량은 전국에 걸쳐 70개 정도가 있다.

보리달마
菩提達磨

페르시아의 이방인,
달마

인류의 정신사에 두각을 나타낸 인물은 사실보다 부풀려져 신비화되기 마련이다. 달마대사 역시 여러 성인과 마찬가지로 신격화될 정도로 강렬한 인상을 그 시대에 남겼던 인물이다. 여기서는 달마의 역사적 측면과 신비화된 측면을 동시에 다루며 그 정신이 무엇을 지향하는가를 알아보겠다.

보리달마菩提達摩의 산스크리트 명은 '보디 다르마Bodhi dharma'다. 보디는 깨달음을 의미하며, 다르마는 진리·법칙·규범 등을 지칭하는 다양한 뜻을 품고 있다. 굳이 이 산스크리트를 풀어보면 진리를 깨달은 사람이라고 할까? 붓다도 깨달은 이를 뜻하는 보통 명사일진대, 보리달마 역시 그러한 측면에서 붓다인 것이다.

보리달마에서 달마는 한자 용례 상 두 가지로 나뉘어 쓰인다. 하나는 達摩이고 다른 하나는 達磨이다. 전자의 경우 달마를 역사적 인물로 표현한 것으로 당나라 이전의 문헌에 등장하며, 후자는 본래의 달마에 여

러 가지 기이한 모습이 가미돼 이상화된 인물, 아니 선의 상징으로 묘사
된 것으로 송나라 이후의 문헌에 등장한다. 여기서는 그 두 가지를 아울
러서 '달마'를 표기하겠다.

『낙양가람기洛陽伽藍記』에 나타난 달마의 국적은 페르시아다. 그는 520
년경 실크로드를 통해 페르시아에서 중앙아시아西域 지방를 거쳐 중국
의 낙양에 도착한다. 낙양은 당시 동·서 문명이 만나 찬란한 문화의 꽃
을 피우던 북위北魏: 386~534의 수도로서 날로 번창하고 있었다. 특히 북
위의 무제는 불교를 크게 숭상하여 낙양 시가지 곳곳을 절과 탑으로 장
엄하였는데, 『낙양가람기』 자체가 낙양 안팎에 기러기 떼처럼 펼쳐진
1,367개 사찰에 대한 기록이라는 것으로 미루어 볼 때, 그 도시의 풍광
을 짐작할 수 있다.

그중에서 영녕사永寧寺는 규모가 어마어마했던 모양인데, 거기 9층탑
은 하늘을 찌를 듯 웅장한 자태여서 낙양성 밖 1백 리에서도 볼 수 있
었으며, 그 탑에 오르면 눈 아래 안개구름 사이로 집 안뜰의 구석구석이
한눈에 들어온다고 했다. 달마는 그 탑을 우러르면서 이런 호화로운 절
은 인도에도 없었다면서 "나무, 나무"라고 거듭 연발하며 며칠이나 합장
을 계속했다는 기록이 보인다.

당시 낙양은 페르시아의 조로아스터교며 로마의 경교, 중국의 도교,
유교 등 세계 종교가 교차하고 있었으며 서역 지방에서 온 여러 스님이
활동하며 신이神異를 베풀었다. 그들은 왕공 귀족들의 외교와 군사 고문
으로서 극진한 대접을 받았다. 불타선다佛陀扇多·보리유지菩提流支·비목
지선毘目智仙·늑나마제勒那摩提 등은 그 대표적 인물이다. 특히 영녕사는
보리유지를 위해서 지은 절이라고 한다.

그런데 달마는 이들과는 달랐다. 그는 군사 고문도 외교 고문도 아닌

일개 평범한 사람으로, 신이도 베풀지 않았으며 경전도 설하지 않았다. 달마, 그는 그런 시대 분위기를 냉소적인 미소로 바라보는 시니컬한 이방인이었다. 급기야 그는 영령사를 보면서 다만 아름답고 웅장할 뿐, 참된 생명이 없다는 것을 알아차린다.

그런 일개 오랑캐 승려(胡僧)에 불과했던 달마에게 담림曇林을 비롯하여 유교, 도교 그리고 불교 경전에 통달한 제1급의 학승들이 찾아든다. 담림은 늑나마제 등을 도와 경전 번역에 필수筆受로 참여했던 인물이다. 필수란 서방에서 온 스님들이 입으로 얘기한 경전 내용을 한문으로 옮겨 정리하고 필사하는 번역가이자 편집자인 셈이다. 이 사람이 달마의 제자가 된 것이다.

달마의 선과 안심법문安心法門

왜 그랬을까? 어째서 당대의 엘리트들이 달마 곁으로 다가왔을까? 그것은 당시의 불교며 그 밖의 종교 사상들이 담아내지 못했던 인간 실존의 적나라한 모습을 그는 한 마디 언어나 행동으로 보여 주었기 때문이다. 달마는 사변적인 언어 구사라든가 형이상학적 사유보다는 구체적이고 실제적인 대화나 행동으로 상대방의 폐부를 찔러 본래 마음자리를 그 자리에서 보게 해 주었다. 그럼 지금부터 달마의 가르침, 다시 말해서 달마의 선풍에 당시의 엘리트들이 모여들게 된 과정을 더듬어가 보자.

"달마는 면벽한 채 온종일 아무 말이 없었다. 사람들은 그를 헤아릴 수 없어서 단지 벽관壁觀 바라문이라 불렀다."   『전등록傳燈錄』

깨달음의 향기, 영원한 우리의 님, 불佛

그렇다면 벽관이란 무엇인가. 만약 이 말을 '벽을 바라본다', '벽을 관한다'고 해석하면 그것은 소승(테라바다불교)의 위파사나vipasyana 수행과 전혀 다르지 않다. 왜 그런가? 당시에 유행했던 수행법을 보자.

소승불교의 선관禪觀은 사념처四念處에 대한 수행이다. 그 대표적 인물이 승조僧稠; 480~560이다. 그는 파미르 고원 동쪽 땅(중국)에서 최고의 선학자라 칭해진다. 불타선다, 보리류지 등도 그러한 관법의 대가였다. 사념처란 우리의 몸, 감각, 마음, 대상이 무상하며 고苦이고 무아라고 관해가는 것이다. 죽은 이의 몸이 썩어 문드러져 하얀 뼈로, 먼지로 변화는 과정을 살피는 백골관白骨觀이나 그와 유사한 맥락의 부정관不淨觀도 사념처 수행에 속한다. 그리고 그러한 관법에는 숨을 고르게 쉬는 수식관數息觀이 동반된다. 이러한 과정을 거쳐 그들은 번뇌를 끊고, 그 부산물로서 신통력을 얻어 신비한 행위와 기적을 부리며 건강과 장수를 얻었다. 이것은 불로장생을 추구하는 중국인의 기질과 딱 맞는 것이기도 하다. 그러나 이러한 선은 번뇌를 끊기 위한 선, 익히는 선習禪일 뿐이다.

이와는 반대로 벽관이란 장벽처럼 굳게 된다는 의미다. 그 결과 마음에 안팎의 분별이 사라져, 번뇌에 휩쓸리지 않는 본래 청정한 상태를 확인하게 된다. 번뇌를 끊는 것이 아니라, 본래 번뇌가 없는 청정한 마음을 깨닫는 것이다. 익히는 선이 아닌 깨닫는 선이다. 그래서 마음의 평화로운 안심安心을 얻게 된다. 그 상태를 일러, "밖으로 모든 인연을 쉬고 안으로는 마음의 헐떡거림이 없으며 마음이 장벽과 같을 때 비로소 도에 들어간다"(종밀, 『선원제전집도서』)라고 했다.

이러한 달마의 선은 당시의 소승선관小乘禪觀에서 볼 때 하나의 이단이요 파격이다. 달마의 선은 이전과 전혀 다른 새로운 선이었다.

그러한 달마가 소림사에서 벽관에 잠겨 있을 때 혜가慧可가 찾아온다.

혜가는 시와 서 등 여러 가지 학문에 통달했으며 출가해서도 대승과 소승을 두루 섭렵했다. 나이 32세가 되어 종일토록 참선하며 8년 세월을 보냈다. 물론 그가 닦은 선은 소승의 선관이었다. 별무소득이었다.

드디어 나이 40이 된 혜가는 달마의 명성을 듣고 소림사로 찾아든다. 밖에는 하얀 눈이 펄펄 내리고 있었다. 밤은 점점 깊어가고 이윽고 새벽이 밝아올 무렵 눈은 허리 위까지 차올라왔다. 그래도 달마는 말이 없다. 혜가는 자신의 팔을 잘라 비장한 자신의 각오를 보인다. 그때서야 달마는 혜가를 받아들인다. 혜가는 묻는다.

"내 마음이 불안합니다. 스님께서 마음의 평화를 주십시오."
"그대의 불안한 마음을 내게 가져오너라. 마음의 평화를 주리라."
"마음을 찾아도 찾을 수가 없습니다."
"찾을 수 있다면, 어찌 그것이 그대의 마음이겠는가. 나는 이미 그대에게 마음의 평화를 주었느니라."

이것이 달마와 혜가 사이에 오간 유명한 안심安心 법문이다. 달마가 선종의 초조가 된 것은 이러한 구체적이고 실제적인 대화에 능숙하여 일언지하에 상대방의 마음을 압도해 왔기 때문이다. 그 간단명료한 일상의 언어에 삼라만상의 도리가 응축되어 있었던 것이다. 바야흐로 이러한 안심 법문은 선문답禪問答의 원형이 된다. 그리고 이러한 선문답은 선불교의 화두話頭로 자리 잡는다.

선의 초조로서 신비화된 달마

점차 달마의 영향력은 확대되어 당나라에 접어들어 그의 선은 활짝 만 개한다. 그러면서 달마의 인격은 신비화된다. 아니 이상화된다는 표현이 맞을지도 모른다. 바로 그를 한갓 이방의 승려로 보지 않고 부처님의 정 법을 이은 제자로 돌변시킨 것이다. 『속고승전續高僧傳』이나 『조당집祖堂 集』에 전하는 이야긴즉슨 이렇다.

달마는 남인도 향지왕香至王의 셋째 아들로서 인도 제27대인 반야다 라의 법을 잇는다. 그는 반야다라로부터 불법의 핵심인 부처님 마음을 중국에 전하라는 지시를 받고 527년경 해로海路를 거쳐 광주廣州에 도착 한다. 거기서 달마는 양무제의 부름을 받고 금릉金陵, 현재의 남경으로 들 어와 양무제와 법거량을 나눈다. 양나라 무제는 불심천자佛心天子로 불 릴 정도로 신심이 돈독했으며 스스로 가사를 걸치고 법상에 올라 불경 을 강설할 정도였다고 한다. 아래는 『조당집祖堂集』에 전하는 양무제와 달마의 대화 내용이다.

무제가 묻는다.
"짐은 왕 위에 오른 이래 절을 짓고 경을 출판하며 사문들을 기른 것
이 셀 수 없는데 어떤 공덕이 있소?"
잔뜩 기대를 건 질문에 달마의 대답은 냉혹하리만치 매정하다.
"아무 공덕도 없소無功德."
당황한 양무제가 놀란 듯이 묻는다.
"어찌하여 공덕이 없는가?"
"그것은 인간과 신들의 세계에서나 받는 작은 결과일 뿐, 마치 그림자

가 형상을 따르는 것과 같아서 있는 듯하나 실체가 아닌 것과 같소."

"그렇다면 어떠한 것이 진정한 공덕인가?"

"청정한 지혜는 묘하고 원만하여 본체가 원래 비고 고요하니, 이러한 공덕은 세상의 법으로는 구하지 못하는 법이요."

화들짝 놀란 무제는 달마의 경지를 시험해 볼 요량으로 다시 묻는다.

"어떤 것이 성스러운 진리의 제일가는 이치인가如何是聖諦第一義?"

"진리는 텅 비어 전혀 성스러울 것이 없소廓然無聖."

"그렇다면 짐을 대하고 있는 그대는 누구요?"

"모르오不識."

앙무제는 현실적인 이익과 복락을 추구하는 데 비해, 달마는 그것을 전혀 쓸데없는 일이라고 대꾸한다. 사실 종교의 본래 목적은 모든 가치가 전혀 쓸모없는 그 허무와 죽음에 직면하여 그것을 극복하는 데 있다. 거기에 부귀나 공명 등의 공덕은 시시콜콜할 뿐이다. 게다가 그 종교의 목표도 현실을 떠난 거룩한 장소에 도달하는 게 아니라 지금 여기에서 마음을 돌린 자의 일상적인 삶 속에 있다. 전혀 성스러울 게 없는 것이다.

이렇듯 달마와 양무제는 서로의 관심이 달랐다. 결국 달마는 양자강을 건너 숭산 소림사嵩山 少林寺로 발길을 돌려 그곳에서 9년 동안 면벽에 든다. 이때 혜가가 그를 찾아온 것이다.

야나기다 세이잔柳田聖山은 달마와 양무제의 대화 내용을 유공덕有功德에 사로잡혀 있던 당나라 측천무후 시절7세기 후반 불교계의 풍토를 달마를 빌어 비판한 것이라고 한다. 달마의 강렬한 인격과 그 흡입력을 빌어 그렇게 선의 본래 정신을 내보였다는 것이다. 이것은 그만큼 달마의

깨달음의 향기, 영원한 우리의 님, 불佛

인품이나 정신이 격을 초월할 정도로 파격적이고 뛰어났음을 반증하는 것이기도 하다.

후기에 나타난 여러 달마도達磨圖들은 이러한 달마의 강렬한 개성과 살활 자재한 자유의 기백에다가 신비적인 요소가 결합되어 나타난 또 하나의 깨달음의 징표요 안심 법문이다.

달마도를 보면 텅 빈 여백의 공간에다 수묵화水墨畫 형식을 빌려 단 한 가지 색으로 때론 강하고 때론 약하게 전체의 색을 나타내는 것으로 당당한 체험의 주인공, 그 유유자적한 자유를 표현한다. 거기에는 신비감마저 감돈다. 그러나 그 신비로움은 터무니없이 과장된 휘황찬란한 미라기보다는 담백한 침묵의 미요 단순한 신비로움이다.

양무제와 결별한 후 버들잎을 타고 하늘하늘 양자강을 건너는 일위도강도一葦渡江圖, 소림사에 면벽하는 달마면벽도達磨面壁圖, 혜가가 팔을 잘라 자신의 믿음을 보인 혜가단비도慧可斷臂圖, 그리고 짚신 한 짝을 지팡이에 둘러메고 파미르 고원을 넘어 서쪽으로 돌아가는 달마의 모습인 척리서귀도隻履西歸圖가 선화의 주제로 많이 그려진다.

일위도강도와 척리서귀도가 그려진 사연은 이렇다. 얘기는 달마가 양무제와 결별한 사건 이후를 무대로 전개된다. 양무제는 달마를 괘씸히 여겨 은밀하게 죽인 후 웅이산熊耳山에 묻었다. 그런데 어느 날 송운宋雲이라는 사신이 서역에서 돌아오던 중 파미르 고원蔥嶺에서 달마대사를 만나게 되었다. 달마는 지팡이에 짚신 한 짝을 꿰어 어깨에 메었고, 발은 그냥 벗은 채였다. 송운이, "지금 어디로 가느냐?"고 물으니, 달마는 "서쪽으로 간다"고 말하고 가던 길을 재촉했다. 송운이 궁궐로 돌아와 이 사실을 왕에게 아뢰니 왕이 이상히 여겨 달마의 관을 확인해 보도록 명했다. 관을 열어 보니 놀랍게도 시신은 간데없고 짚신 한 짝만 뒹굴고 있었다. 달마가 아직도 살아 있다는 것을 알게 된 왕은 군대를 소집해 즉시 달마를 뒤따라가 죽이도록 명했다. 추격대가 달마를 발견했을 때 그는 양자강 가에 도착해 배를 기다리고 있었다. 군사들이 덮쳐잡으려 하자 달마는 몸을 날려 버들잎을 타고 유유히 강을 건너갔다.

이렇게 달마는 신비화되고 그림으로 그려져 선의 초조初祖로서 그 이심전심의 미소를 잔잔히 보내고 있다.

깨달음의 향기, 영원한 우리의 님, 불佛

02

슬퍼하는 자의 벗,
보살菩薩

보살
菩薩

보살님이시여,
어찌하여 슬퍼하는 자의 벗이 되었습니까?
—

대승불교의 주인공,
보살

대승불교의 여명은 보살 운동과 더불어 발전하기 시작했다. 그리고 이제 보살 정신은 위기에 처한 현대 인류 문명을 구원할 이념으로 주목받고 있다. 인류 역사의 발전 과정을 문명사적 관점에서 자세히 추적한 역사철학자 아놀드 토인비Arnold Toynebee는 『역사 연구』에서 혼란 상태에 빠져 있는 현대 문명을 구원할 수 있는 세 가지 중 하나를, 이웃의 고통과 아픔을 자기의 슬픔처럼 여기는 보살의 중생을 향한 강한 이타성에서 구한다.

보살의 산스크리트 명은 '보디삿트바Bodhisattva'이다. '보디'란 '깨달음'을 의미하며 '삿트바'란 '살아 있는 존재의 무리', 즉 중생을 일컫는다. 그러므로 보디삿트바란 깨달음의 길로 들어선 중생으로서 구도자求道者를 의미한다. 이 말을 현장玄奘은 각유정覺有情이라 의역했다. 한편 '보살'이라는 말을 문자로 정착시키는데 지대한 공헌을 한 사람은 중앙아시아

쿠차Kuccha국의 왕족으로서 중국 불교의 토대를 본격적으로 다진 쿠마라지바Kumārajīva, 鳩摩羅什다. 보디삿트바가 그대로 음역되어 보리살타菩提薩唾라 하다가 부살扶薩로 명명되고 이윽고 그가 보살로 번역한 이래 그 말이 오늘날까지 한자 문화권에서 쓰이고 있으니 말이다.

그렇다면 보살은 언제 어떻게 역사의 무대에 등장하게 되었는가? 보살은 크게 두 가지로 분류해 볼 수 있다. 하나는 석가모니불 전생의 기간을 보살로 일컫는 말이요, 다른 하나는 대승불교가 일어나면서부터 등장한 구도자로서의 보살이라는 의미이다. 그러나 엄밀한 의미에서 이러한 두 가지 분류도 본질적으로 의미상 서로 통하는 바가 있다. 석가모니불도 깨닫기 이전, 그 영겁일지도 모르는 전생의 기간에 깨달음을 얻고자 치열한 수행을 했다. 바로 그분은 오랜 인고의 세월 동안 구도자의 길을 걸어 결국 붓다가 된다.

불전佛傳 문학이나 본생담本生譚에서는 깨닫기 이전의 석가를 석가보살이라 부른다. 본 책 1부 연등불燃燈佛 수기受記의 일화에서 살펴보았듯이 수메다Sumedha, 善慧 청년은 장차 성불하겠다는 원을 세우고는 연등불이 오신다는 소식을 듣고 그 오시는 길 진흙탕에 머리를 풀어헤쳐 지나가게 하고 연등불처럼 부처가 되리라는 서원을 발했던 결과, 장차 반드시 깨달음을 이룰 것이라는 예언을 받는다. 그 수메다가 바로 석가보살을 일컬으며, 그는 반드시 미래에 성불할 것임이 틀림없기에 다른 사람과 구별하기 위해 보살이라는 말이 만들어졌다고 한다.

보살이라는 말은 기원전 2세기 후반에서 기원전 1세기 중엽에 사이에 만들어졌다. 그 기간에 불전 문학이 성행하였기에 그 말의 탄생은 기원전 2세기가 넘지 않으리라고 추정한다.

그러나 이때의 보살은 바로 석가보살만을 지칭하는 말로서 이미 깨달음이 확정된, 수기보살受記菩薩을 일컫는 것인데 반해 대승의 보살은 누구나 붓다가 될 수 있다는 보편적 보살, 혹은 범부보살로 확대된다. 왜 그렇게 되었을까? 거기에는 대승불교 탄생의 비밀이 있다.

부파불교 시대의 수행자들은 자신의 번뇌를 멸하기 위해서 사원에 머물면서 교학 공부와 수행에 몰두했다. 그 결과 불교 교학의 발전을 불러온 측면과 진전된 수행법으로 나가긴 했지만, 대중과는 멀어지는 결과를 초래한다. 당시의 불교 수행승들은 일반 민중과는 다소 거리가 벌어져 대중적 지지 기반을 크게 넓히지 못했던 것이다.

석가모니불이 누구이던가? 생로병사의 고통에서 벗어나 깨달음을 성취하신 이후 고통 받고 있는 이웃들에게 해탈과 구원의 밝은 목소리를 전하기 위해 일생을 길에서 길로 숭생들을 교화하나가 열반하신 분이 아닌가? 바로 깨달음을 자기 자신만 간직하지 않고 이웃과 공유하면서 그들과 더불어 깨달음의 길로 가고자 한 자비스러운 인물이었다. 불교는 바로 그러한 분의 가르침인 것이다.

그런데 부파불교의 중심인물들은 주변 사람들의 고통에 눈길을 주기보다는 왕족과 부유한 상인들이 제공해 주는 터전에 머물면서 자신들만의 고요한 수행 길을 걸어갔다. 한마디로 그들은 시끄러운 세상으로 들어와 길과 거리에서 사람들과 함께하기를 기피했다. 설사 그들이 고요한 선정을 닦고 그래서 자신의 번뇌를 멸해 나가긴 했지만, 시대와 역사, 그리고 사람들과 함께 걸어가는 역동성이 부족했던 것은 사실이다.

그래서 이에 대한 반발로 부처님 당시의 본래 정신으로 돌아가자는 운동이 일기 시작했다. 거기에는 재가자들도 있었고 출가자들도 있었다. 재가자들은 사원에 들러 탑에 참배하여 부처님의 가르침을 되새겨보고 그분께 절대 귀의하는 신앙인의 자세를 확고히 다진다. 그들은 일상적인 가정생활을 해나가면서 불탑의 주위에 모여 꽃과 향, 음악 등으로 부처님께 온몸과 마음을 바쳐 귀의하고자 했으며 부처님처럼 살기를 원했다. 그리고 부처님이 그랬던 것처럼 중생구제를 맹세한 출가자들 또한 승원생활을 하면서 선정을 통해 반야 지혜를 닦아나가면서 세상 사람들과 함께 걸어가고자 했다. 출가자든 재가자든 새로운 불교운동을 전개해 나간 이들은 자리적自利的 수도에 치중해 있던 부파불교의 출가 수행자와는 달리 자리이타적自利利他的 삶을 살고자 했다. 역동적인 삶의 세계에서 중생들과 함께 어울리고 공감하며 살고자 했다. 석가모니 부처님이 그랬던 것처럼 말이다.

그들은 부처님께 경배하면서 궁극적으로는 부처님의 삶을 닮아가려고 노력했다. 그 결과 이들은 부처님 전생 시절의 보살을 자신들의 이상형으로 삼아 깨닫고자 하는 마음인 보리심을 키워 나갔다. 그뿐만 아니라 그들은 부처님의 지혜를 배워 타인에게 봉사하고 구제하는 일에 전념하였다. 그래서 석가보살처럼 그들도 장차 성불하리라는 강한 믿음 하에 대승의 보살임을 자청하여 보살 집단Bodhisattva Gana을 형성하게 되었다.

여기에는 내적 원인으로서 모든 자의 마음속에 붓다가 될 씨알이 깃들어 있다는 자성청정심自性淸淨心; 본래 청정한 마음의 논리가 크게 작용했음은 물론이다. 사실 그것이 부처님이 설한 불교의 참모습이 아닌가? 드디어 이러한 보살 이념과 그러한 이념을 바탕으로 한 다양한 보살 불교 운동은 대승불교로 성장하게 된다.

자리이타의 정신

보살이 보살인 이유는 '상구보리 하화중생上求菩提 下化衆生'이라는 언명에서 잘 드러난다. 석가모니 부처님의 '천상천하 유아독존天上天下 唯我獨尊, 삼계개고 아당안지三界皆苦 我當安之'의 외침은 대승불교의 '상구보리 하화중생'으로 새롭게 전개된다. 이 '상구보리 하화중생'이라는 말은 문자 그대로 위로는 깨달음을 구하고 아래로는 중생을 교화한다는 의미이다. 하나는 자신을 위하는 자리自利의 길이요 다른 하나는 남을 위해 살아가는 이타利他의 길이다. 그런데 그 두 가지 길은 사실 별개의 것이 아니다. 깨달음을 구하는 일, 그 자체가 중생을 구원하는 일이다. 깨달음과 중생 구제는 역동적으로 어울리면서 흘러간다. 이 둘 가운데 어느 쪽이 먼저고 어느 쪽이 뒤라고 할 수 없다. 위고 아래고 자리 배정이 정해져 있지 않다. 그래서 일본의 유명한 정토 불교학자 가네코 다이에이金子大榮는 자리이타의 정신을 인간의 본질적인 욕구로 본다.

> "인간은 순수한 개인이면서 동시에 보편인普遍人이다. 즉 일체중생이다. 따라서 일체중생에게 이익을 베푼다는 사실은 헛되이 외적인 중생을 돌보는 일이 아니라, 오히려 내적인 보편인을 실현하는 일이다. 따라서 자리이타라는 대승보살의 정신은 인간의 본질적인 욕구이다."
>
> 金子大榮,「불교교리 개론」

원효元曉 스님은 이를 귀일심원 요익중생歸一心源 饒益衆生이라 표현했다. 우리가 일심의 근원으로 돌아가는 것 자체가 중생에게 이익을 준다는 의미다. 일심의 근원, 그것은 바로 우리의 본래 마음자리요 자타가 하나로 어우러진 아름다운 고향이다. 그러나 그러한 이치를 자각하고 그 길로 들어서는 자는 일상적인 범부 중생이 아니라 비범한 인간이요 큰 사람이며 진정한 용기를 가진 자이다. 그래서 보살을 일러 위대한 존재, 즉 '마하삿트바mahāsattva, 摩訶薩; 大士'라고도 한다.

한국 불교에서 보살의 위치

그러나 한국 불교에서 보살 또는 보살 불교는 상당히 이상한 형태를 띤다. 언제부터인지 보살이 사찰의 공양주라든가 여성 불자만을 부르는 말로 쓰이니 말이다.

그렇다면 언제부터 그리고 어째서 한국 불교는 여성 불자들을 보살로 부르고 있는가? 그것은 조선 시대 성리학의 발호로 가부장적 권위주의에서 저열한 아녀자로 취급받던 서러운 부녀자들이 절에 가서 한을 풀며 부처님께 지극정성으로 귀의하고 공양했던 모습이 마치 불탑에서 공양을 올렸던 보살들의 행위와 흡사해 보살로 불렀을 것이라 추측된다. 조선 시대에도 불교를 살뜰히 믿는 나이 든 여신도를 일컬어 '보살할미'나 '보살태기'로 했던 데서 근거를 찾을 수 있다.

또는 일제강점기나 해방 이후에 몇몇 큰스님들이 신도들에게 보살계를 주면서 보살계를 받은 이들을 '보살'로 부르게 되었다는 설도 있다. 그렇지만 당시에도 여성 불자를 일컫는 말로 보살은 보편화되지 않았다. 당시 불교 여성 단체들을 'ㅇㅇ부인회'로 많이 일컬었기 때문이다. 나아가 관세음보살을 비롯한 여러 보살상이 여성처럼 아름다운 모습을 취하고 있어서 여성을 보살로 칭했다는 설도 있다.

어쨌든 열렬한 신앙인의 모습으로, 아름다운 모습으로 생활하는 여성 불자들을 보살이라고 부르는 것에 대해 무어라 탓할 수는 없다. 그러나 그러한 측면만으로 보살을 바라보면 일방의 진실만을 전달하게 되어 보편적 보살의 의미를 상실하고 만다. 보살은 상대방의 아픔을 자신의 아픔처럼 느끼는 깨어 있는 실존이며 진정한 용기를 지닌 자이다. 보살은 상대방의 말과 행동을 경청하고 주시하며 나와 너의 공감 속에서 함께 어우러지는 자비와 사랑의 구현자이다.

슬퍼하는 자의 벗, 보살菩薩

보살의 유형과 보살도
菩薩道

보라! 당신의 고통과 함께 하는 다양한 보살님의 무리를.

—

아름다운 보살의 무리

보살은 깨달음을 구하는 동시에 이웃과 더불어 아픔을 함께 나누면서 성불의 그 날까지 수행해 나가는 존재이다. 그것은 현재의 위치에서 보건대 아직 완전한 깨달음에는 미치지 못한 자각적 인간이라고 할 수 있다. 그런데 또한 대승의 세계에 들어서면 거의 붓다의 경지에 다다랐으나 중생에 대한 연민으로 성불을 미루고 중생 교화에 전념하는 많은 보살이 등장한다.

여기서 우리는 스스로 붓다의 위치를 사양하고 끝까지 열반의 저 세계로 나가지 않고 오히려 차안인 이 세계에 머물면서 중생들과 아픔을 함께하는 일단의 아름다운 무리를 만나게 된다. 이름 하여 관음보살, 대세지보살, 문수보살, 보현보살, 미륵보살, 지장보살, 월광보살, 일광보살, 법기보살, 천관보살 등 그 수를 이루 헤아리기가 힘들 정도이다.

자각적 인간이 아직 완성되지 않았고 완성으로 향하고자 하는 미완의 보살이지만, 관음보살, 문수보살, 지장보살 등은 완성된 보살이다. 성불이 결정된 보살인 것이다. 아니 이미 붓다의 몸이지만 이 삶의 현장에서 인간을 구제하기 위해서 보살이라는 다정다감한 모습으로 나타나는 부처님의 화신化身, 즉 화신불化身佛로 간주된다. 이러한 대승의 보살은 석가보살이 전생의 선행으로 태어난 업생業生 보살임에 비해서, 원해서 이 세계에 몸을 나투기 때문에 원생願生 보살이라 한다.

이들은 다양한 부처님과 관계를 맺으면서 어쩌면 부처님 수보다 더 많은 여러 가지 모습으로 이 땅에 모습을 보인다. 많은 부처님이 이 땅 위를 흐르는 강이라면 보살들은 그 강으로 흘러드는 여러 지류라 할 수 있다. 그 이유는 한 특정 부처님을 옆에서 도와주는 많은 보살이 있기 때문이다. 그 실질적인 예로 불상의 경우를 보자. 부처님을 양옆에서 옹호하고 도와주며 봉사하는 협시脇侍의 형태로 보살들이 모습을 보이지 않는가? 예를 들어 석가모니불의 협시보살로서 제화갈라보살과 미륵보살, 아미타불의 협시보살로서 관세음보살과 대세지보살, 비로자나불의 협시보살로서 문수보살과 보현보살 등 실로 다종다양하다. 심지어 부처님의 조력자나 협력자로서 협시의 위치에서 벗어나 단독으로 모셔지는 경우마저 있으니, 관음보살이나 문수보살이 그 구체적인 예이다.

보살이 다양한 모습을 하고 출현한 이유는 다른 데서도 찾을 수 있다. 보살은 중생의 아픔을 자신의 아픔처럼 느끼는 눈물 많고 다정다감한 헌신적인 연인이요 한없이 사랑을 베푸는 어머니이다. 그래서 당장 생존의 현장에서 신음하고 있는 수많은 고통을 어루만지고 보듬어 주기 위해 그 고통의 수에 버금가는 다양한 보살이 출현했다는 것이 더 옳은 표현일 것이다. 그만큼 보살의 중생 구제 원력은 다양하다.

구체적으로 이 산하에 새겨진 아름다운 삶의 발자취를 살펴보건대, 사실 부처님보다는 보살의 체취가 더 물씬 배어 있다. 『삼국유사』를 보면, 실음에 겨워 아파하던 사람이 보살의 은덕을 갈구한 결과 그 구체적인 소망을 이룬 일이며, 수행승의 경우 그 수행자의 잘못된 점을 일깨워 올곧은 길로 나가게끔 따끔한 일침을 놓는 보살들의 이타행이 많이 기록되어 있다. 그런데 사실 이러한 보살들이 역사적인 인물로서 실존했다고 보기는 어렵다.

반면 역사적으로 실존한 인물 가운데 보살의 지위에 오른 몇몇 불교의 성인들이 있다. 그들은 보살로서의 길을 걸은 결과 보살의 위치에 올라 생명력 넘치는 지혜의 보고를 우리에게 선사한다. 이름 하여 대승의 공사상을 체계화시킨 용수龍樹보살, 유식唯識의 가르침을 체계화시킨, 미륵彌勒보살, 무착無著보살 및 세친世親보살 등이 그들이다. 여기서 미륵보살은 앞서 말한 이상적 인물로서의 비역사적 인물이 아닌 인도에서 태어나 유식 사상의 빛을 밝힌 미륵보살을 일컫는다.

보살의 여러 유형을 정리해 보면 다음과 같이 요약된다.

1) 석가보살: 석가모니불의 전생을 지칭
2) 이상과 성인으로서의 보살: 문수·보현·관세음보살 등
3) 자각적 인간으로서의 보살, 혹은 범부보살: 보살의 길에 들어선
   모든 사람들
4) 실제로 존재했던 성인聖人보살: 용수·세친·미륵보살 등

보살도와 그 단계

이러한 수많은 보살의 일관된 이상향은 드디어 보살의 나아갈 길, 즉 보

살도菩薩道로 형성된다. 그것이 육바라밀六波羅蜜 또는 십바라밀이다. 바라밀이란 피안 또는 구원에 이른 상태, 또는 그 과정을 의미하는 파라미타Pāramitā의 한문 번역어이다. 우리는 이 여섯 내지 열 가지의 바라밀을 실천함으로써 결국에는 저 언덕, 피안에 도달하거나 자타自他의 구원을 완성하게 된다. 또한 『화엄경』「십지품十地品」에는 보살의 경지를 열 가지로 나누어 설명하는데, 사실 그것은 수행이 단계적으로 무르익어 가는 과정을 그린 것으로, 바라밀 행과 더불어 자각적 인간이 걸어가야 할 길이다.

　그것은 단계별로 초지初地 보살, 제2지 보살, 제3지 보살…… 제10지 보살로 불린다. 혹여 이러한 보살 십지의 단계는 보통 인간에게는 너무나 아득한 이상향으로 보여 지레 겁을 먹을지 모른다. 그러나 천리 길도 한 걸음부터이다. 그 첫걸음은 타성에 끌려다니는 일상적 삶에 대한 거부요 진리의 길로 나아가는 첫발자국이다. 또한 처음 진리를 찾겠다는 보리심을 내는 그 순간에 바로 깨달음이 전개된다고 했다. 이를 초발심시변정각初發心時便正覺이라 한다. 보살로서 진리의 길을 가겠다고 마음을 낼 때, 우리 내면에 간직된 아름다운 불성이 싹을 틔우고 꽃을 피운다. 그러니만큼 보살은 진리를 찾겠다는 염원, 생사의 부침에 휘말리고 않고 그것을 뛰어넘겠다는 서원, 고통 받는 이웃과 함께하겠다는 비원과 용기를 망각해서는 안 된다. 그러한 마음을 간직한 이상 우리는 이미 보살의 길을 가고, 부처님의 행을 실천하는 것이다.

　우리는 이러한 보살도의 실천을 『화엄경』「입법계품入法界品」의 주인공 선재善財동자의 구도의 여정에서 찾아볼 수 있다.

관세음보살

관세음보살님이시여,
무슨 까닭으로 큰 자비의 어머니로 불리게 되었습니까?
—

세상을 구원하는 자비의 보살,
관세음

현재 우리가 고통에서 신음하고 있다면 그때 당장 필요한 것이 무엇일까? 고원한 깨달음일까, 아니면 물질적 안락함일까? 그 둘 다 아니다. 아파서 신음하는 자에게 깨달음이나 말초적 쾌락은 사실 언어의 희롱에 불과하다. 아픈 사람에게 당장 필요한 것은 자비와 사랑이다. 또 다른 하나로 그 고통을 즉각 제거해 버리는 현실적 힘을 얻는 것만큼 효과적인 방법은 없다. 세계적인 기업인 구글의 엔지니어이자 명상 지도자인 차드 멍 탄은 최고의 리더십은 바로 연민의 리더십이라며 자비심을 강조한다. 그가 데이터를 바탕으로 조사해 보았을 때 최고의 행복은 연민이며 그 연민은 상대방에 대한 이해와 공감, 도움으로 구성된다고 역설한다.

　큰 자비의 어머니 관세음보살, 그분은 고통 받고 있는 중생들의 모습에 크나큰 연민을 느껴 그 고통을 없애기 위해 천 가지, 만 가지로 도움을 주며 활동하는 인류의 어머니다.

흰옷을 입고 한 손에는 감로수가 담긴 정병淨瓶을, 다른 손에는 버들 가지 또는 연꽃을 들고선 부드러운 미소를 보내는 관세음보살님. 그분을 부르는 소리는 얼마 전까지만 하여도 우리 할머니, 어머니의 입에서 자연스럽게 흘러나올 정도였다.

관세음보살의 산스크리트 이름은 '아바로키테슈바라Avalokiteśvara'로서 아박로지저습벌라阿縛盧枳低混伐羅로 음역되기도 했다. 이 산스크리트 말을 접두사 아바ava; 널리와 로키타lokita; 보다의 과거분사, 그리고 이스와라īśvra; 자재로운 神 또는 주인가 합성된 것으로 보면 관자재觀自在로 의역되며, 아바로키타스바라Avalokitasvara의 이름으로 쓰일 경우, 그때 로키다lokita를 세간을 뜻하는 로카loka와 결부시키고 스바라svara를 소리 음音으로 해석하여 관세음觀世音, 줄여서 괸옴으로 부르기도 한다. 또한 본다는 뜻의 동사 원형 '로크lok'는 '빛나다'라는 뜻으로도 쓰이기에 광세음光世音으로 번역되기도 했다. 이 밖에도 관세자재觀世自在라는 이름도 지니고 있다.

그중에서 관자재보살과 관세음보살(관음보살) 두 가지 명칭이 가장 많이 쓰인다. 관자재보살의 경우, 그는 현재 법회 의식에서 늘 독송되는 『반야심경』의 주인공으로 등장하여 반야의 이치를 깨달아 일체의 고통을 뛰어넘은 뒤 사리불舍利佛에게 피안의 저 언덕에 이르는 길을 설한다. 그럴 경우 관자재보살은 모든 사물의 공한 모습을 관하는 이지적인 보살이라는 인상이 짙게 풍긴다. 바로 『반야경』에서 그분은 자비의 측면보다 지혜의 면모를 강조하여 중생들로 하여금 공의 실상을 깨우쳐 고통에서 벗어나게 한다. 이럴 때 관세음은 지혜로운 스승으로서의 면모를 보인다. 『화엄경』에서도 관세음보살은 선재동자에게 대비행大悲行의 가르침을 베푸는 선지식으로 등장한다. 선지식이란 훌륭한 스승이라는 뜻이다.

02

그런데 사실 우리는 관자재라는 말보다도 관세음 또는 관음이라는 말이 더 친숙하다(앞으로 문맥에 따라 관세음 또는 관음으로 표기하겠다). 그만큼 이 보살님은 지혜의 측면보다는 자비의 측면이 강조되어 인류 역사에 각인되었기 때문이다. 그래서 관세음보살을 일러 대비성자大悲聖者, 구제대비자求世大悲者라고도 불렀다. 그리고 원통대사圓通大士라는 말도 있는데, 원통이란 관세음보살이 소리를 관하여 그것을 통해 모든 것과 하나로 원만해져 통하지 못하는 바가 없음을 의미하는 것이다. 이럴 때의 관세음보살은 삼매를 증득하여 그 자재로운 모습이 못 미치는 바가 없는 완벽한 이상형의 모습으로 그려진다. 이에 더하여 『관무량수경』에서 관세음보살은 대세지보살과 더불어 망자의 극락세계로 왕생을 돕는 아미타불의 협시보살協侍菩薩로 등장한다. 협시보살이란 부처님을 양옆에서 보좌하는 보살이라는 의미다.

관세음보살의 명칭이 최초로 등장하는 경전은 『법화경』「관세음보살보문품普門品」이다. 거기에서 무진의無盡意보살이 부처님께 관세음보살은 무슨 인연으로 관세음으로 불리는가를 묻는다. 부처님은 답하여 말한다.

"고통에 신음하는 중생이 일심으로 관세음보살을 부르면 곧바로 그 음성을 관하여 해탈케 한다."

바로 중생의 애처로운 음성을 관하기 때문에 관세음으로 불린다는 것이다. 여기서 우리는 관세음보살의 보편적 의의를 발견하게 된다. 나아가 이 경전에서는 어떤 사람이 살해될 위기에 처했을지라도 그분의 이름만 부르면 칼과 창이 조각나고, 어떤 이유에서건 감옥에 수감되어 있을 경우, 그분을 간절히 부르면 수갑, 고랑, 칼과 사슬이 모두 부서지고 끊어져 그곳으로부터 벗어나게 되는 등 갖가지 고통에서 구제된다.

관음 신앙과 불국토

그렇다면 관음 신앙은 언제 태동하여 역사의 전면에 나타나기 시작했을까? 인도에서 관세음보살이 모습을 드러낸 시기는 1세기 말경으로 보는 설이 유력하다. 그 당시 『법화경法華經』「보문품普門品」이 널리 읽혔던 사실을 보면 일반 대중에게 관세음보살이 끼치는 영향력은 지대했을 것이다. 그 후 밀교의 영향으로 관세음보살은 더욱 다양하게 지고 영향력도 커졌다. 관세음보살은 인도, 중국, 일본, 한국은 물론 티베트에도 큰 영향을 끼쳤으며, 생불로 추앙받는 달라이라마도 관세음보살의 화신으로 일컬어진다.

한국 불교도 관음 신앙과 밀접한 관계를 유지하며 발전하기 시작한다. 중국에서 화엄교학을 배우고 돌아온 의상義相 스님은 곧바로 동해변 양양으로 가 낙산洛山에서 관세음보살을 친견하고 이 땅을 불국토화하기 시작한다. 낙산은 바로 보타락산補陀洛山의 준말로 관음보살의 거주처인데 그 산스크리트 이름이 '포탈라카Potalaka'이다.

그런데 그 보타락산이 인도땅에 실제로 있었다고 한다. 『화엄경』「입법계품入法界品」을 보면 선재동자善財童子가 구도의 길을 가는 도중 보타락가산補陀洛迦山이라는 바다를 접한 아름다운 곳에서 관음을 친견하고 대비의 설법을 듣는 구절이 있다. 현장玄奘 스님도 보타락가산을 언급하면서 그곳이 스리랑카로 가는 해로 가까이에 있다고 기록한다.

현재에 그곳 보타락산은 인도 남단의 고모린comorin 기슭 근처에 있는 말랄야산 동쪽 언덕으로 추정된다. 이것은 당시 관음보살이 인도의 항해 수호신의 역할을 수행했음을 보여 준다. 「보문품」에는 "큰물에 떠내려 가도 관세음보살을 마음에 떠올리면 곧 얕은 곳에 당도할 수 있다. 진귀

무위사 극락전 백의관음도

한 보물을 얻으려 바다에 들어가 폭풍에 밀려 나찰귀국羅刹鬼國에 가 닿더라도 그중에 한 사람만이라도 관음의 이름을 부르면 모두 나찰의 손아귀에서 벗어난다"라 설한다.

나찰귀국이란 사람을 잡아먹는 마귀의 일종인 나찰이 머문다고 전해지는 스리랑카를 가리킨다. 이러한 사실로 보건대 조선과 항해 기술이 보잘것없던 당시 남해 무역에 종사하는 상인들이 두려운 풍파의 수난으로부터 보호받을 양으로 관음을 신앙하였으리라 생각된다. 여기서 영향을 받아 중국 주산열도舟山列島에 보타산普陀山이 등장한다. 티베트의 수도 라사에 포탈라카 궁전이 위용을 자랑하면서 굳건히 서 있다. 우리나라의 관음 도량으로서 강화도 보타산 보문사普門寺에도 관음보살상이 그 산 8부 능선쯤에 바다를 멀리 바라보며 자비롭게 미소 짓고 있다. 낙산사 홍련암 역시 관세음보살이 이 땅 동해변에 나투신 영험 있는 도량이다. 이밖에 남해 보리암, 여수 향일암, 소요산 재자암, 공주 마곡사, 삼각산 옥천암, 북한산 심곡암, 북한산 금선사, 성남 남한산 망월사, 부안 내소사, 곡성 관음사, 양양 휴휴암, 부산 해동용궁사, 강진 무위사, 설악산 오세암, 경주 중생사, 영천 운부암, 여수 홍국사, 두타산 삼화사, 금강산 보덕굴 등이 관음도량으로 유명하다. 2009년 이효원 씨가 조사한 관음도량은 388개로 다른 불·보살 도량보다 압도적으로 많다. 관음 영험담 또한 시대를 아울러 전국 곳곳이 많이 산재해 있다.

불자들은 매월 음력 24일 관음재일이나 관음기도를 올릴 때 관세음보살을 우러러 생각한다. 다음은 관음 헌공(불공)에 등장하는 유치문由致文이다. 유치란 법회가 이루어지는 연유를 아뢴다는 뜻이다.

"우러러 생각건대 미묘하고 자비로운 용모에 인자하신 서원이 더욱 깊으신 관음대성자께옵서는, 중생들을 이끌어 인도하시기 위해서 항상 아미타 부처님 국토에 머무르시고, 적정한 삼매에 드시며 백화도량을 떠나지 않으시나 시방세계 두루 응하시어 소리 따라 괴로움 건져 주시고, 한걸음도 옮기지 않으시나 국토마다 몸을 나타내신다 하셨사오니, 공양 올리는 정성 간절하면 반드시 감응의 힘을 내려 주시고 구하는 것은 모두 이루어주십니다."

여기서 말하는 백화도량이란 관세음보살이 머무는 보타산, 낙산의 다른 이름이다. 의상 스님은 낙산에 머물면서『백화도량발원문白花道場發願文』을 짓고 관세음보살님께 기도를 올린다. 그 내용은 관세음보살께 귀의하고 관세음보살처럼 행하여 자신이 관세음보살이 되어가면서 관세음보살의 구원을 받아 백화도량에 왕생하는 구조이다. 결국 의상과 관음, 중생과 관음, 그리고 나와 관음은 다르면서 같은 인물이다.

그렇다면 우리는 이러한 관세음보살, 관음 신앙을 어떻게 받아들일 것인가? 위의『백화도량발원문』의 내용과 마찬가지라고 생각한다. 관음 숭배는 그 대자비를 베푸는 님에 대한 절대 귀의를 말한다. 그러한 귀의를 통해서 우리는 점차 관세음보살의 마음을 닮아가고 관음보살처럼 행하며 그 결과 나 자신도 관음이 되어 무한한 자비심을 타인에게 베풀게 된다. 쉽게 말해서 우리가 일심으로 관음을 불러 관음과 하나가 되면 관세음보살로부터 구제를 받음은 물론이요 나 자신도 고통 받는 타인에게 자연스럽게 자비의 손길을 보내게 된다는 것이다.

7·7재(49재)나 영가를 천도할 때 반드시 관음시식觀音施食을 올린다. 시식이란 영가에게 법식法食인 법문을 들려주고 한량없이 변화된 음식

도 공양하여 해탈을 얻게 해 천도하는 의식을 말한다. 관음시식에서는 관음보살이 주인공으로 등장하는데, 이때 시식을 베푸는 자는 관음보살상을 관상하여 삼매에 들어 자신이 관세음으로서의 역할을 해야 한다. 시식을 집전하는 스님이나 시식에 참가한 가족 모두 관음보살을 관상하고 관음보살의 대비력으로 시식을 베풀 때 그것이 관음보살의 대비행을 실천하는 것이며, 그럴 때 자신은 관음보살이 되는 것이다. 그런데 요즘은 관상은 사라지고 염송만 하는 현실이다. 하물며 관음 시식을 베푸는 자리에 관음보살상도 없음에서랴.

우메하라 다케시梅原猛의 관음 신앙에 대한 정의는 현대를 살아가는 우리가 귀담아들을 만한 얘기이기에 소개해 보겠다. 그는 관세음보살에 절대 귀의하는 마음에서 안심安心·희망·외포畏怖·감사의 네 가지 공덕이 생긴다고 했다.

안심이란 관세음보살에 귀의한 결과 두려움에서 벗어나 마음의 안정을 얻는 것을 말한다. 그리고 그러한 안심과 귀의심은 미래에 대한 강한 희망을 부여한다. 외포란 관음의 무한한 변화가 그야말로 어떤 형태로든 나타나는데, 그것은 뭇 생명 있는 것들에 대한 경외심을 우리에게 품게 한다는 것이다. 끝으로 감사란 우리의 어머니, 나의 아내, 주변의 인물들을 모두 관음이라 생각할 때 이미 그것만으로 그들에 대한 감사의 마음이 생긴다는 것이다.

대자비의 님, 관세음보살은 현재 우리 사찰의 대비전大悲殿이나 관음전觀音殿, 혹은 원통전圓通殿이나 보타전寶陀殿이라는 편액을 단 건물 안에 모셔져 고통에 찬 뭇 생명의 아픈 마음을 어루만져 주면서 오늘도 잔잔히 미소 짓고 있다.

관세음보살의 종류와 성관음聖觀音

관세음보살은 그 절대 자비력 때문에 많은 사람의 귀의를 받았으며 그 결과 여러 종류의 관음상이 생겨났다. 중생의 고통이 다양한 만큼 거기에 시의적절한 구원의 손길을 내미는 관세음보살 역시 다양하며 변화무쌍하게 몸을 나투게 된 것이다. 그래서 '변화의 신, 관음'으로 불릴 정도이다.『법화경』「보문품」에서는 그 변화의 모습을 33가지로 나열하고 있다. 더불어 6~7세기에 접어들면 힌두교의 영향으로 다양한 관음의 분화가 이루어진다. 이름 하여 성관음聖觀音 · 천수관음千手觀音 · 11면관음十一面觀音 · 백의관음白衣觀音 · 양류관음陽柳觀音 · 불공색관음不空絹索觀音 · 여의륜관음如意輪觀音 · 마두관음馬頭觀音 · 준제관음准提觀音 등이 가장 유명한데, 이분들을 중요한 일곱 관음이라 하여 칠관음七觀音이라 부른다. 이들 중 준제관음 혹은 불공견색관음의 어느 한 명을 제외하고 육관음이라고 하는데 관악산 삼막사의 육관음전은 이들을 한꺼번에 모신 대표적인 법당이다. 이 밖에도 백의관음白衣觀音과 양류관음陽柳觀音도 우리 민족에게 많이 알려진 관음보살이다.

여러 관음중 성관음聖觀音; Arya avalokite은 수많은 관음보살상의 기본형으로 일반적으로 우리가 흔히 관세음보살이라 하면 이 관음을 지칭한다. 세계에 자랑할 만한 문화유산인 고려불화에 관음보살도가 많이 등장하고 있는데, 그중에서도 수월관음水月觀音보살은 단연 압도적인 수를 점하고 있다. 바로 그 수월관음이 성관음의 전형적인 모습을 보여 준다.

수월관음은 천의天衣를 걸치고서 살이 살짝 비치는 베일로 전신을 덮은 모습인데 반가半跏의 자세로 물가의 바위 위에 걸터앉아 있다. 손에는 상서로운 꽃이 핀 나뭇가지를 들고 있으며 등 뒤에는 대나무, 특히 쌍죽

雙竹이 솟아나 있고, 오른팔 앞쪽 바위 위에는 버드나무 가지가 꽂힌 정병淨甁이 놓여 있다. 그 관음보살의 시선이 맞닿는 오른쪽에는 진리를 구하는 선재동자가 우러러보고 있다.

이러한 정경은 『화엄경』 「입법계품」에서 선재동자가 관세음보살에게 보리심을 구하는 장면과 일치하는데, 그 장소는 관음보살이 머문다는 보타락가산이다.

그러면 왜 수월水月이라 했을까? 수월이란 물에 비친 달을 일컫는다. 하늘에 달이 뜨면 천강千江에 달이 담겨 있고 온갖 바다에 또한 달이 비친다. 관음보살님은 그렇게 천 가지, 만 가지 모습으로 변화하여 중생들을 구제한다. 따라서 수월이란 관음보살의 무궁무진한 변화신통력과 중생 구제의 원력을 보여 주는 것이다.

그런데 수월관음도를 보면 실제로 달이 떠 있는 장면이 묘사된 것도 있다. 특히 일본 장락사長樂寺 소장 수월관음도에는 두 마리의 토끼가 떡방아를 찧고 있는 모습이 선명하게 보일 정도로 둥근 달이 휘영청 밝다. 이는 수월관음이라는 명칭에서 그렇게 그려낸 것이 아닌가 하는 생각이 든다. 이해 부족이 낳은 결과일 수도 있지만 달과 물의 아름다움과 고요한 정경을 담은 까닭에 보는 이의 가슴이 시리기까지 하다. 다른 수월관음도를 보더라도 달은 떠 있지 않지만 둥그런 원광 속에 관음보살이 있는가 하면 얼굴 뒤편으로 후광이 달처럼 드리워져 있다. 이도 또한 달을 품은 관음보살을 상징하는 비유적 표현은 아닐까한다.

한편 관음의 보관寶冠에는 아미타불이 박혀 있는데 이는 『무량수경』에서 연유한 것이다. 관음 신앙이 발생한 이래, 오랫동안 관음이라면 이러한 자비로운 관음상밖에 없었으나 6~7세기 이후 힌두교나 밀교의 영향으로 십일면관음, 천수관음 등 여러 변화 관음이 나타났다. 그래서 이러한 변화 관음을 구별 짓기 위해서 본래의 관음을 정관음正觀音이라든가 성관음聖觀音, 성관자재聖觀自在관음이라 부른다.

관음보살상은 한 손으로 버드나무 가지나 연꽃, 다른 한 손으로 정병을 들고 있는 모습으로 표현된다. 버드나무 가지로 병을 치유해 주며, 정병에 들어 있는 마르지 않는 감로수로 고통을 치유한다는 상징적 의미를 담고 있다. 연꽃은 사람들의 불성을 상징한다. 이 연꽃을 보임으로써 사람들의 아름다운 불성을 일깨우는 것이다.

관음보살의 남성인가 여성인가

그렇다면 관음보살은 남성인가? 여성인가? 일반적으로 관음보살의 모성적 자비심을 강조하여 여성으로 보는 경향이 강한데, 전남 무위사無爲寺 극락전 후불벽화 뒷면의 관음보살이나 인도 고대古代의 관음보살상처럼 남성상을 취한 형상도 여럿 보인다.

사실 보살은 여래와 마찬가지로 남성과 여성을 초월한 모습으로 나타나 중생을 구제하기 때문에 관음 관계 경전의 대부분은 여성의 형상으로 그 모습을 규정짓지 않는다. 그러나 7세기 중엽 이후에 힌두교의 여성 숭배 신앙이 불교에 유입되면서 여성적인 모습을 한 관음이 경전 상에 나타나기 시작한다. 관음상으로서는 중국 송나라나 고려 시대 이후의 관음에 그러한 여성적 이미지가 도드라지게 드러난다. 특히 관음신앙이 중국적 변용을 거치면서 관음영험과 결부되어 여성상으로 변화되었을 것으로 추측한다.

고려불화나 후불탱화에 등장하는 한국의 관음상은 언뜻 보기에 자비로운 여성의 모습이라는 것이 한눈에 들어온다. 그러나 그 상호相好를 자세히 들여다보면 분명 여성의 모습이 아니다. 얼굴에 수염이 가느다랗게 나 있다. 바로 성性은 남성인 채 관음의 자비심을 최대한 부각시키려고 여성적 외모를 갖춘 것이다. 그런데 문제는 지장보살만 제외하고 다른 보살상도 이와 거의 유사한 형상이라는 데 있다. 관음상을 다른 보살상과 구별 짓는 뚜렷한 특징은 그가 쓰고 있는 보관에 아미타불이 화불化佛로 들어앉아 있다는 것이다.

그러나 관음에 투영된 내용상의 특징이나 역사적 변화가 어떠하든 간에 우리가 현재 인식하고 있는 관음상은 여성으로서의 관음, 사랑이 가득한 자비로운 모성으로서의 관음인 것만은 틀림없다. 인류의 보편적 감정, 아니 농양인의 가슴에 사랑과 자비의 구체적인 화신은 이머니다. 어머니는 무조건적이고 무차별적 사랑을 베푸는 존재이기 때문이다.

어머니 되시는 관음은 고통 받는 그 당사자가 자신을 밀고했거나 배반했다고 해서 벌을 주거나 멸망시키는 진노하는 가부장적 아버지 같은 분이 결코 아니다. 어머니 되시는 관음은 시시비비를 가리지 않고 모든 것을 포용한다. 선한 자, 악한 자, 재능이 뛰어난 자, 모자란 자, 힘이 센 자, 약한 자를 그 모습 그대로 껴안는다. 이런 의미에서 관음보살은 어머니의 모성 그 자체여야 하며, 그러한 형상으로 조성되어야 마땅하다고 본다.

천수관음
千手觀音

천 개의 손,
천 개의 눈으로 앞 못 보는 그대에게 광명을 주리라.

―

뛰어난 능력의 소유자로서 대비관음

한국인에게 가장 많은 사랑을 받은 관음보살은 성관음聖觀音을 제외하
면 천수관음이다. 천수관음, 그 자비의 손길을 간절히 염원하는 『천수경
千手經』은 오늘날 사찰에서 도량을 청정히 하는 의식, 즉 도량석道場釋을
할 때 가장 많이 독송된다. 또 아침저녁으로 올리는 예불 때, 각종 법회
시작 전에도 『천수경』 독송을 통해 마음을 닦으며 관세음보살의 가피가
깃들기를 염원한다. 그리고 사찰이나 가정에서 염불이나 기도를 올릴 때
도 『천수경』과 천수대비주千手大悲呪가 많이 애송된다. 특히 천수다라니
는 요즘 다라니 수행법으로도 많은 사찰에서 지송되고 있다. 그렇게 천
수관음은 우리 곁에 가까이 있다.

천수관음의 명칭은 천수천안관세음千手千眼觀世音 · 천비천안관세음
天臂千眼觀世音 · 천비관음千臂觀音 · 천광관음千光觀音 · 천안관음千眼觀音 ·
천설천족천비관음자재千舌千足千悲觀音自在 등 경전에 따라서 여러 가지
로 불리지만, 그중에서 천수관음이 가장 널리 사람들 입에 오르내린

다. 천수관음의 산스크리트 명칭은 '사하스라브흐자 아바로키테슈바라 Sahasrabhuja-Avalokiteśvara'다.

천수관음의 특징은 변화 관음의 다면다비多面多臂; 많은 얼굴과 팔와 관음의 자비를 최대한 강조한 데서 찾을 수 있다. 1천이란 숫자는 사실 무한수를 의미한다. 그래서 1천 개의 눈과 1천 개의 팔로 시방세계에서 신음하는 온갖 중생을 찾아내어 그들의 상처받은 몸이며 마음을 아물게 해 주는 자비로운 보살로 자리 잡게 된다.

가범달마가 번역한『천수천안관자재보살광대원만무애대비심다라니경 약칭 천수천안경千手千眼經』에 의하면, 천수관음은 과거 무량억겁의 세월 전에 태어나서 천광왕정주여래千光王靜住如來로부터 '광대원만廣大圓滿; 아주 크고 원만한 무애대비심無碍大悲心; 걸림없는 대자비의 마음을 갖춘 디리니 多羅尼'를 들었다. 정주여래는 이어 그의 이마를 만지면서 "선남자여, 네가 마땅히 이 대비심주를 가지고 미래 그 악독한 세월에 무거운 번뇌로 고통 받는 모든 중생을 위하여 널리 이익을 베풀도록 하라"고 수기를 주었다. 그는 이 다라니를 듣고 환희하여, 다음과 같이 서원을 세웠다. "일체중생에게 이익과 안락을 주기 위해 즉시 이 몸에서 천수천안千手千眼이 생겨나게 하소서". 그 결과 이 보살은 천수천안의 모습을 갖추었다고 한다.

이 원에 의해서 천수관음은 1천 개의 자비스러운 눈으로 중생을 보고, 1천 개의 자비스러운 팔로 중생을 감싸 안는다고 했기에, 많은 관음 중에서 그 자비의 힘에서는 최고의 위치를 점하게 된다. 그래서 당나라 시대에는 대비관음大悲觀音으로 불리었다. 중국의 관음 영험담에서 묘선妙善 공주는 눈과 팔을 내어주고 악독한 아버지의 병을 고친다. 아버지는 묘선의 그러한 지극한 자비심을 알고 참회 후 모든 사람과 더불어 불자가 된다. 그때 묘선은 천 개의 눈과 천 개의 팔을 지닌 천수천안 관세음으로 변하였다. 후에 중국에서는 그녀를 위한 사리탑도 세워졌다고 전한다.

밀교의 만다라 중에서는 여러 관음보살상을 주로 배열하는 부분을 연화부蓮華部라 하는데, 천수관음은 이들 연화부의 여러 보살 중에서 최고의 위덕을 갖추기에 연화왕蓮華王으로 지칭된다.

『천수경』 독송의 핵심은 '천수다라니'이다. 바로 '신묘장구대다라니神妙長句大陀羅尼; 신기하고 묘한 긴 구절의 다라니'이다. 이를 보통 천수주千手呪 혹은 대비주大悲呪라고도 한다. 그럼 우리나라 불자들은 현재 왜 이렇게 천수주를 많이 독송해 오고 있는 것일까? 그것은 관음보살님이 천수다라니를 설한 열 가지 이유에서 잘 드러난다.

그 열 가지는 모든 중생들을 안락하게 하고, 모든 병을 없애며, 수명을 연장하고, 풍요를 얻게 하며, 모든 악업과 중죄를 소멸시키며, 모든 장애와 어려움을 제거하고, 일체 청정한 법과 모든 법을 증장시키며, 모든 착한 일을 성취시키고, 모든 두려움을 멀리 떠나게 하며, 모든 바라는 바 소망을 성취한다는 것이다. 그 밖에 수많은 호법선신들이 천수다라니를 지니고 독송하는 자를 보호한다.

천수다라니의 핵심은 이 다라니의 이명異名 속에서 잘 드러난다. 그중에서 대표적인 것을 꼽으면 모든 소원을 채워주는 만원滿願다라니이고, 모든 업장을 녹이는 파악破惡다라니이며, 마음의 삼악도를 없애는 멸악취滅惡趣다라니이다. 그 밖에 수명을 연장하고, 마음 따라 자재를 얻는 다라니도 이 천수다라니이다. 우리나라 의례연구의 지성인 이성운 선생의 말대로 천수다라니는 넓고 크게 채워 준다. 죄악 또한 없애 준다.

천수관음의 마음과 형상

이 천수관음과 관련된 감동 어린 얘기가 전한다.

경덕왕?~765년 때의 일이다. 당시 한기리에 살던 여인 희명希明에게 아이가 있었는데, 어느 날 갑자기 태어난 지 5년 만에 눈이 멀고 말았다. 눈 먼 아이의 고통도 고통이려니와 그 모습을 보는 어미의 심정 또한 미어질 것 같았다. 생각다 못해 어미는 아이를 안고 분황사 좌측 건물 벽에 모셔져 있는 천수관음을 찾아갔다. 어미는 그 아이를 천수관음 앞으로 나아가게 한 후 노래를 지어 부르게 했다.

무릎을 곯고 두 손을 모아 천수관음님께 비옵니다.
천 개의 손과 천 개의 눈을 가지셨사오니
하나를 내어 하나를 덜기를.
둘 다 없는 이 몸이오니 하나만이라도 주시옵소서.
아아 나에게 주시면 그 자비 얼마나 크오리까.
아이는 간절하게 노래를 불렀다. 그 결과 아이는 잃어버린 시력을 회복하여 광명을 되찾는다.

『삼국유사』「분황사 천수대비 맹아득안芬皇寺 千手大悲 盲兒得眼」

이 얘기로 보건대, 그리고 의상 스님625~702의 「백화도량발원문」 내용에 나타난 천수천안 및 대비주의 용례로 미루어 볼 때 신라 시대에 천수관음 신앙이 널리 유포되어 있었을뿐더러 대중적 지지 기반도 상당하였음을 추측케 한다. 게다가 천수관음상 역시 불전佛殿의 벽면에 장식된 사실을 엿볼 수 있다.

슬퍼하는 자의 벗, 보살菩薩

고려 말 조선 초까지 조성된 천수관음보살상을 살펴보면, 호암미술관 소장 천수관음도를 비롯하여 천수관음보살상 3점, 천수관음보살도 2점 정도가 전하고 있다. 중생의 갖가지 아픔을 보듬어왔을 고풍스러운 천수관음상이 그렇게 많은 편은 아니다. 반면 중국이나 일본에는 벽화뿐 아니라 조각으로 조성되어 오랜 세월을 지나온 천수관음상을 적지 않게 볼 수 있다. 우리나라에서도 천수관음의 대중적 인기를 고려한다면 많은 천수관음상이 조성됐을 법한데 의아스러울 정도다. 아마도 그것은 우리 민족이 괴기스러운 형상을 별로 탐탁하게 여기지 않았기 때문은 아닌가 한다. 사실 고려불화를 보면 성관음상인 수월관음도가 상당수 전하고 있어 더욱 그러한 심증을 굳게 한다. 그리고 또 한 가지 고려 시대에 성행했던 밀교가 사라진 탓도 천수관음상이 많이 조성되지 않았던 이유일 것이다.

다만 근세부터 현재에 이르기까지 천수관음상이 사찰에 많이 조성되어 대중 신앙의 인기를 더해 가고 있음을 살필 수 있다. 사실상 『천수경』이 현행의 모습대로 갖추어진 것도 19세기 말엽에 이르러서다. 현행 『천수경』은 다른 나라엔 없다. 이 한국적 『천수경』을 오늘날 『반야심경』 다음으로 많은 불자가 애송한다.

천수관음의 구체적인 형상을 보자. 경전의 설명대로 한다면, 천안千眼·천수千手·천설千舌·천족千足·천비千臂로 만들어져야 한다. 그러나 실제로 이렇게 조성하기는 거의 불가능하다. 그래서 대부분이 42개의 손을 갖춘 형태로 표현된다. 그것은 관음보살이 본래 지니고 있는 합장한 두 개의 손과 두 눈 외에 좌우 20개의 손으로 이루어져 있다. 좌우의 20개 손 안엔 눈이 표현되어 있는데 도합 40개 눈과 손을 갖추고 있다. 그러면 본래의 두 개의 손과 눈 이외에 어째서 40개의 손과 눈을 갖추게 되었는가? 그것은 중생이 육도 윤회하는 세계를 25부분으로 세분하여 나눈 결과 거기 40에 25를 곱하여 천 개를 상징하는 것이라고 한다. 즉 40개의 손 하나하나가 25종류의 중생을 구제하니 결국에는 1천 명의 중생을 구제하는 천수관음이 되는 셈이다. 이러한 40개의 손에 본래의 관음보살 합장한 손 2개를 합하여 42개가 되는 것이다. 이를 일컬어 42수手 관음이라 한다. 이러한 42수로 조성된 우리나라 고려 시대의 천수관음상이 프랑스 기메 박물관에 보존되어 있다. 호암미술관에도 고려 시대 42수 천수관음도가 소장되어 있다. 그리고 서울 흥천사의 42수 천수관음상도 고려 시대 불상으로 여겨진다.

한편 중국 대족 석각石刻의 천수관음상을 보면, 실제로 그 1천 개의 손이 마치 공작새가 날개 소리를 활짝 펼친 것처럼 아름답게 피져나가고 있다. 이와 약간 유사한 천수관음상이 경주 기림사의 관음전에 모셔져 있다. 이러한 천수관음 주위에는 그를 옹호하는 28명의 호법신이 있어 이들을 천수관음이십팔부중千手觀音二十八部衆이라 부른다. 불국사 관음전을 찾아가면 천 개의 손을 지닌 천수관음도 후불탱화가 고풍스러운 모습으로 우리의 눈길을 끈다.

신영복 교수가 『나무야 나무야』라는 책에서 천수보살에 대한 좋은 내용을 전하고 있어 그 잔잔한 감동을 여기서 전한다. 그는, 등에는 아기를 업고 양손에는 물건을 든 상태에서 또 한 아이를 달고 가는 시골 아줌마를 보고서 저 아주머니에게 손이 하나 더 있었으면 얼마나 좋을까 하는 안타까운 마음을 천수관음과 오버랩시킨다. 그리고 천수천안 할 때의 "눈은 인식이요 손은 실천이다"라고 하면서 다음과 같이 말한다.

"눈이 달린 손은 맹목盲目이 아닙니다. 생각이 있는 손입니다. 마음이 있는 손이라는 것입니다. 세상에서 가장 능력이 있는 사람은 수많은 손을 가진 사람임이 틀림없지만 그러나 그것은 마음이 있는 손이라야 합니다."

세상에서 가장 뛰어난 능력이 있다 하더라도 거기에 사람을 사랑하는 자비의 마음이 없다면 맹목에 불과하다는 얘기요 나아가 그러한 능력은 세상을 파괴하는 폭군의 강력한 무기로 전락할 수 있다는 뜻인데, 천수관음의 마음에 비추어 곰곰이 새겨 볼 일이다.

11면관음
十一面觀音

11면관음의 모습에 자慈·비悲·희喜·사捨의 정신이 아름답게 갈무리되어라.

—

석굴암 본존불 뒤에는 부처님 설법 당시, 그 주위에 모여든 여러 보살菩薩, 제석천帝釋天과 범천梵天, 십대제자의 무리기 부조되어 있어 그 장엄하고 아름다운 광경을 보여 준다.

신라 경주벌에서 바라볼 때, 토함산은 동해를 안고 우뚝 솟아서 남북으로 길게 뻗어 있기에 동해를 건너 침입해 오는 왜구를 막아서는 굳건한 보루였다. 또한 거기 동쪽 면 정상 부근에 자리한 석굴암은 신라가 삼국 통일의 위업을 달성한 이래 불법으로 나라를 지키려는 호국의 상징으로 거론된다. 그래서 석굴암과 삼국통일의 위업을 달성한 문무왕의 수중릉은 서로 밀접한 관계를 이루면서 이 나라, 이 땅을 불법으로 지켜 내는 역할을 잘 보여 준다고 황수영黃壽永 박사는 말한다.

게다가 석굴암 본존불 뒤, 그 성스러운 무리들 중 11면 관음보살은 문무왕과 연결될 수 있는 근거를 보여 주며 그 내면의 정신성이 역사적 현실로서 생동감 있게 들려오는 듯하다. 그 까닭을 11면관세음보살이 누구인가를 통해서 알아보겠다.

11개의 얼굴에 담긴 뜻은?

어째서 11개의 얼굴이 관음보살의 머리 위에 마치 고깔모자를 쓰기라도 한 듯 올망졸망 붙어 있는가? 관음보살은 변화의 보살이다. 변화의 보살이니만큼 모습 또한 다양할 수밖에 없다. 그런데 그 한 몸에서 변화의 다양성을 보여 주자면 여러 개의 팔과 얼굴로 그것을 표출할 수밖에 없다. 그것이 다면다비적多面多臂的; 많은 얼굴과 여래 개의 팔을 지닌 모습 표현이다. 그 결과 11면으로 정형화된 것으로 볼 수 있다. 이 보살의 명칭은 에카다사 무카Ekadaśamukha로서 '에카다사'란 숫자 '11'을, '무카'는 '얼굴'을 뜻하는데 여러 가지 변화 관음보살 중 최초의 관음상으로 거론된다. 그러면 하필 왜 11면인가?

여러 학설에 의하면 인도 고대신화에 등장하는 폭풍의 신 루드라 Rudra가 11면 관음의 원형을 형성하고 있다고 한다. 루드라는 자연계의 폭풍을 신격화하여 11황신Ekadaśa-rudra으로 불리었기 때문이다. 그의 몸은 갈색이고 손에는 활을 들고 있으며 11개의 얼굴과 천 개의 눈을 갖춘 것으로 표현된다. 그가 머무는 곳은 지계地界의 깊은 산이고 항상 분노한 모습으로 등장한다. 그러나 이러한 루드라 신도 후기에 이르러 사람과 가축의 병을 치료해주는 선신善神으로 성격이 변한다. 그래서 그는 분노의 신과 치병의 신이라는 두 가지 모습을 갖추게 된다. 그러나 이 루드라 신의 발전된 양태, 즉 그 파괴의 측면과 자비의 측면이 잘 조화된 모습이 힌두교의 최고신인 시바Śiva로 나타나는데, 아마도 11면관음보살의 형성 배경에는 루드라 신보다는 시바 신의 영향이 더 크지 않았나 한다.

그러나 11면관음보살은 분노의 면과 자비의 면을 동시에 갖추고 있을

뿐더러 그 이상의 깊은 의미를 지닌다. 11면관음보살의 모습을 설하는 근본 경전으로 야사굴다耶舍掘多가 번역한 『11관세음신주경十一面觀世音神呪經』이 있다. 이 경에 11면에 대한 내용이 소략하게 설해져 있기는 하지만, 이 경에 해설을 가한 당나라 혜소의 『11면신주심경의소十一面神呪心經義疏』에 11면관음의 형상과 그 의미가 더 상세히 소개되어 있다. 그 내용을 보자.

"앞의 삼면은 자상慈相인데 착한 중생을 보고 자애로운 마음慈心을 일으켜 이를 찬양함을 나타낸 것이다. 왼쪽의 삼면은 진상瞋相인데 악한 중생을 보고 슬퍼하는 마음[悲心]을 일으켜 그를 고통에서 구하려 함을 나타낸 것이요, 또 오른쪽의 삼면은 백아상출상白牙上出相: 흰 이를 드러내고 웃는 상으로 정업淨業을 행하고 있는 자를 보고 더욱 불도佛道에 정진하도록 권장함을 나타낸다. 뒤쪽의 일면은 대폭소상大暴笑相으로서 착한 이, 악한 이, 모든 부류의 중생들이 함께 뒤섞여 있는 모습을 보고 이들을 모두 포섭하여 제도하기 위해서 폭소를 터뜨리는 것이요, 정상의 불면佛面: 부처님 얼굴은 대승근기大乘根機를 가진 자들에 대해 불도佛道의 구경究竟을 나타낸 것이다."

금동십일면관음보살좌상

슬퍼하는 자의 벗, 보살菩薩

보살이 실천해야 할 사무량심四無量心이라는 부처님의 가르침이 있다. 바로 자慈의 마음, 비悲의 마음, 희喜의 마음, 사舍의 마음이 한량없음을 일컫는다. 자maitrī란 상대방에게 즐거움을 주는 것이요 비karuṇā란 주변 사람의 고통을 자신의 고통처럼 알고 고통에서 그들을 구해주는 것이다. 희muditā란 모든 중생이 기뻐하는 것을 나도 함께 진심으로 기뻐해 주려는 마음씨이다. 요즘 공감의 윤리가 확산되고 있다. 공감이란 상대방의 고통을 자신의 고통으로 느끼고 함께 하는 것이다. 비悲의 마음은 이러한 공감의 윤리를 잘 대변한다. 다른 사람의 기쁨을 곧 나의 기쁨으로 여기는 것 역시 공감의 마음씨다. 사舍, upekṣa는 공평하고 평등한 마음을 일컫는다. 한마음으로 평등해진 마음이다. 일체의 시시비비를 떠나 언제, 어디서나, 누구에게나 한결같은 평등하고 평온한 마음을 간직한다. 여기는 사람에 따른 애증愛憎이 없다. 따라서 사舍무량심은 좋고 싫음에 따른 사적인 집착이 없는 무량한 마음이라고 해석하면 좋다.

자·비·희·사는 자비를 펼침에 있어 공평무사한 정신으로 어느 대상으로 향하든 기쁨을 느끼는 무차별적 사랑의 지표다. 그것은 편견이나 차별 없이 사랑을 펼치는 보편적 자비의 정신을 잘 보여 준다.

『아낌없이 주는 나무』에서 나무는 소년에게 자신의 열매며 꽃이며 가지, 심지어는 몸뚱이까지 하나도 남김없이 준다. 그리고 기뻐한다. 여기서 주는 것과 기쁨은 동일선상에 놓여 있다. 주고서 후회를 하지만 기쁘다는 역접의 관계가 아닌 주니 진정 기쁘다는 그저 자연스러운 순접의 관계, 서로 공감하는 관계, 그것이 진정 보살의 마음이 아니겠는가?

결국 이 네 가지 무량한 마음과 11면을 한 폭풍의 신 루드라, 그리고 이 신의 발전된 형태인 시바 신이 11면관세음보살의 탄생에 지대한 영향을 미쳤다고 본다. 게다가 이 11면관음은 인도신의 다면적 모습을 하나로 모아서 통일하는 불교 나름의 독특한 조형상의 특징을 지니고 있는 데서 인도 문화의 불교적 수용이라는 평가를 받고 있다. 우메하라 다케시梅原猛는 11면관음을 다음과 같이 얘기한다.

"인도에서 그리스와 달리 많은 얼굴 모습을 갖춘 다면상多面像: 많은 얼굴을 갖춘 형상이 만들어질 때, 그 인간 의식의 밑바닥에는 인간의 복잡성, 괴기성에 대한 통찰이 있는 것은 아닐까? 이러한 다면을 갖춘 인간상은 아마도(카멜레온이나 지킬 박사와 미스 하이드처럼)다양한 얼굴을 한 인간과 마찬가지로, 우리를 곤혹스럽게 만든다. 한 몸에 많은 면(얼굴)을 지닌 괴기성의 본질이란 무엇이냐고 의문을 제기하며 그러한 인간과 형상(像)에 의혹의 눈길을 던질 것이다.
그런데 만일 우리가 커다란 면과 그 머리 위에 조그마한 면을 지닌 형상을 본다면, 앞서 말한 의혹의 눈길을 사라진다. 커다란 면이 사실 형상의 본질이고 작은 면은 그 형상의 시간 변화에 따라 달라지는 모습에 지나지 않는다. 불교의 상像으로서의 관음은 틀림없이 이러한 면을 지닌다. 여기서 드러나 있는 것은 그리스 인과 같이 인간 일면성의 확언도 아니고 인도교(힌두교)와 같은 다면성의 의혹도 없이 인간의 다면성이 어떻게 하여 하나의 면으로 통일되는가, 혹은 하나의 면이 어떻게 하여 다면성으로 통일되는가를 보여 주는 지혜다."

梅原猛,「佛像のこころ불상의 마음」

이 11면관음을 섬긴 결과 여러 가지 이익을 얻는데, 그중에서도 10가지 뛰어난 일과 4가지 과보가 두드러진다. 10가지의 뛰어난 이익이란 재물과 의복이 충만하고 병과 칼, 불과 물의 위험에서 벗어난다는 10가지

슬퍼하는 자의 벗, 보살菩薩

의 현세 이익을 말한다. 그리고 4가
지 과보란 임종할 때 여러 부처님을
만나 뵙게 되어 지옥에 머무르지 않
고 아미타 부처님이 계시는 불국토
에 왕생할 수 있다는 4종류의 내세
에 대한 과보를 일컫는다.

석굴암 11면관음보살

『11면심주심경의소』에서는 다음과
같은 대목이 있어 문무왕의 문무와
11면관음의 자비가 서로 반추되는
공통된 지점이 있다.

　"이 11면중 앞의 삼면인 자면慈面
은 문文을 나타내며 왼쪽의 삼면인
진면瞋面은 무武를 나타내어, 여기에
문무文武가 하나의 쌍을 이룬다."

　물론 여기서 말하는 11면관음의
조성 배경이 바로 문무왕의 문무와
통한다는 문헌적 근거는 없으나, 문
무왕의 그 문무란 11면관음의 자비
면(慈相)과 분노면(瞋相)의 정신에
서 나온 것임은 부인할 수 없다. 석

석굴암 십일면관음보살

굴암에 11면관음이 조성되었고, 그곳에서 삼국을 통일한 문무왕의 위업을 기렸다는 역사적 사실들은 반드시 우연의 일치만은 아닐 것이다.

신라의 경흥景興 국사는 한때 우울증에 걸려 시름시름 앓던 중, 어느 날 한 비구가 나타나 11가지 모습으로 변하면서 춤을 추는데, 그 모습이 얼마나 우습던지 턱이 떨어져 나갈 정도로 '껄껄껄'폭소를 터뜨린 나머지 병이 씻은 듯 나았다. 그 비구가 바로 11면관음의 화신이라는 이야기가 『삼국유사』에 전한다.

11면관음의 조성 원칙은 『11면관세음신주경』의 설명에 따라 앞 3면, 좌 3면, 우 3면, 뒷면의 대폭소상인 1면, 그리고 불면과 합하여 11면으로 완성하는 경우와, 관음보살의 본면本面 위에 11면을 안치하는 경우가 있다. 또 다른 경우는 뒷면의 대폭소상을 빼고 본면과 합하여 11면으로 조성하기도 한다.

석굴암의 11면관음상은 좌 3면, 우 3면, 그 사이에 아미타불인 듯이 보이는 입상인 화불化佛 한 구, 정면 상방으로 3면, 그리고 정상에 불면佛面이 있어 본면과 합하여 11면이 된다. (정상의 불면과 좌 3면 중 첫째 면은 일제강점기 때 수리하는 과정에서 보완된 것인데, 애초에 어떤 모습을 하고 있었는지는 아직 확인되지 않는다. 그리고 뒷면의 대폭소상은 생략되어 있다.)

우리는 보통 석굴암의 본존불만을 친견하고서도 그 성스러운 자비의 미와 힘에 압도되지만, 주변의 여러 보살상과 십대제자, 천신들의 무리 또한 그러한 성스러운 미를 증폭시켜 주며 줄지어 서 있기에, 여기에서 우리는 최고의 기쁨, 그 상환上歡을 만끽할 수 있다. 그중에서도 본존불 뒤 측 정중앙에 자리 잡은 11면관음상의 그 자비심 가득한 아름다움은 우리의 찌든 육신이며 오염된 마음 구석구석을 환하게 밝혀 준다. 그 아

슬퍼하는 자의 벗, 보살菩薩

름답고 빼어나며 거룩한 모습은 석굴암 본존불과 더불어 우리나라 불교 조각의 백미이다.

우리나라 11면관음보살상은 19세기 이전까지 약 11점 정도가 전해 내려오며 변화 관음 중 최고 많은 수를 점하고 있다. 대흥사에는 초의 선사 그렸다는 11면관음보살도가 성보박물관에 전시되어 있으며 현재에 들어서 11면관음보살상이 많이 조성되고 있다.

불공견삭관음
不空羂索觀音

견삭이라는 무기를 가지고 중생을 구제하는 이유는 무엇 때문이옵니까?

—

모든 중생을 남김없이 구제하겠노라는 관음보살의 서원은 11면관음이나 천수관음에서 보듯이 구세자로서의 한 인물이 각각의 다양한 중생들에 대응하는 양식이 너무나도 구체적이어서 괴기함마저 띤다. 그런데 고통 받는 중생들을 하나도 빠뜨리지 않고 구제하겠노라는 맹세는 그러한 신체적 표현 외에 관음보살이 지닌 도구로 구원을 생생히 보여 주기도 한다.

지금 말하고자 하는 불공견삭관음이 바로 그 대표적인 예이다. 그는 일면사비一面四臂; 1개의 얼굴과 4개의 팔, 삼면사비三面四臂; 3개의 얼굴과 4개의 팔, 삼면육비三面六臂, 십면팔비十面八臂, 십일면삼십이비十一面三十二臂; 11개 의 얼굴과 32개의 팔 등의 다양한 모습을 하고선 밧줄로 짠 올가미, 즉 견삭 을 들고 있다.

이 보살의 산스크리트 명은 '아모가 파샤Amogha Pāśa'이다. '아모가'란 불공不空을 말하는데, '헛되지 않음', '확실한'이라는 의미를 지닌 형용사 이다. 바로 그 중생을 구제하겠다는 원願이 헛되지 않고 확실하다는 의 미다. 그래서 불공견삭관음을 믿으면 원이 이루어진다고 한다.

파샤, 즉 견삭이란 인도에서 전쟁과 사냥할 때 쓰던 무기의 일종으로 고리가 달린 밧줄로 된 올가미를 말한다. 이 올가미를 던져 거기에 걸리면 누구도 빠져나갈 수 없다. 그렇지만 관음은 이러한 살생과 억압의 견삭을 거꾸로 자비를 베푸는 도구로 이용하여 그 자비의 올가미에서 어느 한 사람도 새나가지 않을 정도로 모든 중생을 구원하겠노라고 서원한다. 바로 굳센 신념의 낚시줄로 중생이라는 고기를 낚아 열반의 저 언덕에 이르게 한다는 것이다.

그러한 인물이 기독교에도 있다. 예수의 제자 중 한 사람으로 시몬 베드로는 어부 출신이었다. 어느 날 그는 밤새 그물을 쳤지만 물고기를 한 마리도 잡지 못한 채 날이 밝았다. 낙심해 있는 베드로의 마음을 꿰뚫어 본 예수는 다시 깊은 데로 나가서 그물을 치라고 했다. 그런데 한 마리도 잡지 못할 줄 알았는데, 그물이 찢어질 정도로 어마어마한 양의 고기가 걸려들었다. 이 엄청난 광경을 목격한 베드로는 놀라움과 전율에 휩싸였다. 그러자 예수는 말한다. "두려워하지 마시오. 이제부터 당신은 사람을 낚을 것입니다"라는 소명을 주었다. 이때부터 베드로는 물고기 낚는 일을 그만두고 사람 낚는 일에 나서게 되었다.

또한 『대일경』권5에서는 "견삭이란 보리심 안의 사섭방편四攝方便이다. 이것으로 항복하지 않는 이들을 잡아 묶고 예리한 지혜의 칼날로 그들의 무궁한 수명에 달하는 업을 잘라내고 대공大空에 태어나도록 한다"라고 말한다. 불공견삭관음은 중생을 낚으려는 굳센 신념에다 사섭법四攝法의 방편을 적절히 구사하여 사람들을 구제한다는 것이다. 바로 아낌없이 베푸는 보시布施, 부드럽고 사랑스러운 말인 애어愛語, 상대방에 도움을 주고 이익을 베푸는 이행利行, 기쁨과 슬픔 등 모든 것을 함께 하는 동사同事의 네 가지 방편으로 중생 속으로 들어가 그들을 한 사람도 빠짐없이 구제한다.

『불공견삭신변진언경不空羂索神變眞言經』에서는 이 관음보살이, 보타락산의 궁전에서 과거에 가르침을 받은 바 있는 '불공견삭심왕모다라니진언不空羂索心王母陀羅尼眞言'의 공덕을 설한 사실을 서술한다. 이 주문을 외는 자는 현세에 20가지의 공덕, 임종할 때 8가지의 이익을 얻는다고 한다.

20가지의 공덕이란 병에 걸리지 않고, 재산과 보배의 한없는 혜택을 받으며, 적과 악귀를 만나선 두려워하지 않고, 타인으로부터 존경을 받는 등 여러 가지 현세 이익이다. 8가지의 이익이란 임종할 때 고통이 없으며, 관음보살이 스님의 모습을 하고 사자死者를 정토로 인도해 간다는 것 등이다. 내용상으로 보면 11면관음이 지니고 있는 10가지 뛰어난 이익과 4가지 과보 각각에 그 이상을 덧붙여 공덕을 설하고 있다고 볼 수 있다.

또한 이 경전에서는 이와 같은 개인적 이익뿐만 아니라 국가 차원에서의 이익을 설한다. 즉 나라가 어지러울 때 이 '불공견색심왕모다라니진언'을 외우면 국토 내의 모든 사람은 안은安隱해 진다고 한다. 그래서 중국이나 일본에서는 적을 물리치고 국가를 보호하는 진호국가적鎭護國家的 이익의 측면을 강조하여 불공견삭관음을 소중히 여기게 되었다. 우리나라에서도 고려 후기 1275년에 충렬왕이 『불공견삭신변진언경』을 발원하여 만들었다. 당시 원나라의 지배에 있던 고려 왕국의 안위와 호국을 기원했던 듯하다. 현재 이 경전은 삼성리움미술관에 소장되어 있는데, 국보 제210호로 지정되어 있다.

마두관음
馬頭觀音

마두관음님이시여,
이 세상의 어둠을 없애고 무명의 업장을 끊어주소서.

—

수많은 불·보살 중 인도 토착신의 영향을 가장 많이 받은 보살은 관음
보살이다. 이는 관음보살의 대중적 인기도를 반영하는 것이며, 관음보살
의 능력이 무한정 강조된 나머지 기존 인도의 신도 그의 영역 내에 들어
올 수밖에 없었다는 뜻이기도 하다.

인도에서 대중적 인기를 가장 많이 받는 두 명의 신 중 하나가 비슈누
신이다. 특히 그 비슈누는 변화의 화신으로 불릴 정도로 여러 가지 모습
으로 나타나 악을 타파하고 중생들에게 이익을 베푸는 자비로운 신이다.
그 비슈누의 화신 중 하나가 바로 말머리를 하고 등장하여 브라마 신의
원수를 갚는다. 또한 말은 고대 인도 대륙에서 소와 더불어 여러 가지
면에서 신성시되어 왔다. 악한 뱀과 싸우는 파이트바, 태양의 수레를 움
직이는 에타샤, 전륜성왕轉輪聖王이 온 세계를 빨리 주유할 정도로 기동
력을 자랑하는 백마 등은 모두 신성한 말이었다.

그리고 인도에서는 '아슈바메다aśvamedha'라는 말 희생제를 치르는데,
이 의식은 '세계의 지배자'로서의 지위를 확보한 왕이 전쟁의 승리를 기
념하기 위해 치르거나 그와 버금가는 왕의 즉위식 때 행해졌다. 그 말에

대한 제사가 아슈바메다, 즉 마제馬祭라고 부르는데 이렇게 마제를 치름으로써 왕권은 강화되고 제국의 번영은 기약하게 된다. 이러한 말 희생제에서 말은 우주와 동일시되고 희생 제의는 창조 행위를 상징한다. 또한 말은 왕족의 힘을 대표하며 야마염라대왕, 아디티야태양신, 소마酒 신 등과도 동일시되고, 어떤 의미에서 왕의 대리자이기도 하다.

이렇게 말의 신성성이라든가 말의 위력과 신격을 강조한 결과 말머리를 한 모습으로 관음을 형상화한 것이 마두관음馬頭觀音이다. '산스크리트 하야리바Hayagrīva'는 바로 말머리, 말갈기를 지녔다는 뜻으로 이 관음의 본래 이름이다.

7세기경에 한역된 초기『다라니집경陀羅尼集經』에 소개된 의궤를 보면, 이 보살은 분노하는 모습이 아닌데, 불공不空이 해석한 경전에는 "네 개의 얼굴四面을 하고 있으며 모두 분노하는 모습이다"라고 서술되어 있다. 불공이 번역한 경전에 영향을 받았음인지 이 보살은 격하여 분노하는 등의 강한 성격을 지닌 것으로 정형화되어 마두명왕馬頭明王·마두대사馬頭大士·대력지명왕大力持明王·분노지명왕忿怒持明王으로도 불린다.

이렇듯 이 보살은 굉장히 무시무시한 분노의 모습을 하고 있기에 자비를 본원으로 하는 관음, 나아가 보살과 어울리지 않으며, 오히려 악을 물리치고 불법을 수호하는 명왕明王의 하나로서 고찰되는 경우도 있었다. 마두명왕을 비롯한 여러 명왕의 명칭이 이 보살을 따라 다닌 것은 그러한 사실을 잘 보여 준다.

명왕이란 일체중생을 교화하려는 부처님의 분부를 받들어 수행한다. 번뇌를 타파하는 지혜의 광명을 발하는 명주明呪 즉 진언眞言의 왕 또는 주인공으로 여래의 화현으로 일컬어진다. 보통 명왕은 제도하기 어려운 중생의 번뇌를 부수기 위해 험악한 분노상을 취한다. 그러나 관음보살이,

구체적으로 말해서 11면관음이 자비로운 면뿐만 아니라 진노하는 면도 지닌 것처럼, 마두관음은 그러한 관음의 분노하는 성격을 유달리 강조한 것이라 할 수 있다. 나아가 『성하야흘리받위노왕립성대신험공양염송위궤법품』에서는 마두관음이 자비의 방편으로 크게 분노하는 모습을 띠게 되었다고 말한다. 분노 또한 중생을 구제하기 위한 자비의 방편인 것이다.

마두관음이 말머리를 이고 있는 불교적 의미는 전륜성왕轉輪聖王의 보배로운 말이 사방을 내달리면서 주변 세력을 굴복시키는 것 같이, 생사의 큰 바다를 건너다니면서 4마魔를 항복시키는 큰 위신력과 정진력을 나타내는 것이라 한다. 더불어 이 보살은 험악하고 커다란 입으로 무명의 업장을 먹는다는 특징도 있다. 특히 중생의 아뢰야식의식의 깊은 뿌리에 내장된 깨끗하지 못한 업장번뇌를 없애주는데 탁월한 역할을 한다.

또한 마두관음은 태양으로 변하여 중생 세계의 어둠을 비추어 없애고 악한 무리 속으로 들어가 그 고뇌하는 삶의 실상을 끊어버리는 것을 본원으로 삼는다.

관음신앙은 중국과 일본에서 육관음신앙으로 변화되어 나타나는데, 특히 일본 진언종에서는 이 마두관음을 육관음 중 한 분으로 모시고 있다. 그 육관음이란 육도중생의 각각을 구제하는 정관음, 천수관음, 마두관음, 11면관음, 준제관음, 여의륜관음을 일컫는다. 천수관음은 지옥, 정관음은 아귀, 마두관음은 축생, 11면관음은 아수라, 준제관음은 인간, 여의륜관음은 천상의 신을 각각 구제하는 역할을 맡고 있다. 이러한 다양한 변화 관음상은 일본에서 많이 나타난다. 근래 우리나라에서도 이러한 육관음신앙의 영향을 받은 탓인지 육관음상이 조성되어 있는 것을 볼 수 있다. 관악산 삼막사 육관음전에 이러한 육관음이 모셔져 있으며, 낙산사 보타전에는 7관음이 모셔져 있다. 7관음이란 위의 육관음에 불공견색관음을 추가한 것이다.

일본에서 마두관음은 육관음의 한 분으로 말머리를 쓴 것에 연유하여 축생을 구제하는 보살로 널리 믿고 있다. 특히 말의 형상을 한 축생옹호의 보살로 섬겨진 듯하다. 나아가 말의 안전은 물론이거니와 여행의 안전에 힘쓰는 보살로 섬겨지니 오늘날로 말하면 차량의 안전을 도모하는 보살이다. 일본에서는 갈림길 옆에 이 관음이 안치되어 여행자의 안전을 관장한다고 한다.

『섭무애경攝無碍經』에서는 마두관음의 형상을 "정수리에 보배로 만든 말의 머리가 있다. 세 개의 얼굴과 세 개의 눈을 하고 있으며, 정면의 보관 속에는 화불신化佛身이 안주한다. 몸은 붉은 피부색으로 대단히 진노하는 형상을 하고, 송곳니를 입술 위에 드러내고 있다"라고 말한다. 실제로 형상은 말머리를 쓰고 있거나 마두분노상馬頭憤怒像 혹은 분노상의 모습을 취한다. 세 개의 얼굴과 여섯 개의 팔을 지닌 삼면육비상三面六臂像으로 조성된 경우가 많다. 그런데 사실상 그 얼굴을 보면 말머리를 쓰고 있는 것보다는 뾰족한 어금니 두 개가 밖으로 삐져나온 모습으로 분노하는 얼굴상에, 두상은 말갈기 같은 것이 화염무늬처럼 위로 타오르는 형상이 적지 않다. 마치 머리카락이 분노하여 화염처럼 맹렬하게 위로 솟구치는 모습이다.

우리나라에서 이러한 마두관음상을 찾아보기 힘들다. 그런데 조선 시대 후기에 조성된 신중탱화에는 마두관음과 유사한 존상尊像이 보인다. 바로 예적금강穢跡金剛이다. 분노존忿怒尊이라 불리기도 하는데 분노존은 명왕을 일컫는 명칭이다. 그는 마두관음처럼 세 개의 얼굴을 지니며 분노하는 모습으로 입술에는 송곳니가 나 있다. 그 두상의 모습도 화염처

슬퍼하는 자의 벗, 보살菩薩

럼 생긴 머리카락이 위로 솟구치고 있으며 여러 개의 팔을 가지고 있다. 근육은 금강역사처럼 울퉁불퉁하다. 송광사의 신중탱화에는 그러한 예적금강의 모습이 마두관음상과 같은 형상으로 등장한다. 필자는 그것을 마두명왕상으로 추정한다.

예적금강은 더러움과 악을 태워 없애고 마귀들을 항복시키는 역할이다. 마두관음의 역할과 크게 다르지 않다. 우리나라의 경우 마두관음, 마두명왕, 예적금강 세 존상의 모습과 역할은 각각 다르면서 같다. 혼재된 느낌이 강하다.

앞으로 마두관음상을 여행과 운송 수단의 안전을 염원하는 관음으로 그 형상을 조형화해 봄직도 하다. 이제는 동구 밖 마을 어귀나 길가에 서 있던 장승마저 없어지는 판국에 이러한 발상이 시대착오적인 얘기로 들릴는지 모르지만, 우리 민족의 가슴에 다양한 정신을 심어 주고 그 정신과 어울리는 형상을 조형화해 준다는 점에서 의의가 있다.

여의륜관음
如意輪觀音

여의주와 법륜,
두 가지 도구로 중생을 구제하는 이유는 무엇이옵니까?
—

앞에서 언급한 불공견색관음이 인도 고유의 무기를 빌려 그 무기의 빈틈없는 능력에서 관음보살의 구제 손길을 구체화했다면 지금 밀하는 여의륜관음은 불교에서 중시하는 두 가지 진귀한 물건을 지니고서 갖가지 자비의 공덕과 지혜를 베푸는 보살이다. 그 두 가지 물건이란 바로 여의보如意寶와 법륜法輪이다. 여의륜보살의 명칭은 '친타 마니 차크라 Cintāmaṇi cakra'다. '친타'란 사유·소원·원망을, '마니'는 진귀한 구슬을, '차크라'는 원圓·바퀴 그리고 영역을 뜻한다. 이 분절된 단어에서 소망을 의미하는 '친타'와 진귀한 보물을 뜻하는 '마니'의 두 단어가 결합하여 소망하는 대로 이루어주는 보배인 여의보如意寶, Cintāmaṇi, 그리고 번뇌를 타파하고 진리를 굴린다는 수레바퀴, 즉 법륜法輪, Cakra이라는 두 가지 보물이 드러난다. 이 두 가지는 불가에서 예로부터 중요시 해온 보배이기에 그 상징성은 불교의 핵심을 잘 드러낸다. 이 '친타 마니 차크라'를 한문으로 의역하면 여의보주법륜如意寶珠法輪, 간략하게 여의륜如意輪이라고 했으니, 거기에 여의륜보살의 명칭이 그대로 드러나 있는 셈이다.

　여의보는 여의보주如意寶珠, 또는 여의주如意珠라 한다. 여의주라! 뜻하

슬퍼하는 자의 벗, 보살菩薩

는 대로, 생각하는 그대로 이뤄준다는 요술 지팡이보다도 더 신비스러운 작용을 하는 찬란한 보석이다. 그것은 사가라Sagara 용왕의 궁전에 있었다는데, 그 용왕의 뇌에서 나온 산물이란다. 이 보주를 몸에 간직하면 독약도 능히 그를 해치지 못하며 활활 타오르는 불에 들어가도 멀쩡해 머리털 하나라도 태우지 못한다고 한다. 또 하나의 설에 의하면 부처님의 사리가, 당신께서 발견해 보여 준 법이 사라질 즈음에 스스로 변하여 여의주가 되었단다. 왜 그랬을까? 수행의 결정체인 사리를 여의주로 변화시켜 법을 이 세상에 널리 밝히려고 그랬으리라 추측해 본다. 아무튼 이 신비스러우며 영롱한 구슬은 언제든지 그리고 막힘이 없이 모든 보물을 낳고 의복이며 음식을 마음먹은 대로 내놓는다. 손오공이 지니고 다녔던 여의봉 역시 이 여의주의 기능을 그대로 빌렸을 것이다.

엄밀한 의미에서 차크라란 말 자체는 그냥 바퀴일 뿐이어서 그 말에 법을 의미하는 다르마dharma가 붙어 '다르마 차크라Dharma cakra'라고 해야 법륜法輪 즉 법의 바퀴라 부를 수 있다. 세상이 돌아가는 이치, 진리가 순환하는 모습, 불법이 전개되는 상징적 표현이 법륜이다. 부처님께서는 평생 법륜을 굴려서 캄캄한 밤하늘, 칠흑 같은 세상에 한 줄기 밝은 빛을 맑은 햇살처럼 보냈던 것이다. 여의륜관음은 이렇게 뜻하는 바대로 진귀한 보배를 토해낸다는 여의보주와 지혜를 널리 펴는 동시에 번뇌를 파괴하는 법륜의 위력을 함께 갖추었으니 그 힘이 얼마나 클 것인가? 가히 우리의 모든 소망을 채워 줌과 더불어 번뇌를 남김없이 파괴하며 우리에게는 물심양면으로 커다란 축복을 선사한다.

그렇게 여의륜관음은 한 손에는 여의보주를, 다른 한 손에는 법륜을 들고서는, 모두 뜻대로 이루어지는 여의보주의 경지에서 항상 법륜을 굴려 사람들을 교화하고 힘을 주며 지혜를 베풀고 있다.

실차난다가 번역한 『여의륜다라니신주경如意輪多羅尼神呪經』에 의하면 여의륜관음의 공덕은 세간의 재화와 출세간의 재화 두 가지를 만족하게 해 준다고 하면서 세간의 재화란 금은 등의 보석, 출세간의 재화란 복덕과 지혜라고 설명한다.

우리나라에서 여의륜관음상은 발견되지 않는다. 그런데 일본의 고승전이라 할 수 있는 『원형서석元亨釋書』에서는 고구려 광명사光明寺에 소장되어 있던 여의륜관자재상이 일본 담주 바닷가로 흘러와 성덕태자574~622가 그것을 발견하여 그 상을 모신 얘기가 전한다. 또한 고려불화로 여의륜보살도 1점이 일본 근진미술관에 소장되어 있다. 한편 일본의 관심사觀心寺에는 아주 매력적인 여의륜보살상이 전한다.

여의륜보살의 형상은 전신이 황색이며 팔이 여섯 개다. 오른쪽 맨 위 팔에 딸린 손은 사유하는 모습이고, 다음 손에는 여의보주를 들고 있으며, 그다음 손에는 염주를 걸고 있다. 왼쪽의 맨 위 손으로는 광명산光明山을 누르고 다음 손에는 연꽃을, 그다음 손에는 금륜金輪을 들고 있다. 광명산이란 관음보살의 거주처인 보타락산을 말한다.

근진미술관 소장 고려불화 여의륜보살도의 여섯 팔에 딸린 손 또한 위와 같은 모습을 하고 있는데, 유희좌로 앉아 있는 모습이다. 보통 여의륜보살상은 유희좌로 앉아 있다. 그 여섯 개의 팔 중 한 손은 뺨에 살포시 대고 사유하는 모습을 취한다. 불교에서 사유하는 보살의 대명사는 미륵보살이다. 미륵보살반가사유상에 보이는 그 사유의 지향은 나 자신을 비롯한 모든 중생의 고통스러운 삶의 모습을 목도하고 거기에서 벗어난 평화로움에 대한 사유이다. 그것은 중생구제의 사유이기도 하다. 여의륜보살이 사유하는 모습 또한 이와 같으리라.

여의륜보살의 여섯 손은 지옥, 아귀, 축생, 아수라, 인人, 천天을 헤매는 육도중생六道衆生을 구제하는 표시라고도 하며 육바라밀六波羅蜜을 나타내기도 한다. 일본 진언종의 육관음신앙에서 여의륜보살은 육도중생 중 천신天神을 제도하는 역할을 맡고 있다.

그 밖에 두 팔二臂 또는 네 팔四臂, 여덟 팔八臂, 열 팔十臂, 열둘 팔十二臂을 지닌 여의륜관음상도 있다.

준제관음
准提觀音

과거 무수한 부처님을 깨달음으로 이끈 님이시여,
모든 재난을 없애주소서.

—

대부분 관음보살은 아파하는 이웃의 슬픔과 하나가 되기 위해, 그리고 중생의 소망을 이루어주고 상애를 없애기 위해서 다양한 보습으로 세상에 등장한다. 그런데 그 일차적인 목적이 중생을 깨달음으로 이끌어주는 관음보살도 있는데, 지금 언급한 준제보살은 그런 분이다. 특히 준제관음은 밀교계 관음보살로서 일본 진언종에서는 육관음 중의 한 분으로 모셔진다. 우리나라에서도 마찬가지다.

한편 준제보살은 관음보살이 아니라는 설도 거론된다. 여기에는 세 가지 이유가 있다. 첫째, 경전 상에서는 이 보살을 직접 관음으로 묘사한 구절이 없다는 점이다. 둘째, 관음보살이 머리에 쓴 보관에는 보통 아미타 부처님 모셔져 있지만, 준제보살상에는 이러한 아미타 부처님이 화불로서 모셔져 있지 않다는 점이다. 셋째, 준제보살의 기원은 다른 변화 관음과는 달리 과거불을 깨달음으로 이끈 불모佛母 사상에 근거하고 있다는 점이다.

그렇다면 어떤 이유로 준제보살이 준제관음으로 불리게 되었을까? 그것은 준제관음이 준제다라니(혹은 진언)의 주인공으로 등장하기 때문이

슬퍼하는 자의 벗, 보살菩薩

다. 다라니 지송을 배경으로 삼는 보살은 대부분 관음보살이다. 그리고 준제보살이 18개의 팔이라는 다비多臂를 갖추고 있기 때문이다. 관음계 보살상은 여러 개의 얼굴과 팔을 지닌 다면다비상多面多臂像의 특징을 지 닌다. 마지막으로 준제보살은 천수관음을 비롯한 다른 관음보살과 연계 되어 등장하고 있기 때문이다. 특히 천수관음과 준제보살은 친연성이 깊 다. 현행『천수경』을 보면 크게 천수다라니를 중심으로 한 천수관음 신 앙 내용과 준제다라니를 중심으로 한 준제행법으로 구성되는데, 약간 성 격이 다른 이 두 다라니 수행법이 하나로 결합될 될 정도로 관음신앙에 서 그 연관성이 크다. 아무튼 천수다라니와 준제다라니는 다라니 신앙 중에서도 그 공능이 뛰어나고 위신력이 대단하다.

또한 명문상으로 관음보살상이라 한 것 중 아미타 부처님 화불이 있 는 것보다 없는 것이 더 많다는 사실을 눈여겨봐야 한다.

준제관음, 혹은 준제보살의 산스크리트 명은 '츈디Cundī'혹은 '츈다 Cundā'이며, 춘다의 호격인 춘데Cunde에서 준제准提, 혹은 준니准尼로 음역된다. 츈디 혹은 츈다는 청정淸淨의 뜻으로 심성청정心性淸淨을 일 컫는 여성명사이며 모성을 상징하는 것이라고 보는 학자도 있다. 그래 서 준제보살은 준제불모准提佛母, Cundebhagavati · 칠구지불모七俱胝佛母, Saptakoṭibuddhamātrī · 존나불모尊那佛母 등으로 불린다. 마두관음이 남성 적이라면 준제관음은 여성적이다. 준제보살은 우리나라에서 많이 지송 되고 있는『천수경』에 칠구지불모라는 이름이 어엿이 한 자리를 차지하 고 있을 만큼 준제보살의 정신은 불자들의 마음속에 깊이 담겨 있다.

준제라는 이름은 600년경에 한역된『종종잡주경種種雜呪經』에 보이지 만, 독립된 경전으로서는 680년경에 지바가라地婆訶羅가 번역한『불설칠 구지불모심대준제다라니경佛說七俱胝佛母心大准提陀羅尼經』, 그리고 금강지金剛智가 번역한 『불설칠구지불모대명다라니경佛說七俱胝佛母大明陀羅尼經』에 나타난다. 독립된 이 두 경전에서 직접 준제보살이라는 명칭을 사용하진 않는다. 하지만 칠구지불모를 마음으로 그리라는 표현이 후자의 『대명다라니경』에는 보인다.

한편 『준제정업准提淨業』「관행의궤觀行儀軌」에는 준제보살상을 관하며 준제진언을 외우는 행법을 제시한다. 여기서 준제보살은 3개의 눈에 18개의 팔을 지닌 보살로 등장한다. 그리고 『칠구지불모심대다라니법七俱胝佛母心大陀羅尼法』에도 준제보살의 이름이 거명된다. 이러한 여러 가지 정황으로 살펴볼 때 맨 처음에는 준제다라니만 있다가 나중에 준제보살로 인격화되었음을 짐작할 수 있다.

준제보살은 칠구지불모七俱胝佛母라 불린다. 여기서 구지俱胝, 즉 코티koti란 첨단·극단·최고를 뜻하는 말로 제際라고도 번역된다. 그래서 실제實際라 할 경우, 그것은 궁극적 진리를 일컫는 말로 사용된다. 그런데 숫자의 단위로서 코티란 억·만·억·경京을 의미하는데, 여기서는 무수한 수 개념을 일컫는다. 따라서 칠구지는 무한대의 의미로 생각할 수 있다.

불모佛母란 중생들을 깨달음의 길로 인도하는 어머니요 그 깨달음의 알맹이를 지칭하는 말이니 그분은 중생들뿐만 아니라 모든 부처님의 어머니다. 그래서 칠구지불모를 가리켜 과거 무수한 부처님이 깨달음을 얻기 위해 외웠던 다라니를 주재하는 과거 무량한 부처님의 어머니라 했으며, 이 다라니와 함께하는 사람들을 수호한다고 전한다.

이렇게 보건대 준제보살은 깨달음을 이루게 하는 권능이 탁월한 보살이다. 자비의 대명사인 관음보살로서의 이미지와는 다른 측면도 지닌다. 하지만 준제다라니(혹은 진언)를 외우면, 단명할 수명이 한없이 연장되고, 불치병을 낳게 하며, 소망하는 바 모든 것을 다 이루고, 지혜를 얻으며, 세상 사람들이 모두 사랑하고 존경하는 마음을 내며, 물에 빠지지도 불에 타지도 않는다고 한다. 나아가 이 다라니를 외우는 자에겐 원수의 군대나, 흉악한 짐승, 잡귀 같은 것이 절대도 침입하지 못한다고 한다. 그리고 "이 진언은 세간에서 가장 큰 힘이 있어 수미산을 옮기고, 큰 바다를 말리며, 마른 숲에 주문을 외면 다시 살아나 꽃을 피우고 열매가 연다"고 말하고 있다. 가히 준제주准提呪, 준제다라니 혹은 준제진언는 다라니의 어머니며 모든 다라니를 대신한다.

강재훈 씨는 그의 석사학위 논문 「준제진언 염송위궤 연구」에서 수많은 진언 중에 준제진언을 지송하는 이유를 "출재가자와 음주육식과 처자가 있고 없고를 막론하고 또 정淨과 예穢를 가리지 아니하며 언제 어디서나 모든 진언을 대행한다."라고 말한다.

그렇다면 준제보살 역시 깨달음의 권능을 지닌 것은 물론 모든 재앙을 없애고 수명을 연장시키며 소원을 성취시키는 위대한 보살이라 할 수 있다.

그래서 『천수경』에서도 설한다. "준제주准提呪는 모든 공덕의 근원이기에 고요한 마음으로 항상 외우면 세상의 어떠한 재난도 침범하지 못한다"(准提功德聚 寂靜心常誦 一切諸大難 無能侵是人).

준제진언은 다음과 같다.

나무 사다남 삼먁삼못다 구치남 다냐타
옴 자 례 주 례 준 제 사바 하 부림

이 중에서 준제진언의 핵심은 '옴·자·례·주·례·준·제·사바·하' 9자다. '나무 사다남 삼먁삼못다 구치남 다냐타'는 준제보살에 대한 예경문이고 '부림'은 준제진언이 아니라 '문수대륜 일자주'로 모든 진언을 도와 속히 성취시키는 역할을 한다. 그런데 현재 이 진언을 독송할 때 위에서 인용한 '나무'부터 '부림'까지 3번 외우는 것으로 준제진언을 마치는 실정이다.

준제진언에 대한 지송은 다음과 같은 준제 발원문으로 끝을 맺는데, 거기에는 준제보살에 기대는 우리의 간절한 마음 또한 실려 있다.

제가이제 준제주를 지송하오며
보리심을 발하옵고 큰원세워서
선정지혜 어서속히 밝아지오며
모든공덕 남김없이 성취하옵고
수승한복 두루두루 장엄하오며
모든중생 깨달음을 이뤄지이다.*
我今持誦大准堤　卽發菩堤廣大願
願我定慧速圓明　願我功德皆成就
願我勝福遍莊嚴　願共衆生成佛道

준제보살상에 대한 관행법은 밀교의 중요한 수행법으로 전개된다. 그 것은 준제보살상의 각 부위를 관상하면서 준제진언을 특정 부위에 배대하여 외우는 것이다. 그리고 손으로 인계를 짓는다. 이렇게 입으로 진언을 외우고, 손으로 인계를 지으며, 마음으로 삼매에 들어 부처님이나 보

---

*이 준제발원 내용은 2013년 12월 19일에 대한불교조계종에서 공포된 〈한글 천수경〉에서 인용한 것이다.

슬퍼하는 자의 벗, 보살菩薩

살상을 관상하며 이 자리에서 바로 성불을 꾀하거나 소망을 성취하는 것이 밀교의 주된 수행법이다.

준제보살상의 모습을 구체적으로 살펴보면 다음과 같다.

준제보살은 두 용왕이 떠 바치고 서 있는 연못에서 피어난 연꽃 위에 앉아 있다. 그 모습이 황백색이며, 얼굴에 눈 셋이 있고, 머리의 보관은 영락으로 장식하고, 허리 밑은 꽃무늬의 흰옷을 입고, 윗몸은 가벼운 비단으로 된 얇은 소매의 천의를 걸쳤다. 구슬 빛 노을안개가 몸을 감싸 안고 있다.『준제정업』pp.75-76 손목에는 흰 소라 팔찌를 끼고 팔 위의 팔찌는 칠보로 장엄하며, 각각의 손가락에는 반지를 끼고 있는 모습이다.　　　　　　　　　　　　　　　　『칠구지불모준제대명다니경』

"위의 두 손으로 설법상을 보이며 오른쪽 손으로 시무외인을 한다. 세 번째의 손에는 검을 잡고 네 번째의 손에는 수주數珠를 쥐었으며 다섯 번째 손바닥에는 녹색 과일을 잡았고, 여섯 번째의 손에는 도끼를 들었으며 일곱 번째의 손에는 갈고리를 집었고 여덟 번째의 금강저를 쥐며 아홉 번째의 손에는 보만寶鬘을 쥐었다. 왼쪽의 두 번째 손은 여의보당如意寶幢을 들고, 세 번째의 손에는 검을 잡고, 순서대로 네 번째 손부터 여덟 번째 손까지 조관澡灌, 밧줄, 윤보輪寶, 소라나팔, 현병賢甁을 들고 있으며 아홉 번째 손의 손바닥으로 반야경 범본이 들어 있는 상자를 들고 있다."『칠구지불모준제대명다니경』, 강재훈의「준제 진언 염송위궤 연구」에서 재인용하여 약간 수정함

준제보살상은 티베트며 일본에서 많이 조성되었다. 우리나라에도 준제

보살상이 전하는데, 제일 오래된 것은 고려 시대까지 거슬러 올라간다. 현재 국립박물관에 소장된 구리거울 앞면에 새겨진 준제보살상이 그것이다. 이렇게 거울 면에 새겨진 불보살상을 경상鏡像이라 한다. 그런데 왜 하필이면 거울 표면에 준제보살상이 새겨져 있는가? 그 이유는 준제보살상 앞에 거울을 놓고 준제진언 9자가 몸속에서 도는 것을 관하면 그것이 거울에 응하여 나타난다는 관상법에 근거한 것이라고 짐작된다. 이러한 고려 시대에 만들어진 경상 준제보살상이 두 점 전하고 있다. 원묘국사 요세了世 스님은 강진 백련사에 백련결사를 진행하면서 매일 준제주 1,000편을 외웠다 한다.

금동준제보살좌상

슬퍼하는 자의 벗, 보살菩薩

조선 후기에 제작된 통도사 화엄탱화에서도 그 하단에 준제보살상이 천수관음상과 함께 배치된 것을 볼 수 있다. 그리고 해남 대흥사에도 성보박물관에 조선 시대 말엽에 그려진 준제보살상이 11면관음보살상과 더불어 전시되어 있다. 준제주를 지송하는 준제행법 역시 조선 시대 후기 사찰에서 성행하였다. 근세와 현대에 들어서도 여러 사찰에 준제보살상이 조성되고 있는 현실이다. 2013년도에는 준제보살상이 불교미술대상으로 뽑혀 많은 사람들의 이목을 사로잡았다. 준제보살상을 그냥 볼 것이 아니라 그 상이 지닌 본래 의미를 알고 보면 훨씬 값지다. 그런 의미에서 준제보살상의 조형적 특징을 앞에서 자세히 소개한 것이다.

33신관음
三十三身觀音

33가지 모습으로 몸을 바꾸는 관음보살이시여!
천변만화의 주인공이시여!
제가 님을 부를 때 그 모습으로 나투소서.

—

변화의 진정한 의미

관음보살의 두드러진 외형상의 특징 중 하나가 다양한 변화의 모습이다. 물론 변화의 목적은 어려움에 직면한 갖가지 중생을 구원하기 위한 모습으로 몸을 변화시켜 그들의 고통과 슬픔을 함께 나누는 데 있다. 진정 아픈 자만이 아파하는 사람들을 구제할 수 있기 때문이다. 나를 버리고 완전히 상대방의 입장으로 들어가서 자비의 손을 내밀어야 한다. 그렇지 않으면 구원자와 피구원자 사이에는 결코 가까이 다가설 수 없는 거리가 생겨나 서로 간의 진정한 만남을 방해한다. 지옥에 들어가야 그 속에 빠진 자를 구원할 수 있으며, 화염에 휩싸인 자를 구하려면 그 불구덩이 속으로 뛰어들어야 하는 법이다. 이렇듯 나를 버리고 고통 받는 중생의 삶의 영역으로 완전히 들어가 그들과 더불어 밝은 저 세상으로 향하는 데 변화의 참된 의미가 있다.

『법화경』「보문품」에는 관음의 변화하는 모습을 33가지로 나누어 설하고 있다. 여기서 33이란 숫자상의 33을 의미하는 게 아니라, 인도의 수

슬퍼하는 자의 벗, 보살菩薩

개념에서 무한수를 지칭한다. 즉 무수한 변화의 모습을 33이라는 숫자로 함축하고 있다.

「보문품」에서 무진의無盡意 보살이 부처님에게 묻는다.

"세존이시여, 관음보살은 어떻게 이 사바세계에 다니며 어떻게 중생을 위하여 법을 말하며 그 방편의 힘은 어떠하더이까?"

부처님이 답한다.

"선남자여, 관음보살은 붓다의 몸으로 제도할 중생에게는 붓다의 몸을 나투어 법을 말하고 벽지불辟支佛의 몸으로 제도할 중생에게는 벽지불의 몸을 나투어 법을 말한다. … (부처님은 이렇게 차례대로 33신의 이름을 거명한다.) … 관세음보살은 이처럼 공덕을 성취하여 여러 가지 모습을 하고 이 산하대지를 거닐며 중생을 구원하나니라."

일본 교토 지은원知恩院에는 '관음 32응신도'가 소장되어 있다. 응신應身이란 응하여 나툰 몸이라는 뜻으로 변화신變化身과 같은 의미인데, 여기서 33이 아닌 32응신인 까닭은 『법화경』보다는 『능엄경楞嚴經』의 32응신설을 따랐기 때문이다. 『능엄경』에서 관음보살은 세상에 두루 통하는 원통삼매의 힘을 얻어 그 신통한 힘으로 모든 국토에 들어가 32응신의 모습으로 중생을 구제한다.

지은원 32응신도는 본래 전라남도 영광 도갑사에 있던 조선 초기 작품으로 불화 중에서도 도상과 회화적 구성, 그리고 기법상의 세련미에서 가장 주목할 만한 작품이라고 홍윤식 교수는 말한다. 거기에는 관음의 변화 모습이 구체적으로 묘사되어 있는데 그 의미를 되새겨 보면서 33신 하나하나를 간략하게 소개해 보겠다.

33신身이란

1) 불신佛身: 관음은 사실 보살이다. 그런데 보살이기는 하지만 그 본체는 이미 깨달음을 이룬 법신불이다. 다만 중생의 구제를 위해 보살의 몸으로 사바세계에 모습을 나툰 것이다. 보살이면서 붓다이고 붓다이면서 보살인 분이 바로 관음보살이다. 그래서 『관음삼매경觀音三昧經』에서는 원래 관음보살은 나보다 먼저 붓다가 되었으니 그 이름은 정법명왕여래正法明王如來라 했으며, 석가모니는 그의 제자였다고 기록하고 있다.

2) 벽지불신辟支佛身, Pratyeka buddha: 벽지불이란 홀로 깨달음을 연 소승불교의 성자를 일컫는데, 연기의 도리를 깨쳐 연각緣覺이라 하며 부처님의 가르침을 듣지 않고 홀로 깨쳤다고 하여 독각獨覺이라고도 한다.

3) 성문신聲聞身, Śravaka: 부처님의 핵심적인 가르침인 사성제四聖諦를 듣고 깨달은 소승불교의 성자이다.

4) 범왕신梵王身, Brahman: 힌두교의 삼신三神중 하나로서 창조를 관장한다.

5) 제석신帝釋身, Indra: 비와 번개를 동반하는 『리그베다』 최고의 신으로서 악마의 무리를 퇴치하는 무장이기도 하다.

6) 자재천신自在天身, Iśvara: 힌두교의 세 신중 보존의 신인 비슈누Vishnu를 불교화한 신이다.

7) 대자재천신大自在天身, Maheśvara: 힌두교의 중요한 세 명의 신 중 파괴의 신인 시바Śiva를 불교화한 모습이다.

8) 천대장군신天大將軍身: 사바세계를 진리에 의거하여 통치하는 전륜성왕轉輪聖王과 천왕Pisaca 두 개념을 합해서 그려낸 모습이다.

9) 비사문천신毘沙門天身, Vaiśravaṇa: 재보財寶를 관장하는 힌두교의 쿠베라 신을 불교화한 것으로 사천왕 중 한 인물로 등장한다.

10) 소왕신小王身: 왕을 일컫는다.

11) 장자신長者身: 대부호를 말한다. 요즘 말로 한다면 재력가이다.

12) 거사신居士身: 일상생활을 영위하는 남성 재가불자로서 불교에 대한 바른 안목과 식견을 갖춘 자를 말한다.

13) 재관신宰官身: 관료 계층을 말한다.

14) 바라문신婆羅門身: 고대 인도의 사제로서 요즘의 각 종교의 성직자를 일컫는다. 이상 10번째 소왕신부터 14번째 바라문신까지는 고대 인도의 대표적인 신분으로 오인신伍人身이라 부른다.

15) 비구신比丘身: 출가한 남자 승려

16) 비구니신比丘尼身: 출가한 여자 승려

17) 우바새신優婆塞身: 남성 재가불자

18) 우바이신優婆夷身: 여성 재가불자

19) 장자부녀신長者婦女身: 대부호의 아내

20) 거사부녀신居士婦女身: 거사의 아내

21) 재관부녀신宰官婦女身: 관료의 아내

22) 바라문부녀신婆羅門婦女身: 사제들의 아내

23) 동남신童男身: 사내아이

24) 동녀신童女身: 여자아이

25) 천신天身: 인도의 여러 신의 총칭

26) 용신龍身: 신보다 약간 한 단계 아래인 신으로 용의 모습을 하고 있다.

27) 야차신夜叉身: 대다수 귀신을 총칭

28) 건달바신乾達婆身: 음악과 무용의 신

29) 아수라신阿修羅身: 호전적인 악신이다.

30) 가루라신迦樓羅身: 검푸른 바다 속에 꿈틀대고 있는 용들을 잡아먹는 새로서 금시조金翅鳥라 하며 날짐승의 왕이다.

31) 긴나라신緊那羅身: 반은 사람이고 반은 말의 형상을 한 음악의 신이다.

32) 마후라가신摩睺羅伽身: 사찰을 수호하는 커다란 뱀을 신격화한 모습이다. 이상 24번째 천신天身으로부터 마후라가신까지를 팔부중八部衆이라 하며, 관음 33신에서는 팔부신八部身이라 부른다.

33) 집금강신執金剛身: 금강역사라고도 한다. 손에 금강저를 잡고 부처님 주위에 서서 불법을 파괴하는 자를 무찌른다.

조선 시대 초기 작품으로 일본 지은원知恩院에 소장된 '관음 32응신도'를 보자. 정중앙, 보타락가산 위에 관음보살이 유희좌遊戲座로 비스듬히 앉아 있고 그 상방에 10분의 여래가 있다. 관음의 우측에는 위로부터 차례대로 집금강신, 자재천신, 소왕신, 불신이 그려져 있고 그 좌측에는 위로부터 벽지불신, 거사신, 제석신, 비사문천신, 동남동녀신, 관음보살의 바로 아래로는 천대장군신, 용신, 야차신, 건달바신, 아수라신, 가루라신, 긴나라신, 마후라가신이 묘사되어 있다. 그리고 그림 맨 아래 오른쪽부터 대자재천신, 바라문신, 부녀신, 성문신, 범왕신이 아름답게 화면을 채우고 있다.

그렇지만 앞서도 말했듯이 관음 33신은 천변만화하여 중생을 구제하는 모습으로 보아도 무방하다. 따라서 오늘날 관음은 대통령으로도, 대부호로도, 사랑스러운 연인으로도, 자비심 가득한 어머니로도, 뜰 앞에 나무와 꽃으로도 나툴 수 있다. 내가 부르면 그 모습으로 나투시는 님이요 삼라만상이다.

슬퍼하는 자의 벗, 보살菩薩

문수보살
文殊菩薩

엄숙한 계율주의와 권위주의를 거부하며
열린 지평으로 나가는 문수보살님의 지혜어!

—

지혜를 강조하는 이유

불교와 기독교의 두드러진 차이점이 있다면, 그것은 다 같이 자비 또는
사랑을 전면에 드러내면서도 불교는 그와 더불어 지혜를 강조하고 기독
교는 정의를 내세우는 데 있다. 그래서 불교철학자 아베마사오阿部正雄는
기독교의 사랑이 정의를 동반함으로써 불의한 자에게는 사랑과 정반대
인 투쟁과 보복, 심지어 전쟁까지 불러일으키지만, 불교의 지혜는 친선과
화해, 조화와 평화를 수반한다고 하면서 "사랑과 정의는 물과 불 같아서
서로를 필요로 하지만 동반하기란 어렵다. 자비와 지혜는 열과 빛과 같
아서 서로 다르지만 서로 보완적으로 일한다"라고 주장한다.

그렇다. 불교의 자비는 지혜의 온전한 빛을 만나서 그것을 선악善惡과
미추美醜, 부자와 빈자를 가릴 것 없이 무차별적으로 흩뿌려준다. 사실
지혜의 빛이 없다면 불교는 방향키를 상실한 배처럼 좌충우돌한다. 다시
말해서 자비만 강조하면 그것은 자칫 중심의 근거를 상실한 채 무질서
의 혼란을 초래할 것이다. 인생과 세계가 돌아가는 이치에 대한 깨달음

과 느낌이 있을 때에만 자비행이 솟아나기 때문이다. 그래서 지혜와 자비는 항상 형제처럼 붙어 다닌다. 지혜를 상징하는 문수보살과 자비의 실천적 행위를 강조하는 보현보살이 석가모니불을 양옆에서 보좌하는 협시보살로서 등장하는 것은 이런 이유에서다.

지혜의 화신,
문수보살

지혜의 화신 문수보살의 산스크리트명은 '만주슈리Manjuśrī'이다. '만주'는 '아름다운', '매력 있는'이라는 뜻의 형용사로 묘妙라 한역했으며, '슈리'는 '행복한', '상서로운' 또는 '영광'이란 뜻으로 길상吉祥이라 번역해 이 말 전체를 묘길상妙吉祥, 묘덕妙德 등으로 의역한다. 문수사리文殊師利니 만수실리曼殊室利니 하는 명칭은 이 만주슈리의 음역이며, 문수란 문수사리를 약칭한 말이다.

　문수보살은 사위국 바라문의 아들로서 석가모니불 입멸 후 세상에 출현했던 실존 인물이라고도 하고 여러 보살과 더불어 대승 경전을 결집했다 하나, 그 역사적 근거는 빈약하다. 그러나 지혜의 화신의 보살임에는 분명하다. 지혜를 강조하여 문수보살은 모든 불보살의 어버이요 모든 부처님은 그분의 제자라는 설이 나오기까지 한다.

　불교에서는 그 지혜를 일러 반야般若라 한다. 이는 이분 대립적인 지식을 뛰어넘는 초월지로서 주객의 분별과 양극단적인 사유의 태도를 뛰어넘는다. 그래서 반야의 지혜로 세계와 인생을 전체적으로 조망하며 모든 집착을 부수어 버린다. 그것이 바로 공空에 투철한 진여다. 이는 어느 한 극단에 치우침이 없이 현실에서 자유롭게 움직이는 정신이요 모든 불보살의 근본 바탕이니 지혜의 상징인 문수보살이 불보살의 어버이라 한 것이다.

이러한 반야의 추구가 보리심菩提心이다. 그것은 지혜와 진리를 구하는 마음이요 깨달음을 추구하는 열정이다. 문수보살의 10대원을 보면 이러한 보리심과 중생 구제의 일념으로 가득 차 있다.

그 몇 가지 원을 보기로 하자.

"모든 복덕을 부처님의 보리도에 회향하고 중생이 모두 복을 받게 하며, 모든 수행자로 하여금 보리심을 내게 한다." — 제7원
"나쁜 짓을 많이 하여 육도를 윤회하는 중생들과 함께 태어나 교화하되, 혹은 빈궁한 자가 되고 혹은 소경·벙어리·귀머거리·거지가 되는 등 모든 중생 속에서 같은 종류, 같은 인연, 같은 일, 같은 행동, 같은 업으로 그들과 함께 살면서 불법에 들게 하고 보리심을 내게 한다." — 제8원
"문수와 인연이 있거나 없거나 관계없이 자慈·비悲·희喜·사捨와 허공 같이 넓은 마음으로 중생을 끊임없이 제도하여 올바른 깨달음을 이루게 한다." — 제10원

『화엄경』「입법계품入法界品」에서는 문수보살이 등장하여 보리심을 묻는 선재동자에게 선지식을 찾아뵐 것을 권유한다. 이렇게 하여 선재동자는 50여 명의 선지식을 찾아본 연후에 마지막으로 미륵보살을 만나는데, 미륵보살이 이르길, "지금까지 가르침을 준 모든 선지식이 보살행을 닦은 것은 모두 문수보살의 힘 때문"이라고 하면서 다시 문수보살을 찾아뵐 것을 요청하자, 선재는 다시 문수보살에게 되돌아온다. 문수보살에 귀의한 선재는 문수보살의 지시에 따라서 보현보살을 뵈었으며 이어 보

현의 행원行願에 들어간다. 여기서 문수보살은 진리를 찾아가게 하는 보살로 등장함과 더불어 여러 선지식 그 자체라 해도 과언은 아니다.

계율주의,
권의주의로부터의 자유

지혜의 화신 문수보살은 신라 땅을 지혜의 대지로 만드는데 선구적인 역할을 한다. 계율과 근엄한 형식에 치우쳐 있는 승가 사회의 엄숙주의와 엘리트주의를 냉소적으로 비웃어 그들 스스로 반성케 했을뿐더러 인간의 부지와 위선을 깨우치게 한다. 그 두드러진 예를 경흥景興과 자장慈藏 스님과 관계된 일화에서 엿볼 수 있다.

자장 스님은 왕족으로서 부귀와 벼슬길을 버리고 출가를 단행, 당시 불교학의 메카였던 당나라에 유학하여 거기 청량산(오대산)에서 문수보살을 친견한다. 학업을 마치고 당나라에서 신라로 돌아온 자장 스님은 신라 땅에 화엄 사상의 고취와 계율 정신을 부각시키면서 승풍을 진작시킨다. 그는 말년에 강원도 오대산 수다사水多寺: 지금의 월정사에서 문수를 다시 친견하는 감격스러운 순간을 맞는다. 이는 바로 신라 땅이 문수보살이 상주하는 불국토임을 상징적으로 암시한다. 그러나 그는 끝내 엄숙한 계율주의, 소승적 엘리트주의를 벗어나지는 못했던 모양이다. 그가 태백산 석남원石南院: 오늘날의 정암사에서 다시 문수보살을 친견하기 위해 도를 닦고 있을 무렵이었다.

어느 날 허름한 도포를 걸친 거사가 칡넝쿨로 엮은 망태기에 죽은 강아지를 담고선 자장 스님을 찾아왔다. 거사는 자장을 보러왔노라고 달려 나온 제자에게 말했다. 제자는 그 무례함을 꾸짖으며 한사코 들여보내지 않자, "그대의 스승에게 아뢰면 되지 않겠느냐?"고 담담히 말했다. 이 말을 들은 자장 스님은 "필경 미친 사람이겠지"하며 일소에 부쳤다. 이 말을 전해 들은 거사는 실망에 찬 무거운 어조로 말했다.

"돌아가자, 돌아가. 아상을 가진 자가 어찌 나를 보겠는가?"

말을 마친 거사가 망태기를 떨어뜨리자 죽은 강아지는 사자보좌로 변하고 거사는 거기에 올라타 눈부신 빛을 발하며 허공으로 사라져 갔다. 이야기를 들은 자장 스님은 허겁지겁 뛰어나갔으나 결국 절의 남쪽 고개에서 불의의 죽음을 맞이했다. 바로 자장 스님은 오만과 권위로 물든 귀족불교의 허울을 벗어내지 못한 탓에 비장한 최후를 맞게 되었다는 이 일화는 신라 불국토가 그러한 엄숙한 계율주의나 권위주의적 토양이 아님을 보여 준다.

또한 국가의 스승이었던 신라의 경흥憬興 스님도 권위주의적 태도로 말미암아 문수보살로부터 혼난다. 경흥 스님은 대궐에 들어갈 때면 항상 말을 타고 다녔다. 입궐하기 위하여 말을 타고 행차 준비를 하던 어느 날, 웬 남루한 스님이 등에 마른 물고기를 한아름 지고 하마대 근처에서 서성대고 있는 게 아닌가. 그 꼴을 보다 못한 시자가 "어째서 불가에서 금하는 부정한 물건을 지니고 다니느냐?"고 다그치자, 그 스님이 대꾸했다. "산 고기를 두 다리 사이에 끼고 다니는 사람도 있는데, 그까짓 죽은 물고기를 등 뒤에 지고 다니기로서니 무슨 잘못이람". 실로 냉소적인 한마디였다. 그 남루한 스님의 바로 문수보살이었다.

이러한 문수보살의 모습은 이후에도 우리의 대지에 계속 나투어 수행자들로 하여금 보리를 향한 원을 바라게 하고 수행을 도우며, 엄숙한 계율주의에 물든 수행자를 일깨운다. 그리고 나타나는 모습도 한결같이 누더기 걸망을 진 남루한 형색으로 출현했다가 청사자를 타고 허공으로 사라지는 것으로 결말을 맺는다.

근세의 해담海潭 스님도 괴팍한 성격에다 철저한 계행으로 이름났는데, 문수보살은 죽은 강아지를 망태기에 담은 채 온몸에 피를 뚝뚝 흘리는 과객으로 이 스님에게 나타나 염정불이染淨不二: 더러움과 깨끗함이 둘이 아님를 일깨워 준 후, 죽은 강아지가 변한 청사자를 타고선 허공으로 사라졌다고 한다.

호불적 군주 세조 또한 상원사로 가던 도중 물 맑은 계곡을 만나 몸을 씻던 중 문수동자를 친견하여 부스럼 병을 치유하는데 거기서 긴장미 넘치는 대화가 오간다. 세조는 동자에게 말한다. "그대는 어디 가든지 임금의 옥체를 씻었다 하지 말지어다". 그런데 동자의 대답이 의미심장하다. "대왕께서도 어디 가시든지 문자동자를 친견했다 하지 마옵소서".

이렇듯 문수보살은 관음보살 못지않게 사람의 근기에 맞게 변화된 모습으로 나타나지만, 관음보살이 고통당하는 이웃에게 자비를 베푸는데 비하여 문수보살은 수행자에게 어리석음을 꾸짖어 올바른 마음을 갖게 한다.

문수의 땅, 문수 신앙,
문수 문화

이러한 문수보살이 우리나라 땅에 머문다 하여 문수보살을 예참하려는 문수 신앙이 신라 시대부터 줄곧 이어져 왔다. 수행자로서 문수보살을 만난다는 것은 바로 보리심을 익혀 깨달음에 이르는 중요한 루트이기 때문이다. 아니 사실 문수의 진신 그 자체를 뵙는 것만 해도 감응할 일이어서 더욱 그렇다.

앞서 말한 자장 스님과 세조가 문수보살을 만났던 오대산, 그리고 금강산은 문수보살이 머무는 신성한 공간으로서 문수 신앙의 터전이다. 오늘날 오대산 상원사 청량선원의 문수보살상과 문수동자상, 그리고 금강산 사선계四仙溪 계곡, 거기 40m 높이의 거대한 바위에 선명하게 새겨져 있는 묘길상보살상에서 그 문수 신앙의 발자취를 찾아볼 수 있다.

비단 이뿐만이 아니다. 문수 신앙은 대사회적 빈민 구호 활동에 지울 수 없는 발자취를 남긴다. 그것이 문수회文殊會다. 이 문수회의 기원은 중국의 9세기경으로 거슬러 올라간다.

당나라 시절 승정僧正 근조勤操와 원흥사元興寺 승려 태선泰善 두 사람은 향리의 가난한 사람에게 개인적으로 음식을 베풀었다. 『문수반야경』에서 "만일 문수사리의 이름을 들으면 12억겁 생사의 죄를 제거하게 되며, 예배 공양하면 문수사리의 보호를 받게 된다. 공양하여 복업福業을 닦는다면 문수는 그 몸을 빈궁, 고독하여 고뇌에 찬 중생으로 바꾸어 행자(수행자) 앞에 이르게 되리라"고 했기 때문이다. 즉 빈궁하고 고독한 이에게 보시를 베푸는 일은 그대로 문수보살에게 공양하는 것이 된다는 것이다.

훗날 근조가 죽자 태선 혼자 이러한 문수회를 이끌다가, 그 일이 승려를 총괄하는 승강僧綱의 주목을 받아 전국적으로 행해져 공식적인 법회로 전개되었다. 이 법회를 전후로 하여 3일간 살생을 금하며, 그 자리에 모인 빈궁한 남녀에게 오계를 주고, 약사, 문수의 명호를 외우게 한 뒤 보시를 했다.

이러한 문수회는 왕족과 귀족 사회에서 연중행사로 널리 개최되었는데 이것이 고려 사회에 이어진다.

예를 들어 고려 말 변조遍照 대사 신돈辛旽은 문수회 등의 법회를 자주 열었는데, 차별 없는 대중 법회와 대중공양으로 부녀자로부터 문수의 화신이라고 칭송받았다. 나옹혜근懶翁惠勤, 1320~1376 스님도 문수회를 성대히 거행했다. "나옹이 양주 회암사에서 문수회를 베푸니 모든 사녀士女가 귀하고 천한 신분을 가릴 것 없이 옷감과 비단, 과일과 과자를 싸와서 시주하였다"는 『고려사』의 기록에서 그 모습을 살필 수 있다.

우리의 문화유산으로 남아 있는 문수보살상을 보면 가부좌를 하거나 서 있는 상태에서 자비로운 미소를 보내는 형상 외에 사자를 타고 날카로운 검을 찬 당당한 모습이 여러 사찰에 전해 내려온다. 석굴암 문수보

상원사 문수동자상

슬퍼하는 자의 벗, 보살菩薩

살상은 본존불 우측, 향하여 좌측에 제석천상 다음에 의연한 자태로 서 있다. 오른손을 가슴 방향으로 굽혀 올려서 경전(梵篋: 범어 경전 묶음)을 들고 있으며, 왼손은 자연스럽게 내려뜨린 늘씬한 체구에 우아하고 세련된 모습이다.

1997년에 전남 도갑사에서 최초로 발견된 고려 시대 청동 문수보살상은 사자를 탄 동자상으로 날카로운 칼을 허리에 차고 있다. 이는 어떠한 장애도 베어버리고 모든 번뇌를 없애는 데 그침이 없는 지혜를 나타내는 주인공으로서 문수보살의 모습을 상징화한 것이다.

이렇게 사자를 탄 문수보살을 언급한 최초의 경전은 초기의 밀교 경전인 『다라니집경陀羅尼集經』이다. "(문수)의 몸은 온몸이 흰색이며 정수리 뒤에 빛이 있다. 칠보의 영락과 보관寶冠, 천의天衣 등 갖가지로 장엄莊嚴하여, 사자에 올라타고 있다"라는 구절이 바로 그것이다.

중국 청량산은 문수보살 성지로 유명하다. 우리나라 문수보살의 정신으로 빛나는 사찰이나 문수도량은 오대산 상원사, 설악산 영시암, 가을 단풍으로 이름난 고창 문수사. 지리산 칠불사, 서울의 삼각산 문수사, 김포 문수사 그 밖에 문수암이나 문수사로 거명되는 전국의 사찰 등이다. 봉화에 있는 청량산도 문수보살과 관련이 깊을 것으로 생각된다. 그리고 우리나라 선방에서 달마조사상이나 문수보살상을 모신 곳이 많은데, 그것은 문수보살이 지혜를 상징하기 때문이다.

보현보살
大行普賢菩薩

아, 아름다운 보현행원의 바다여!
중생의 슬픔 다할 때까지 나의 행원 역시 다함이 없으리라.

—

행위야 말로 완성이다.

앞에서 지혜의 화신, 문수보살을 거론하였지만, 지혜란 실천적 행위를
통해서 완전하면서도 탄탄하게 현실에 발을 붙인다. 행위를 통해서 삶은
가장 완전하게 성취된다. 사실 육체가 없는 정신은 공허하지 않은가? 그
러므로 지식과 지혜는 잘 살기 위한, 잘 행하기 위한 도구이지 그 자체
가 목적은 아니다. 우리는 어떠한 형태든 현실 참여를 통해서 인생을 아
름답게 가꿔 나가야 한다. 그렇게 머리로 지혜를 간직한 채 가슴으로 현
실의 고통을 껴안으면서 보편적 선행과 종교적 결단을 보여 준 인물이
보현보살이다.

　보현보살은 문수보살과 짝을 이루어 무애자재한 지혜를 이 땅 위에서
행동으로 보여 주고 실천한다. 그래서 『화엄경』은 문수보살의 가르침을
받는 선재동자가 보현보살을 만나 뵙고 드넓은 행원行願의 바다로 들어
가는 것으로 대단원의 끝을 맺고 있다.

보현보살과 보현행원

보현보살의 산스크리트 명은 '사만타 바드라Samanta Bhadra'다. '사만타'란 '완전한', '보편적'이라는 뜻으로 보普, 편編, 또는 보편普編으로 한역된다. '바드라'란 '행복한', '좋은', '아름다운'이라는 의미로 현賢, 현선賢善, 선善, 묘妙 등으로 의역된다. 이 의미대로 본다면 보현보살은 세계 곳곳에 어질고 아름다우며 완벽하게 나타나 중생을 구제하는 보살이다. 『대일경소大日經疏』에 이르길, "보普란 편일체처編一切處의 뜻이고 현賢은 최묘선最妙善의 의미"라고 설명한다. 그래서 보현보살은 세계 곳곳에 빠짐없이 모습을 드러내는데, 나타나는 모습이 가장 뛰어나기 때문에 바로 문수의 지智와 대응하는 실천적이고 구도자적 행의 보살로 일컬어진다.

문수보살이 사자를 타고 날카로운 검을 차고서는 어떠한 장애도 베어버리고 모든 번뇌를 없애는 데 그침이 없는 지혜를 나타내는 보살이라면, 보현보살은 월색月色의 몸을 한 채 여섯 개의 상아를 지닌 흰 코끼리를 타고 두루 일체의 장소에 몸을 나투어 청량한 빛으로써 중생을 올바른 방향으로 길러내고 성숙시키는 자비를 상징하는 보살이다.

이렇게 보현보살이 흰 코끼리를 탄 모습으로 그려지는 근거는 보현보살이 『법화경』「보현보살권발품普賢菩薩勸發品」에서 여섯 개의 상아를 지닌 흰 코끼리를 탄 모습으로 등장하기 때문이다. 그 장면을 떠올려 보겠다.

보현보살은 부처님께서 사바세계에서 『법화경』을 설한다는 소식을 듣고 동방의 나라에서 그 말씀을 설해 주시길 간청한다. 그러자 석가모니불은 자신이 부처님으로부터 보호받고 있다는 굳건한 신념, 선행을 쌓는 일, 바른 사람의 무리와 어울릴 것, 일체중생을 구제하겠다는 마음을 일으키는 것이 핵심이라고 설했다. 가르침을 들은 보현보살은 말세 때 험악한 세상에 이 『법화경』을 믿고 간직하는 이를 굳게 보호할 것임을 다짐하면서 이렇게 서원을 세운다.

"이 『법화경』을 믿어 간직하는 사람이 걷거나 서서 『법화경』을 읽고 외우면 저는 이때 여섯의 상아를 가진 희고 큰 코끼리를 타고 큰 보살들과 더불어 그가 있는 곳에 찾아가 스스로 몸을 나투어, 그 사람의 수행에 감사하고, 그 수행이 훌륭하게 실현되도록 지켜주며, 그 사람의 마음을 평안하게 해 주겠노라."

그러나 무엇보다도 보현보살의 그 숭고하며 장엄한 실천적 구도자로서의 길은 『화엄경』「보현행원품」에 간명하게 잘 드러난다. 그래서 성철 스님은 이를 일러 불교의 골수요 대도大道의 표준이라 했다. 그 열 가지 하나하나를 새겨보면 이렇다.

석굴암 보현보살

02

슬퍼하는 자의 벗, 보살菩薩

1) 예경제불원禮敬諸佛願: 과거·현재·미래에 거쳐 이 세계에 두루 계시는 모든 부처님께 예를 표하고 공경하기를 원함.

2) 칭찬여래원稱讚如來願: 지고한 부처님께 간절한 마음과 지극한 정성으로 최상의 영광과 찬양을 올리는 원.

3) 광수공양원廣修供養願: 모든 부처님께 두루 공양함은 물론 진리를 펴고 올곧은 수행을 하며 여러 중생을 이롭게 하는 공양을 널리 닦아나가기를 원함.

4) 참제업장원懺除業障願: 탐욕과 질투, 그리고 어리석음으로 인해 자신이 지은 잘못을 뉘우치고 용서를 구하는 원.

5) 수희공덕원隨喜功德願: 항상 불·보살과 이웃이 지은 공덕에 감사를 표하며 기뻐하는 원.

6) 청불세주원請佛世住願: 불·보살님이 열반에 드시지 말고 항상 이 세계 머물러 계시기를 간청하는 원.

7) 청전법륜원請轉法輪願: 진리의 수레바퀴가 이 세상에서 언제나 굴러갈 수 있기를 청하는 원.

8) 상수불학원常修佛學願: 항상 치열한 각오로 불도를 닦기를 원함.

9) 항순중생원恒順衆生願: 언제나 모든 중생의 바람을 보살펴 섬기기를 부모님이나 스승, 부처님 모시듯 하는 원.

10) 보개회향원普皆廻向願: 모든 공덕을 이웃에게 베풀기 위해 중생의 세계로 되돌아오는 원.

열 가지 행원을 곰곰이 살펴보건대 이것은 바로 이 세계를 정토, 즉 불국토로 가꾸는 일이기에 이러한 행원으로 살아가는 사람들의 세계가 극락정토임이 분명하다. 그래서 선재동자는 보현보살로부터 이 말씀을 듣고 뛸 듯이 기뻐하고 깨달음을 얻어 정토에 왕생한다.

보현보살의 10가지 원은 폭이 너무나 광대해서 모든 보살의 행원이 그 속에 포함되므로 그 원이 마치 바다와 같다하여 보현의 원해願海라고도 부른다. 그런 의미에서 불자라면, 아니 종교의 길로 나선 사람이라면 보현행원을 반드시 마음속에 새겨 넣어야 한다.

보현보살은 이어 이러한 원이 "허공계가 다하고 중생계가 다하며, 중생의 업이 다하고 중생의 번뇌가 다하면 나의 예배와 공경도 다하려니와 중생계 또는 중생의 번뇌가 다함이 없으므로 나의 이 행원은 다하지 않으리니, 생각마다 잊지 않고 되새겨서 몸과 말, 생각으로 꺼리거나 싫증을 냄이 없으리라"고 거듭거듭 다짐한다.

바로 이 열 가시 원을 행함에 있어 깨닫지 못한, 또는 구원받지 못한 중생을 진리의 세계로 이끌어 가는데, 그 길이 비록 끝없을지라도 결코 그 일을 꺼리거나 싫증을 내지 않는다는 비장한 각오다.

사실, 이러한 맹서는 이 땅을 한층 기름지고 아름다운 세계로 만들어 가려는 자들에게 반드시 필요한 마음 자세이다. 우리가 보현보살의 마음을 닮아갈 때 이웃들은 진리의 동반자가 되고 그들이 풍기는 향기는 세상을 아름답게 밝힐 것이다.

고려 시대의 균여均如 스님은 보현행원을 노래로 부르게 해 그것이 국민가요로서 전무후무의 인기를 누리게 한다. 세상을 아름답게 만든 보현십원가普賢十願歌를 가슴속 깊이 새겨보자.

중생계가 다하면 나의 원 다할 날도 있으리
중생 깨움에 끝 모를 행원의 바다
이렇게 가면 가는 대로 선善의 길이여

슬퍼하는 자의 벗, 보살菩薩

아아 보현행원이여, 부처님의 일이어라

아아 보현의 마음 알아

이 밖의 다른 일은 버리고저

보현보살이 머무는 곳

티베트 국경을 접한 중국 쓰촨 성에는 해발 3,000m를 넘는 아름다운 아
미산峨眉山이 우뚝 솟아있는데, 바로 이곳으로 보현보살이 찾아들고부터
불교의 성지로 이름을 널리 떨치게 된다. 더욱이 산의 맨 꼭대기 금정金
頂에 보현보살이 항상 계셔 거기서 불광佛光이 서기하므로 대광명산大光
明山이라 했을 정도로 보현보살의 발자취가 산 여기저기에 그득히 배어
있다.

  우리나라 보현보살의 대표적인 성지로는 묘향산妙香山 보현사를 들 수
있다. 묘향妙香은 올바르고 선하며 아름다운 향기로서, 그러한 행위가
몸에 밴 사람에게서 나는 향운香雲이라면, 그곳은 바로 보현보살의 거주
처일 것이다. 고려조 무신정권 시절 원묘국사 요세了世, 1163~1245 스님은
강진 만덕산에 백련결사를 진행했는데, 예불과 참회, 염불을 곁들인 보
현도량을 개설한다.

  굳이 남한 땅에서 보현보살의 성지를 들라면 대관령 자락인 강릉의
선자령仙子嶺에 고즈넉이 자리 잡은 보현사를 꼽을 수 있지만 지금은 나
한 기도 도량으로 더 알려져 있다. 그러나 보현보살은 사찰의 본당 외벽
을 에돌아가면서 그려진 벽화에 코끼리를 타고 앉아 있는 모습인가 하
면, 석가모니불이나 비로자나불의 협시보살로서 법당 안에 당당히 서서

는 머뭇거리는 우리들의 나약한 마음을 질책하면서 아름다운 삶, 완성된 삶을 향한 강한 실천의지를 독려한다. 오늘날 안성 도피안사를 비롯하여 현재 '보현사'로 개명되는 125개 정도의 전국 여러 사찰은 보현보살과 관련이 깊다.

석굴암 본존불을 중심으로 문수보살상과 마주하는 방향으로 보현보살상이 서 있다. 그러니까 본존불의 좌측, 대범천상 다음에 자리 잡고 있다. 오른손은 위로 꺾어 올려 손바닥 위에 둥근 보발을 얹고 있으며, 왼손은 자연스레 내려서 손가락을 멋있게 구부리고 있다. 흡사 매력적인 귀부인의 자태로 육체를 감싼 천의가 살짝 흘러내리기도 하고 구름처럼 부드럽게 양손에 걸쳐 늘어져 있다.

지장보살
地藏菩薩

지옥까지 따라가 그대를 구원하리라.

—

산자의 슬픔은 비단 자신들의 고통에서뿐만 아니라 평소 친하게 지내던 죽은 자에 대한 고통에서도 초래되므로, 인간의 마음은 죽은 자들의 고통 또한 말끔히 사라지기를 원한다. 온갖 죄로 말미암아 죽어서 좋은 곳으로 가지 못하고 윤회를 거듭하는 중생, 특히나 처참한 살풍경이 벌어지는 지옥 중생에게 구원의 손길을 보내 그곳에서 이들을 구해내는 분이 바로 지장보살이다.

지장보살의 산스크리트 이름은 '크시티 가르바Kṣti Garbha'다. '크시티'는 땅, 즉 '지地'를 의미하고 '가르바'는 '태胎'혹은 '자궁子宮'으로 번역되는 함장含藏, 저장貯藏의 뜻이다. 대지는 모든 생명의 씨앗을 간직해서 때가 되면 꽃을 피워 열매를 맺게 해주는 등 모든 삼라만상을 길러 내고 품어내며 갈무리한다. 바로 이러한 땅과 마찬가지로 지장보살은 모든 중생을 구제하는 위대한 힘을 저장하고 있기에 지장地藏이라 한다. 『지장십륜경地藏十輪經』에서는 다음과 같이 말한다.

"이 대보살은 여러 가지 미묘한 공덕을 눈에 보이지 않게 감추어 저

장하고 있으며 모든 해탈의 진귀한 보배가 나오는 문이다. 마치 여의
보주와 같이 많은 재보를 흩뿌려 주듯이 중생들이 희망하는 바에 따
라서 모두를 만족시킨다······"

지장보살의 탄생

『지장보살 본원경地藏菩薩本願經』에 따르면 지장보살의 전신은 브라만 사
제의 아름다운 딸로 등장한다. 그녀의 모친은 온갖 방탕한 생활로 인생
을 전전하다가 마침내 처참하게 죽어갔다. 그녀는 어머니가 생전에 지은
죄 때문에 고통 받는 것을 생각하니 가슴이 미어져 견딜 수가 없었다.
그래서 어머니가 고통의 세계에서 벗어나게 할 방도를 찾는다. 그 방법
은 고통 받는 자에게 자신이 가진 모든 것을 베푸는 일. 그녀는 오랜 세
월 동안 아낌없이 자신의 지닌 모든 것을 베풀었는데, 급기야 입은 옷까
지 벗어주다 보니 이제는 알몸을 가리고자 흙으로 전신을 덮어쓰게 되
었다. 그 결과 그녀는 각화정자재왕여래覺華定自在王如來로부터 지장보살
로 불리게 되었다.
　지장이 된 그녀는 여래의 인도로 지옥세계를 구경하곤 고통스러워하
는 중생들의 몸부림을 보고, "죄과로 인해 고통 받는 육도중생들을 모두
해탈케 한 연후에 성불하겠노라"는 원을 세운다. 바야흐로 지옥 중생을
구제하리라는 지장보살의 대원이 탄생하게 된다. 이러한 이유로 그녀를
대원본존 지장보살大願本尊 地藏菩薩이라 부른다.

선운사 도솔암 금동지장보살좌상

대비천제로서 지장보살의 모습

지장보살을 일러 대비천제大悲闡堤라고 한다. 유식사상唯識思想에서는 모든 중생이 불성을 지니고 있지만, 그중에 성불할 수 있는 뿌리가 완전히 근절된 중생을 일컬어 일천제一闡堤, icchantika라 한다. 지장보살은 지옥 중생을 구제할 목적으로 성불을 뒤로 미룬 분이다. 고통 받는 중생이 하나라도 남아 있는 한 성불은 완성될 수 없다. 그만큼 중생을 사랑하기 때문이다. 결국 중생을 구하려는 커다란 비원으로 성불을 미루었기에 대비천제라는 역설적인 명칭이 지장보살의 별칭으로 되었다.

지장보살의 중생에 대한 철저한 연민과 대자비의 정신은 그의 모습 속에서도 잘 느러난다. 그분은 대부분 보살들과는 달리 삭발한 비구의 모습이다. 관음이라든가 문수·보현 등의 일반적인 보살들의 모습은 당시 인도 귀족들의 모습과 흡사하게 머리에는 화려한 보관寶冠을 쓰고 근사한 의상을 걸쳤으며 여러 가지 장식물을 몸에 달고 있는데, 지장보살만이 삭발한 비구로 등장한다.

사실 그렇지 않은가? 화려한 모습을 하고 나타나는 구원자에게서 일종의 안도감을 받을 수 있지만, 거리감이 있을 수도 있다. 반면 삭발한 모습에 남루한 가사를 입고 중생들 곁으로 다가오는 님에게서는 거리감은 전혀 없다. 그래서 일체중생을 구원하리라는 원을 지닌 지장보살은 화려하지 않은 소박한 비구의 모습으로 지옥 중생을 구제한다. 우리는 비구의 머리에 석장을 짚고 서 있는 지장보살을 조각이나 불화에서 흔히 본다. 더러 두건을 쓰고 석장 또는 여의보주如意寶株, 내지는 법륜法輪을 손에 든 형상도 있지만 말이다. 강진 무위사 아미타삼존불과 그 뒤에 있는 불화를 보면 좌측의 지장보살은 두건을 쓴 채 왼손에 석장을 들고 오른손은 여원인을 하고 있다. 고창 선운사 도솔암의 지장보살상도 두건을 쓰고 석장을 짚고 있다.

『지장십륜경』에서 지장보살은 석가모니불 입멸 후부터 미래에 중생을 구제할 부처인 미륵불이 이 땅에 출현할 그 기간까지 오탁악세 무불無佛 시대의 중생을 구원하도록 석가모니로부터 위임받았다. 그때 지장보살은 다짐한다.

"세존이시여 오직 바라옵건대 후세의 악업 중생은 염려 마옵소서."

그래서인가? 『지장십륜경』에서 이르길, 지장보살의 가르침을 "이 땅에서 말법의 가르침"이라고 기록하듯이 그분은 부처님 부재의 말법 세계의 중생을 구원하는 주인공으로서 등장하여, 모든 장소에 몸을 나투어 육도 윤회에서 고통 받는 중생을 언제까지라도 구원한다.

이 육도 윤회와 관련지어 지장보살이 여섯 명으로 분화되기도 하는데, 그분들을 육지장六地藏이라 한다. 그것은 망자가 육도 윤회의 고통에서 헤매는 것을 보고 각각 영역을 나누어 관할했기 때문이다. 이에 따라 창건된 사찰이 경기도 양주의 육지장사다

그런데 우리나라의 과거 전통 신앙에서는 6지장보다 3계를 관할하는 천장天藏·지장地藏·지지持地의 삼장三藏보살로서 지장 신앙이 성행하여 아름다운 삼장三藏 탱화가 남아 있다. 천장 보살은 북두칠성, 해와 달 및 별자리 등 천부天部의 중생을 거느리고, 지지 보살은 땅 위에서부터 33천까지의 지상에 속하는 갖가지 중생의 무리를 거느리며, 지장보살은 시왕十王을 비롯해 지옥세계를 관장하는 식구들을 거느리는데, 주로 대웅전 좌측 벽에 모셔져 있다.

지장 신앙의 의미

사찰에서 매달 음력 18일에 진행되는 지장재일地藏齋日이나 매년 음력 7월 보름에 열리는 우란분절盂蘭盆節에 신도들은 망자의 넋을 위로하려고 지장보살의 본원에 기대며 기도를 올린다. 지장재일이나 우란분절 때는 지장보살을 불러 모시는 지장헌공을 올린다. 그 청하는 내용은 다음과 같다.

> "일심으로 귀의하여 청하옵니다.
> 자비로 선을 쌓아 중생 구제를 서원하시니, 손에 드신 금석을 흔들어 지옥문을 여시고, 손 위 밝은 구슬은 광명으로 대천세계를 덮으시옵니다.
> 염라대왕의 궁전 업경대 앞에서 남섬부주 중생들을 위하여 증명해 주시는 공덕주, 대비대원 대성대자 지장보살 마하살님이시여,
> 자비로써 이 도량에 강림하여 공양을 받으소서."

왜 지장보살을 청하는가? 지장보살의 이름을 극진히 불러 망자들을 구원해 줄 것을 갈구하는 것이다. 지장보살은 만월 같은 얼굴과 맑은 강물 같은 눈을 가졌으며, 마니 구슬 손에 들고 원만한 과위를 보인다. 나아가 자비광명을 발하여 저승의 길 밝히고 죄악 뿌리를 끊는다.

그래서 우리는 지장보살께 돌아가신 부모나 친척, 또는 가까운 이들, 더 나아가서는 제명을 다 살다가지 못한 자식들에 대한 그리움과 그들을 편안하게 해주려는 마음을 전한다. 예를 들어 한참 재롱을 피우던 아이가 불의의 사고로 저세상으로 떠났을 때 부모는 얼마나 마음이 미어

지겠는가. 이러한 상황에서 부모가 할 수 있는 최선은 아이가 좋은 세상에 태어나 고통 없기를 바라는 것이다. 그런데 살아 있는 인간은 그 세계에 들어설 수 없다.

지장보살은 바로 이 자리에서 안타깝게 죽은 자들을 좋은 곳으로 인도하는 내영자來迎者로서 역할을 훌륭하게 수행한다. 불단의 맨 앞에 그려진 감로탱화를 보면 비구형의 머리를 한 지장보살이 석장을 짚고선 망자들이 들어가는 지옥문 옆에 서 있거나 그들을 구원하고 있는데, 그 모습이 지장보살의 특징을 잘 보여 준다.

산 자들은 이렇게 지장보살의 도움으로 죽은 자들을 좋은 곳으로 인도하여 슬픔을 기쁨으로 승화시켜 삶을 좀 더 아름답고 기름지게 가꾸어 나간다. 그래서 우메하라 다케시는 말한다.

"지장은 지옥에 있는 사자들의 구제자로서 인간의 관심을 죽음으로부터 생으로 향하게 하고, 슬픔에서 기쁨으로 향하게 하는 역할을 한다."

그러나 사실 지옥의 세계가 어디 죽은 자에게만 펼쳐지겠는가? 더 많이 먹고 더 많이 가지려고 싸우는 현실이 아귀요 아수라장의 세계가 아닌가? 아니 순간순간 각자가 지은 업에 따라 마음을 파고드는 삶의 견딜 수 없는 무게가 바로 육도윤회의 세계가 아닌가? 그 순간 우리는 지장보살의 명호를 간절히 부르면서 자신의 업을 참회하고 맑은 정신으로 아파하는 이웃에게 자비의 손길을 펼쳐야 한다.

그 밖에 『지장보살본원경』에서는 지장보살께 공양하고 예배하고 찬탄하면 10가지 이익을 얻는다 했다. 그것은 ⑴토지가 풍요롭고 먹을 것이 많고, ⑵집안이 언제나 평안하며, ⑶죽은 조상이 천도되어 천상에 태어나고, ⑷살아 있는 사람은 수명이 길어지며, ⑸구하는 것이 뜻대로 이루어지고, ⑹화재나 수재가 없으며, ⑺헛되이 소모되는 것이 없고, ⑻

악몽이 끊어지며, (9)출입할 때 신들이 보호하고, (10)거룩한 인연을 많이 만난다.

지장 신앙의 성지로 제일 이름난 곳은 중국의 구화산九華山이다. 그곳에서 신라의 왕자 출신 김교각金喬覺 스님이 철저한 두타행을 닦았는데, 중국인으로부터 지장보살의 화현이라 불렸다. 스님은 99세의 나이로 앉아서 열반에 들었는데, 그 후 3년이 지나도록 시신이 썩지 않고 고스란히 남아 있자, 그가 열반하기 전 유언대로 육신에 개금하여 육신보살肉身菩薩 김지장으로 모셔지게 되었다.

지장보살상은 그림으로 그려질 때 독존으로 모셔지는 경우와, 삼존상으로 모셔지는 경우가 있다. 삼존상은 지장보살을 중심으로 좌우에 도명존자道明尊者와 무독귀왕無毒鬼王이 시립해 있다. 여기서 도명존자는 김교각 스님이 교화를 펼칠 때 도움을 준 민공의 아들이고 무독귀왕은 지장보살의 전생 시절 어머니를 고통에서 구해줄 당시 도움을 주던 지옥의 귀왕이라고 자현 스님은 말한다. 그러니까 삼존상은 지장보살과 김교각 스님이 혼재된 결과를 바탕으로 도명존자가 그 일원으로 등장하게 된 것이다.

우리나라의 대표적인 지장도량으로 고창 선운사 도솔암, 철원 원심원사, 서산 개심사, 의성 고운사, 천안 광덕사, 양주 육지장사, 안양 지장선원, 보성 대원사, 남해 용문사, 고성 화암사, 가평 현등사 등이 있다. 이밖에도 78개 정도의 지장도량이 우리나라에 자리 잡고 있다.

미륵보살
彌勒菩薩

사유하는 실존은 평화로워라.
미륵사유반상에 담긴 뜻은?

—

미륵보살은 왜 사유하는가

사람을 사람답게 하는 것이 사유이다. 사유 때문에 갈대처럼 연약한 인간이 세상을 지배하는 최고의 중생으로 군림한다. 인간의 사유는 사춘기에 접어들면서 깊어지기 시작한다. 그리고 그 사유는 불교에서는 명상과 더불어 진행된다. 그런 명상에 든 미소년이 반가半跏의 자세로 사유하면서 허리를 곧게 펴고 앉아 있다. 손을 턱 밑에 살포시 갖다 대고 깊은 사유 끝에 생의 의문을 풀어낸 듯 조용히 미소 짓는다. 그때 어디선가 미풍이 불어와 옷자락을 가볍게 흔들고 지나간다. 바로 미륵보살반가사유상의 모습이다.

미륵보살의 산스크리트 이름은 미륵불과 마찬가지로 즐거움을 준다는 마이트리maitrī에서 파생된 '마이트레야Maitreya'다. 자씨보살慈氏菩薩은 그 의역이다.

우리나라 국보 78호와 83호로 각각 지정되어 있을뿐더러 일본 국보 1호로 지정된 것이 미륵보살반가사유상彌勒菩薩半跏思惟像이다. 그렇다면 도대체 미륵보살은 무엇을 사유하는 것일까? 그것은 마음이 평화로운 자가 평화를 사유하고 평화로운 세상을 사유하며 중생 구제와 해탈을 사유하는 것이다. 그 모습을 조형으로 형상화한 것이 미륵보살사유상이다.

미륵보살이 머무는 대지 도솔천이란

우리나라 대부분의 미륵상이 미륵보살보다는 미륵불로 조성되어 있음에 반하여 유독 고구려·백제·신라 시대에는 반가사유상을 한 미륵보살이 많이 등장한다. 물론 그 이후에도 반가사유상이 조성되기는 하였지만 이 시기만큼 유행의 물결을 타지는 않았다.

왜 그랬을까? 왜 유독 삼국 시대에 미륵보살상이 많이 조성되었을까? 그것은 장차 이 땅에 미륵불이 출현하는 불국토의 건설을 위한 준비 기간으로서의 역할을 충분히 다지려는 의도일 것이다. 보살의 시대가 있어야 부처님의 시대가 전개되기 때문이다. 그 까닭을 미륵보살과 그분의 대지인 도솔천兜率天과 관련지어 살펴보겠다.

도솔천의 산스크리트 명칭은 '투쉬타Tuṣita'로 '만족시키다'라는 뜻의 동사원형 '튜수Tuṣ'에서 나온 말이다. 모든 것이 만족된 곳이라는 의미로 지족천知足天·희족천喜足天으로 의역되며, 도사다천覩史多天으로 음역되기도 한다. 그곳은 사실 불교의 세계관 중 욕계欲界 제4천으로 깨달음의 세계는 아니다. 격하지는 않지만 어쨌든 욕망이 지배하는 공간이다. 그런데 중국이나 우리나라 또는 일본에 투영된 도솔천은 아미타 정토 다음가는 미륵 정토로 나타난다.

그렇다면 어떻게 미륵보살은 도솔천에 태어났을까? 석가모니불 생존 당시 아일다阿逸多, Ajita라는 수행자가 있었다. 그는 살아생전에 도를 열심히 닦아, 죽어서 도솔천에 왕생하여 일생보처보살一生補處菩薩이라는 위치에 서게 된다. 즉 아일다가 미륵보살이 된 것이다. 일생보처보살이란 한 생을 지나면 다음 생에 비어 있던 붓다의 자리를 메우게 되는 보살을 의미한다. 도솔천은 그러한 일생보처보살이 머무는 곳이다. 석가모니불도 이 세상에 태어나 깨달음을 얻기 전에 도솔천 내원궁內院宮에서 살았다. 미륵보살은 56억 7천만 년 동안 도솔천에 머물며 여러 중생을 위하여 법을 설하고 깊은 사유에 잠기기도 하면서 수행에 매진한다.

그렇게 미륵보살이 현재 깊은 사유에 들어 있는 곳이 도솔천이라고 한다면, 미륵보살반가사유상을 많이 조성했던 삼국시대는, 그 대지를 도솔천처럼 모든 것이 만족된 모습으로 가꾸려 했음이 틀림없다.

더욱이 신라의 화랑도들이 스스로 미륵의 후예인 용화향도龍華香徒라 칭했던 것을 볼 때 확실하다. 백제의 무왕, 신라의 진흥왕, 고구려의 장수왕이 미륵불이 출현할 때 이 사바세계를 다스린다는 전륜성왕轉輪聖王을 자처한 것도 그러한 사정을 간접적으로 보여 준다.

논리를 좀 더 설득력 있게 전개해 보자. 인도에는 태자사유상이라는 조각상이 지금까지 전해져 온다. 그 모습을 보건대 보관을 쓴 싯다르타 태자가 반가좌를 하고선 깊이 사념에 든 상으로서 미륵반가사유상과 유사한 형태를 보여 준다.

태자사유상이란 고타마 싯다르타가 출가하기 전에 인생의 의미와 진정한 평화를 곰곰이 사유하는 모습이다. 싯다르타 태자는 어린 시절 농경제에 참여하여 농부들의 비참한 현실과 자연계에서 벌어지는 약육강식의 세계를 목도하고 큰 슬픔과 아픔에 빠진다. 이후 태자는 잠부 나무 숲 속에서 자세를 바로하고 깊은 사유에 잠긴다. 명상, 즉 선禪에 든다.

강한 자들이 약한 자를 무참히 짓밟고 잡아먹는 현실을 되새겨보면서 자신은 저런 탐욕과 고통에 사로잡히지 않으리라 사유한다. 자신은 물론 모든 사람이 약육강식과 비참한 고통에서 벗어난 평화와 해탈의 세계를 그리면서 사유가 깊어간다. 그러면서 태자는 선정이 가져다주는 고요한 평화에 잠긴다.

이러한 태자의 사유하는 모습은 미륵보살의 사유하는 모습과 그 사유의 태도에서 그다지 차이가 나지 않는다. 사실 우리나라의 반가사유상이 태자사유상을 모델로 했으리라는 추측도 있다. 여기서 우리는 한 가지 공통적인 사실에 접근하게 된다. 싯다르타 태자건 미륵보살이건 사유의 태도는 분명 자신을 비롯한 모든 중생의 고통스러운 삶의 모습을 보고 거기에서 벗어난 평화로움에 대한 사유라는 것이다. 그렇게 깨닫기 바로 직전의 수행자가 거주하는 국토가 말하건대 평화로운 세계 도솔천이요, 평화와 만족의 미소, 그리고 기쁨이 넘치는 도솔천이다. 그렇다면 이 지점에서 삼국시대의 분위기는 부처님이 출현하기 바로 직전의 도솔천으로 여겼다는 추론이 분명해진다.

미륵불은 56억 7천만 년을 지나 이 사바세계가 청정해져 모든 인간이 계행戒行을 바로 지키고 아름답고 살기 좋은 세상이 되고 난 이후에 출현한다고 했다. 미륵보살의 설법과 인도로 올바른 도덕적 실천과 세상을 아름답게 만들어 가는 중생들의 부단한 노력, 그 수행의 기간이 56억 7천만 년 이전의 시간이요 그곳은 미륵보살이 활동하는 공간, 도솔천이다. 이렇게 미륵보살이 중생들을 교화하여 아름답고 평화로운 세상을 만든 연후에 미륵불이 출현하여 모든 중생을 성불시킨다면 미륵보살과 미륵불의 세계, 구도자로서의 세계와 깨달음의 세계는 썩 잘 어울릴 것이다.

사유하는 실존은 평화롭다

인생의 의미를 진지하게 생각하는 평화로운 모습, 그것은 진정 로댕의 생각하는 사람에서 느낄 수 있는 번뇌가 가득한 모습과는 비교할 수가 없다. 실존철학자 장폴 사르트르가 일본 국보 1호인 광륭사廣隆寺 미륵반가사유상을 앞에 두고 한 말을 보자.

> "나는 오늘날까지 수십 년 철학자로 보낸 생애 동안 이처럼 인간 실존의 평화로운 모습을 구현한 예술품을 본 일이 없습니다. 이 보살상은 우리 인간이 지닌 마음의 영원한 평화라는 이상을 남김없이 최고도로 표현하고 있습니다."

인간 실존의 평화로운 모습, 그것은 가상의 자기를 부단히 비우면서 주체적으로 참 자기를 형성해 나가는 큰 사람의 모습이다. 그것은 아상이 사라진 무아를 바탕으로 한 사유의 과정에서 싹튼다. 또한 이성적인 분별 의식에 바탕을 둔 내Ich, I가 사유하는 것이 아니라, 삼매의 사유요 그것Es, It이 사유하는 것이다. 바로 그 무아의 사유, 명상하는 사유, 삼매의 사유, 평화의 사유를 이 반가사유상이 보여 준다.

반면 서양의 사유는 로댕의 '생각(사유)하는 사람'에 잘 나타나는데, '생각하는 사람'의 모티브는 단테 『신곡』에서 따온 것으로 지옥문에서 고통 받는 무수한 사람을 보고 온몸으로 괴로워하는 인간의 모습을 보여 준다. '아! 저 고통을 내가 어떻게 감당할 것인가?', '저 고통으로부터 빠져나갈 곳은 없는가?', '아! 인간이란 원죄로 고통을 받을 수밖에 없는 존재란 말인가?'. 이렇게 온몸으로 너무나 괴롭고 처절하게 생각한다. 그

금동미륵보살반가사유상

래서 근육은 긴장되어 있고 얼굴은 고뇌에 차 있으며 턱을 손으로 바치고 앉아 있는 몸은 사무치는 고통의 무게에 짓눌려 앞으로 쏠려 있다. 그것은 고통에서 발버둥 치는 인간의 원초적 고독일지 모른다. 거기에는 '내'가 꿈틀거리고 이성이 꿈틀대고 있다. 그렇게 나를 중심으로 분별하는 사유로 인해 괴로움은 그칠 줄을 모르고 더욱 가중된다. 그 고통의 무게가 너무나 깊다. 그러나 미륵보살반가사유상은 그렇지 않다. 나를 떠나 있기에 평화롭게 사유한다. 선정에 든 사유는 그렇게 평화롭다.

슬퍼하는 자의 벗, 보살菩薩

한 가지 더 주목한 점은 일본의 국보 1호 반가사유상이 한국에서만 자생하는 적송赤松으로 만들어졌다는 사실이다. 이로 미루어 보건대(그것을 한국에서 만들어서 일본에 가져갔는지, 아니면 나무만 가져다가 일본에서 제작했는지 모르지만) 그 반가사유상은 백제인 혹은 신라인의 손으로 만든 한국의 사유하는 보살상일지도 모른다. 우리나라 국보 78호와 비교해 보면 그 구조의 유사함에서 놀라게 된다. 우리나라 것은 청동이고, 일본에 있는 것은 나무로 되어 있기에 질감에 차이는 있으나 그 외에는 차별성을 느낄 수 없다.

　게다가 이 보살상이 반가사유상의 형식을 취하고 있는 것은 일본에 불교가 유입될 당시 한국 불교가 일본 문화에 끼친 영향을 입증해 준다. 일본에 불교가 전래되던 6~7세기경 아스카飛鳥 시대의 미륵상은 대부분 한국에서 유행의 물결을 탔던 반가사유상의 형식이기 때문이다. 당시 중국의 미륵사유상을 보건대 다리를 꼬고 앉아 있는 교각상交脚像이나 걸터앉은 의자상倚坐像이 대종을 이루므로 중국 불교가 일본에 직수입되었다고 볼 수 없다.

대세지보살
大勢至菩薩

중생을 삼악도로부터 건지는데
큰 힘과 지혜를 갖춘 대세지보살님이시여.

—

타력적 지혜와 자비

불교의 세계관에서 볼 때 인생의 모든 의미가 1회적인 짧은 생애로 마무리되지는 않는다. 해탈을 이룰 그 날까지 무수한 세월 동안 생과 사는 거듭된다. 더불어 인간은 생과 사의 모순에서 살아간다. 살아가긴 하지만, 살기 위해서 먹고 마시는 일이 결국 죽음으로 종지부를 찍는다. 그래서 불교는 생의 측면뿐만 아니라 죽음의 측면도 중요시하여 사람들이 생사에서 벗어나길 바란다.

극락정토 세계의 주인인 아미타불을 보좌하는 협시보살로서 좌측에 있는 분이 관세음이고 우측에 있는 분이 대세지이다. 여기서 관음보살은 자비를, 대세지보살은 지혜를 각각 상징한다. 그래서 현생에서 지혜와 자비를 각각 대표하는 보살이 문수보살과 보현보살이라면, 사후 세계에서 지혜와 자비를 각각 대표하는 보살은 대세지보살과 관음보살이다.

문수와 보현이 자력적 의미에서 지혜와 자비를 대표한다면, 관음과 대세지는 타력적 의미에서 지혜와 자비를 보여 준다. 아미타불이 망자들의

슬퍼하는 자의 벗, 보살菩薩

님이기도 하면서 절대 타력의 주체이기 때문에 더욱 그렇다.

사실 인간이란 신까지도 뛰어넘어 천지를 홀로 거닐 수 있는 주체적 주인공이기도 하지만, 떨어지는 낙엽만도 못한 연약한 존재이기에 자력과 타력의 양면은 모두 똑같은 비중으로 인간에게 다가선다. 아니 살아가는 것이 하루하루 힘든 나약한 중생에게는 타력이 훨씬 마음에 와 닿는다. 물론 자력 속에도 타력이, 타력 속에도 자력이 어느 정도 깃들어 있지만, 자타력에 대한 방향의 차이는 분명히 있다.

정토 신앙은 이러한 타력적 의미와 망자들을 극락으로 인도하는 정토 왕생이라는 두 가지 구원 의지를 간직한다. 정토 신앙에서 지혜의 측면을 드러내는 보살이 바로 대세지보살이다.

지혜의 힘으로 중생을 정토로 이끄는 님

대세지보살의 산스크리트 이름은 '마하 스타마 프랍타Mahāsthāma prāpta'이다. '마하'란 '대大'를 의미하고 '스타마'는 '힘' 또는 '세력'을 의미하며 력力 또는 세勢로 한역된다. '프랍타'는 '가득 채우다'는 뜻의 '프라Pra'의 과거분사로서 '가득한', '충만한'이라는 뜻이다. 결국 큰 힘으로 가득 찬 보살이라고 하여 '대세지大勢至', '득대세得大勢', '득세지得勢至' 등으로 의역되었고 약칭하여 '세지勢至'라고도 했다.

대세지보살의 힘은 바로 지혜의 힘이다. 지혜는 빛으로 상징된다. 무명의 어둠은 지혜의 밝은 빛이 스며들면 자연스럽게 사라진다. 지혜의 강력한 힘으로 대세지보살은 중생들을 안락의 세계로 인도한다. 그것을 『관무량수경觀無量壽經』에서는 이렇게 말한다.

"이 보살의 이름을 가없는 광명인 무변광無邊光이라고 하며 또한 지
혜의 광명으로 일체중생을 두루 비추어, 지옥·아귀·축생 등 삼악도
三惡道의 고난을 여의게 하는 위없는 힘을 지니고 있으므로 대세지라
고 한다."

그렇다면 같은 지혜의 보살로서 대세지보살이 문수보살과는 달리 어
떻게 정토로 향하고자 하는 중생들의 타력적인 마음에 지혜를 심어줄
수 있었는가를 그의 전생을 통해 알아보자.
『능엄경能嚴經』 제5권에는 대세지법왕자大勢至法王子가 등장한다. 그는
오랜 옛날 초일월광超日月光 부처님으로부터 부처님을 일념으로 염하는
염불 삼매의 가르침을 받았노라고 하면서 그분의 설법 내용을 말한다.

"만약 중생이 부처님을 기억하면서 염불하면 지금이나 미래에 반드
시 부처님을 친견하게 되어 부처님과 거리가 멀지 않게 되리니, 방편
을 빌리지 않고서도 저절로 마음이 열리게 되리라. 이는 마치 향기를
물들이는 사람의 몸에 자연스레 향기가 배는 것과 같으리니, 이를 이
름 하여 향광장엄香光莊嚴이라 한다."

이러한 내용의 설법을 듣고 왕자는 "저는 본래 염불하는 마음으로 인
연의 땅을 갈고 경작하여 다시 생사에 들어서지 않는 무생인無生忍에 들
어갔고, 지금 이 세계에서도 중생을 정토로 이끌어 돌아가게 합니다."라
고 하면서 자신의 역할을 설명한다.
결국 대세지보살은 끊임없이 염불 수행을 해 온 결과 생사를 모두 여
윈 무생법인無生法忍을 얻어, 그 힘으로 중생을 정토로 이끈다는 말이 된

다. 염불, 그것은 부처님을 가슴 깊이 생각하는 것이다. 그런데 염불은 임의대로 편의에 따라 하는 것이 아니라 일념으로 간절하게 부처님을 떠올려 그 생각이 끊임없이 이어진즉 삼매의 경지로 들어서는 것이다. 삼매의 경지에서 부처님을 부르니, 이미 거기에는 나와 부처님과의 간격이 없다. 나와 부처님은 한몸이 된다.

대세지보살은 자신을 철저히 비우고 간절히 부처님을 염했기 때문에, 부처님의 대자비에 싸여 자타불이自他不二의 경지에 들어갔으며, 그것은 사실 반야의 불이不二적 지혜를 나타내므로 마침내는 무생법인을 얻게 된 것이다. 여기서 지혜란 염불로 자신을 한없이 비워내 아미타 부처님께 귀의한 결과 생겨난 지혜이므로 그것을 '타력적 지혜'라 부른다.

그렇게 염불을 통한 불이적 지혜, 그 지혜의 빛으로 염불하는 중생을 정토로 이끄는 보살, 정토로 이끄는 힘이 어마어마하여, 그 힘이 어디든지 미치기에 대세지라 한다.

아미타 삼존불,
우리의 대세지보살

대세지보살은 관세음보살과 더불어 아미타불의 협시보살로 등장하여 한국인의 마음에 정토로 향하는 굳건한 힘을 보태준다. 가난과 고통에 좌절하여 쓰러진 중생에게 힘을 북돋워 주고 독려하여 마침내 정토세계에 당도케 한다는 것이다. 매달 음력 23일은 대세지재일大勢至齋日이고 24일은 관음재일觀音齋日이다.

우리나라의 대세지보살은 아미타 삼존불의 협시보살로서 그림 또는 조각으로 모습을 드러낸다. 경북 군위군軍威郡 팔공산 자락의 아미타 삼존상이나 천은사 극락전의 아미타 삼존도에서 그 힘차고 아름다운 모습을 엿볼 수 있다. 일반적으로 대세지보살의 모습을 보면 보관寶冠에는 보병寶瓶이 새겨져 있을 뿐, 그 밖에는 화불化佛이 담긴 보관을 쓴 관음보살과 별반 차이가 없다. 이는 『관무량수경』의 다음 구절을 충실히 따른 것으로 보인다.

> "이 보살의 신체는 관세음보살과 동일하며, 원광圓光을 갖추고 널리
> 빛을 비추고 있다. 머리 정상의 육계肉髻 위에 하나의 보병寶瓶이 있
> 다. 그 밖에 신체의 모습은 관음과 같다."

제2의 석굴암이라 불리는 군위의 아미타삼존불에서 통일신라 시대, 그 당시의 정토를 그리워하는 우리 옛 조상들의 굳건한 믿음을 읽을 수 있다. 이렇게 아미타삼존불께 귀의하는 마음은 통일신라 시대뿐만 아니라 고려 시대나 조선 시대에도 계속 이어졌다. 상당수 남아 있는 고려불화의 아미타삼존에서 그 선명한 흔적을 읽을 수 있다. 천은사 아미타삼존불은 조선조 1776년에 그려진 것으로 아미타불화의 세계를 보여 주는 대표적인 작품이다. 여기에 등장하는 대세지보살은 보관에 보병이 새겨져 있음은 물론이고 손에는 경책을 들고 있다. 이렇게 경책을 들고 있는 모습은 조선 시대 대세지보살상의 한 특징을 보여 주는데, 그것은 대세지보살의 지혜를 상징한다.

천은사 아미타삼존도에서 느껴지는 자비의 미학은 우리를 따뜻한 정토의 세계로 인도한다. 삼존불의 원만한 상호와 자비로우면서도 그윽한 눈동자에서 누구라도 눈물을 흘리며 지혜와 자비, 그리고 힘을 갈구했

을 것이다. 사실 이 작품이 조선 시대 말기에 그려졌다면, 그 시대 가부장적 유교사회에서 할 말 못하고 서럽게 억눌려오던 여심들을 달랬을 것이고, 가난과 압박에 지친 힘없는 백성들에게 더없는 마음의 위안을 주었을 것이다.

이 밖에도 아미타삼존의 형식으로 대세지보살이 많이 그려지거나 조성된 사실로 보건대, 정토로 향하고자 하는 염불 수행자들은 대세지보살에게 지혜와 용맹스러운 힘을 간구했을 것이다. 대세지보살은 그렇게 현실의 질곡을 벗어나게 해 주는 님으로서 우리 곁에 항상 머물러 있을 것이다.

매달 음력 23일은 대세지재일大勢至齋日이고 24일은 관음재일觀音齋日이다. 대세지재일은 대세지보살님을 기리며 기원을 드리는 날이다. 관음재일과 더불어 이날을 기리며 대세지보살을 간절히 부르고 떠올려야 한다. 전통적인 대세지보살도량으로 오대산 서대의 염불암이 있다.

정취보살
正趣菩薩

용맹정진하고 물러서지 않는 겁 없는 보살이란
과연 누구를 말함인가?

—

해탈을 빨리 이룰 수 있는 방법

대세지보살이 지혜의 힘으로 염불 수행자들을 극락정토로 향하게 하는
흔들림 없는 힘을 상징한다면, 지금 말하는 정취보살은 극락, 또는 해탈
의 길로 빨리 들어서는 길을, 방법을 일러 주는 보살이다.

어떻게 하면 빨리 해탈 세계에 이를 수 있을까? 너무나도 쉽게, 그리고
간편하면서도 빨리 원하는 것을 얻고자 하는 현대인들에게 정취보살은
어떠한 가르침을 주는가?

해답은 이 분의 이름에서 찾을 수 있다. 정취보살의 산스크리트 이름
은 '아난야가민Ananyagāmin'이다. 여기서 '안an'이란 부정을 뜻하는 접두
사이다. '안야anya'란 '그 밖에' '~ 과는 다른'이라는 뜻이며, '가민gāmin'
은 '가다'라는 동사의 변형으로, '안야가민anyagāmin'하면 다른 곳으로
간다는 말이 된다. 결국 다른 곳으로 간다는 말에 부정의 접두사 '안'이
결합되어 다른 곳으로 가지 않는다는 의미를 만들어낸다. 다른 데로, 다
른 길로 가지 않는다. 길 아닌 길로 가지 않는다. 또는 뒤로 물러나지 않

슬퍼하는 자의 벗, 보살菩薩

는다. 이런 뜻으로 보면 좋다. 그러니까 뚜렷한 하나의 목표를 정해두고 그곳을 향해서 물러나거나 한눈팔지 않고 묵묵히 걸어간다는 것이다. 그래서 '무이행無異行'이며 '정취正趣'라 한역한다.

자, 이제는 해탈의 길로 빨리 이르는 길이란 어디 머뭇하거나 두리번거림이 없이 목표를 향해 꾸준히 걸어가는 것이란 해답이 나왔다.

『화엄경』「입법계품」에는 정취보살의 이러한 특징이 잘 설명되어 있다. 거기서는 29번째의 선지식으로 정취보살이 등장한다. 선재善財동자가 어떻게 보살의 길을 갈 것인가를 묻자, 그가 대답한다.

"선남자여, 나는 보살의 해탈을 얻었으니 이름 하여 보문속질행해탈
普門速疾行解脫이다."

보문속질행해탈! 이것을 해탈로 향하는 넓고 빠른 길로 해석해 보자. 그런데 사실 그 후에 연결되는 문장을 보면 이에 대한 자세한 설명이 없다. 단지 선재동자가 어느 부처님으로부터 그러한 가르침을 얻었으며 떠나온 세계와, 그 세계까지의 거리, 거기에 이르는 시간 등을 묻자, 질문에 대한 대답으로 그것은 아무나 알 수 있는 일이 아니라고 하면서 이렇게 말한다.

"오로지 용맹정진하여 물러서지 않고 겁이 없는 보살들, 선근이 구족
하고 뜻이 청정하여 보살의 근기를 얻고 지혜의 눈이 있는 이라야 듣
고 지니고 알고 말할 수 있다."

여기서 용맹정진하고 물러서지 않는 겁 없는 보살이란 과연 누구를

말함인가? 바로 다른 데 한눈을 팔지 않고 꾸준히 목표로 삼은 그곳으로 묵묵히 그리고 힘차게 걸어가는 사람이 아닌가? 그런 사람은 사실 어떠한 난관에 부딪히더라도 물러서거나 겁먹지 않는다. 아! 저기 저 편한 길로 갈 걸 하면서 후회하거나 머뭇거리지 않는다. 그렇게 다른 길로 가지 않기에 무이행이요 뜻한 바 오로지 그 길로 가기 때문에 정취보살이라 한다.

다시 보자. 선재동자가 그런 말씀에 따라 행하겠노라고 하자 정취보살은 자신을 동방 묘장妙藏세계의 보승생普勝生 부처님에게서 왔다고 하면서, 거기에서 떠난 지가 말로 표현할 수 없을 정도로 오래되었으며, 한 생각 속에 말할 수 없는 많은 길과 한 걸음마다 말할 수 없는 부처님 세계를 지나면서 부처님께 위없는 마음으로 공양하면서 동시에 수많은 중생을 구제했다고 한다. 그렇게 동방·서방·남방·북방, 그리고 상·하방에서 그와 같이하여 보문속질행해탈을 얻고 그 결과 모든 곳에 빨리 다다른다고 했다.

위없는 마음으로 부처님께 공양한다는 것은 깨달음의 길로 들어서는 지혜를 추구하는 길이요, 중생을 구원한다는 것은 바로 하화중생이다. 바로 보살의 행이다. 그렇게 말로 표현할 수 없는 숱한 보살행을 한 결과 보문속질행해탈을 얻었으니, 사실 그 빠르다는 말은 결국 요즘 말하는 그런 인스턴트식 스피드가 아니다.

낙산사의 정취보살

이러한 정취보살이 40년 동안 영동 지방을 교화하면서 선문을 휘날린 범일梵日 국사810~889와 양양 땅에서 우리와 인연을 맺는다.『삼국유사』「낙산이대성 관음 정취 조신洛山二大聖 觀音 正趣 調信」에 나오는 얘기를 보자.

범일국사가 태화太和 연간827~835 당나라에 건너가 개국사開國寺에 이르렀다. 거기 법석에서 왼쪽 귀가 떨어져 나간 한 어린 스님이 말석에 앉아 있다가 그를 보고서는 반가운 마음에 이렇게 말했다.

"저는 본시 신라 사람이며, 사는 곳은 명주溟州 익령현翼嶺縣: 지금의
양양군 덕기방德耆房입니다. 스님께서 훗날 본국에 돌아가시거든 바라
건대 기거할 집을 지어주십시오."

범일 스님은 여러 총림叢林을 두루 돌아다니다가 마침내 마조 도일馬祖道一의 법제자 염관鹽官 선사로부터 법기를 인정받고 847년 귀국했다. 스님은 당시 명주의 호족으로 이름 높던 김공의 초청으로 굴산사堀山寺를 세우고 선의 가르침을 신라의 변방, 명주(강릉) 지방에 폈다.

그로부터 10년이 지난 858년 2월 보름날 밤, 국사는 꿈을 꾸는데, 옛날 개국사에 보았던 그 스님이 나타난 것이다.

"옛날 명주 개국사에 있을 때, 저와 약속을 하셨죠. 그런데 어째서
이렇게 약속이 늦어지는 것입니까?"

놀라 잠에서 깬 범일국사는 십여 명을 데리고 익령현으로 가 그가 살던 곳을 수소문했다. 그러던 중 낙산 아래 살던 한 여인을 만나 이름을 묻자, 덕기德耆라고 했다. 뭔가 실마리가 풀리는 순간이다. 다시 여인은

말한다. "저에게는 여덟 살 난 사내아이가 하나 있는데, 항상 마을 남쪽 돌다리에서 놀지요". 그 말은 들은 범일국사가 다급해하면서 바싹 다가서자 여인은 자신의 아이가 금빛 나는 아이와 놀았다는 사실을 털어놓았다.

범일국사는 놀라고 기쁜 마음에 여인의 아이를 데리고 그가 놀던 다리 밑으로 서둘러 떠났다. 그곳에 당도해 보니 물 가운데 한 돌부처가 앉아 있는데, 꺼내 보니, 왼쪽 귀가 떨어져 있지 않은가? 순간 중국 땅에서 만난 그 어린 스님의 얼굴이 불상과 닮았음을 느끼고 그것이 바로 정취보살의 모습임을 알아차렸다. 범일국사는 댓조각을 만들어 절 지을 곳을 점치니, 낙산 위가 제일 좋다는 점괘가 나와 그곳에 정취전正趣殿을 세우고 거기에 정취보살상을 모셨다. 그 후 백여 년 뒤 들불이 나서 이 산까지 번졌으나 오직 먼젓번 의상 스님이 세운 관음보살상과 이 보살상만은 화재를 면했다고 한다.

「입법계품」에서 선재동자가 관음보살의 가르침을 받던 중 정취보살이 관음보살의 처소로 방문하는 데서 관음보살과 정취보살 두 분의 밀접한 관계를 알 수 있다. 그러한 관계 때문인지 몰라도 의상 스님이 낙산사에서 관음보살 친견으로 이 땅에 불국토가 이루어진 후 다시 범일국사의 정취보살 친견으로 동해변 낙산 땅은 다시금 인연 깊은 땅으로 떠오른다.

이는 무엇을 의미하는가? 정취보살을 일단 화엄계 보살로 가정해서 생각해 보자. 범일국사는 선승이다. 선은 교를 부정한다. 당시 신라의 중심 엘리트들은 교의 중심인 화엄의 철학으로 무장되어 있었다. 그러나 신라 말 화엄을 중심으로 한 중앙 귀족 집단에 반기를 든 지방 호족들은 선을 선택해서 입지 기반을 공고히 다진다. 이렇게 중앙과 지방은 점점 멀어져간다.

그런 와중에 범일국사가 다시금 한때 불연 깊던, 그렇지만 지금은 잊혀 가던 영동 지방에서 화엄계의 정취보살을 친견함으로써 선과 화엄의 타협을 이룬다. 실제로 범일국사와 그 문도들은 선 우위의 관점에서 선과 교의 병존을 모색했고 실천했다. 더 나아가 폭넓게 보면 선과 화엄, 그리고 관음신앙과의 화합이 범일국사의 정취보살 친견과 낙산사에 정취전 건립으로 확고하게 자리 잡았다고 볼 수 있다.

정취보살과 만남으로 범일국사는 주저하거나 머뭇거림 없이 불도의 오직 한 길로 매진하여 굴산산문堀山山門을 개창해 낸다. 그의 명성은 왕실의 세 왕에 걸쳐서 그를 국사로 삼고자 한 데서 잘 드러난다. 현재 정취보살상은 자취마저 묘연하고 굴산사도 찬란한 영화를 뒤로 한 채 폐사로 남아 있지만, 아직도 강릉 단오제날 대관령 주신으로 범일국사를 모시고 있는 것을 보면 국사의 도력이 천 년을 꿰뚫고 이어져 오는 모양이다.

한편 산청 대성사에는 정취암淨趣庵이 자리 잡고 있다. 정취암은 해발 500m 정도의 대성산 절벽에 자리 잡고 있어 전망이 확 트인 곳이다. 이곳은 산행 코스는 물론 정취관음보살 기도도량으로 유명하다. 정취보살을 관음보살로 모시고 있다. 천수관음신앙의 주된 경전인 『천수경』에서도 여러 보살의 가호를 기원하는 대목에서 12명의 보살과 아미타불을 열거하는데, 그중 '나무정취보살마하살'이라고 칭명하고 정취보살의 가피를 구한다. 만약에 정취보살을 극락 또는 정토를 향해 물러나지 않는 보살로 본다면, 그리고 『화엄경』에서 드러난 관음보살과 정취보살의 관계를 떠올린다면 정취보살도 관음계 보살로 비정할 수 있으며 관음보살과 친연성이 높은 보살로 여길 수 있겠다. 그런데 정취암의 정취보살은 바를 정正자가 아닌 깨끗할 정淨를 쓰고 있어 새롭다. 취趣자는 동일하다. 사찰에서는 정취보살상이 낙산사에 모셨던 그 정취보살로 공민왕 시절에 절을 중창하면서 이곳으로 옮겨 모셨다 한다. 한때의 화마로 원래의 정취보살상은 소실되었지만, 그것을 바탕으로 조선 후기1654년에 새롭게 조성된 것이라고 한다.

그렇다면 정취보살은 화엄계 보살일까, 관음계 보살일까? 여기서 단정적으로 선은 긋지 말자. 둘 다에 해당하는 보살로 여기면 좋을 듯하다. 그러나 『천수경』에서 가호를 비는 관음보살님 외 11명의 보살들을 관음보살의 다른 이름이라고 단정 짓지는 말자. 시중에 나와 있는 여러 가지 천수경 해설서에서 그와 같은 오류를 범하고 있는 것이 안타깝다.

일광보살, 월광보살
日光菩薩, 月光菩薩

찬란한 햇빛 일광보살님,
청량한 달빛 월광보살님.

—

해와 달의 상징성과 보살로서의 특징

달, 그것은 더위와 갈증에 타는 대지를 포근하게 식혀 주어 그 속에서
살아가는 뭇 중생들을 따스하게 품어주니 누구에게나 살가운 님으로 다
가온다. 또한 달은 어두운 밤, 길 잃고 헤매는 자에게 칠흑 같은 세상을
밝혀줄뿐더러 한겨울 삭풍이 불어오는 겨울밤의 들녘을 하염없이 걸어
가는 방랑자에게 안식과 마음의 안정을 가져다준다. 달밤은 인간의 오
감을 가라앉히고 마음을 집중시켜 평화와 행복을 주기 때문이다. 더불
어 달은 인간의 마음을 지칭하는 대명사로 쓰이기까지 하였으니 아우르
는 범주가 무척이나 광범위하다. 특히 동양에서는 유독 달과 관련된 이
름이며 나라도 많았다는 사실은 사람들이 얼마나 달을 사랑했는가를
잘 보여 준다.

달이 인간에게 휴식과 안락, 그리고 마음의 안정을 심어준다면 태양
은 희망과 새 생명을 약속한다. 추위에 떠는 사람들에게 태양은 따스한
햇볕을 선사하며 어둠과 무명을 타파하여 밝은 지혜를 안겨다 준다.

이러한 해와 달이 일광보살日光菩薩과 월광보살月光菩薩로 등장한다. 월광보살의 산스크리트 이름은 '찬드라 프라바Candra prabha'이다. '찬드라'란 바로 달을 말한다. 용수龍樹; Nāgārjuna의 『중론中論』을 더욱 체계화한 인도 공관불교空觀佛敎의 거두, 월칭月稱의 산스크리트 표기는 '찬드라 키르티Candrakīrti'인데, 달이라고 불리는 사나이의 '찬드라'와 마찬가지 의미다. '프라바'는 '빛을 내는 물체', 또는 '광명', '광휘'등을 뜻한다. 그래서 달빛으로 세상을 두루 비추는 월광변조보살月光遍照菩薩, 내지는 월정月淨이라 불리기도 하였다. 전달라발라바戰達羅鉢羅婆는 그 음역이다.

일광보살의 산스크리트 이름은 '수르야 프라바Sūrya prabha'로, '수르야'는 태양을 의미한다. 태양이 모든 곳을 두루 비친다 하여 일광변조보살日光遍照菩薩, 또는 일요보살日曜菩薩이라고도 하였다.

이 두 보살은 세 가지 유형으로 개념을 달리하며 나타난다. 첫째는 『약사여래본원경藥師如來本願經』(이하 줄여서 『약사경』이라 칭하겠다)의 설에 따른 것으로, 지극히 현세 이익적인 부처님의 대명사 약사여래를 보좌하는 좌협시 보살로서 일광보살, 우협시 보살로서 월광보살로 등장한다. 두 분 보살은 주존인 약사여래가 질병이나 여러 가지 가난과 고통에서 헤어나지 못하는 중생들에게 즉각적인 치유와 의식을 제공하는 역할을 하기에 이들의 주된 활동 범위도 약사여래의 커다란 테두리 안에 놓여 있다.

『각선초覺禪鈔』에서는 『약사경소』를 인용하여 약사여래와 일광 · 월광보살의 탄생 배경을 밝히고 있다.

먼 옛날 전광여래電光如來 시절, 의왕醫王인 범사梵士; 브라만 선인가 일조日照와 월조月照라는 두 명의 자식을 두고 살고 있었다. 의왕은 발심하여 앞으로 모든 중생을 이롭게 하고 즐거움을 주겠노라고 원을 발했으며, 두 아들 역시 그렇게 발원하고 공양했다. 그 결과 이들은 약사여래, 일광보살, 월광보살이 되었다.

『약사여래본원경』에서는 두 보살에 대해서 이렇게 말한다.

"약사유리광여래의 국토에 두 보살이 있으니, 이름 하여, 일광보살과 월광보살이다. 두 보살은 무량 무수한 여러 보살 가운데 최고의 우두머리이며 약사유리광여래께서 설하는 정법의 창고를 지킨다."

약사유리광여래가 설하는 정법, 그것은 현실적 고통의 해결과 실질적인 이익을 주며, 그 일을 직접 도맡아서 수행해 내는 보살이 일광보살이요 월광보살이다. 그러나 이런 현세 이익의 역할은 어디까지나 『약사경』에서의 설명이다.

두 번째 유형은 밀교의 만다라에 등장하는 일광과 월광보살이다.

찌는 듯한 더위로 타오르던 대지는 밤이 오면, 청량한 물을 간직한 달의 은덕으로 갈증을 시원하게 씻어낸다. 음습하고 음침한 대지는 태양의 도움으로 따뜻한 열린 공간으로 탈바꿈한다. 그래서 금강계 만다라에서 월광보살은 달처럼 맑고 시원한 진리의 법락을 베풀어 주기에 그 비밀스러운 별칭인 밀호密號를 청량금강淸凉金剛이라 불렀으며, 일광보살을 일러 태양처럼 빛나는 지혜와 덕성을 갖추고 중생을 교화하는 보살이요 찬란한 원광으로 중생들의 온갖 재앙을 두루 비쳐 소멸시키기에 밀호를 위덕금강威德金剛이라 했다.

특히 태양은 찬란한 빛으로 어둠을 사라지게 하듯 일광보살은 여러 가지 장애를 제거하는 역할을 하기에 태장계 만다라에서 제개장원除蓋障院의 구존九尊 중 한 보살로서 등장한다. 모든 구름과 안개가 걷히면 태양이 찬란하게 비추듯 번뇌를 모두 거두어내는 제개장원은 바로 온갖 장애를 제거하는 일광보살이 머무는 곳이다.

세 번째는 해와 달이 품고 있는 원초적 상징성으로서의 일광보살과 월광보살이다. 해와 달은 그들만이 간직한 외경성으로 다양한 형태로 우리 민족뿐만 아니라 모든 인류에게 희망과 안식을 가져다주었다. 정월 대보름, 휘영청 달이 밝아올 때면 님을 향하여 소망을 빌던 어머니의 얼굴은 우리 기억에서 그렇게 멀거나 새롭지 않다.

중국에서 만들어진 것으로 여겨지는 『관정경灌頂經』에는 이러한 구절이 나온다.

"부처님이 세 제자를 보내 중국을 교화하게 했다. 유동보살儒童菩薩
은 공구孔丘: 孔子로 칭해지고, 광정光淨: 월광보살은 안회顔回라 하며,
마하가섭은 노자老子로 일컬어졌다."

이는 중국의 유교와 도교를 불교로 아우르기 위한 포석으로, 거기서 월광보살이 안회로 등장하는 것을 눈여겨 볼만하다.

월광보살·일광보살의 모습을 보자. 『아사박초阿娑縛抄』에 인용된 역자 불명의 『정유리정토표淨琉璃淨土標』에 의하면 이렇다. 월광보살은 온몸이 백홍색인데, 왼손의 손바닥 위에는 월륜月輪을 올려놓고, 오른손으로는 홍백색의 연꽃을 들고 있다. 일광보살은 적홍색의 살빛으로 왼손의 손바닥 위에 일륜日輪을 올려놓고, 오른손에는 천상에서만 피는 만주적화蔓朱赤化를 들고 있다.

슬퍼하는 자의 벗, 보살菩薩

우리 문화 속의 일광보살,
월광보살

　일광보살과 월광보살은 우리나라에서 약사여래와 더불어 민중들의 고통을 보듬고 앉아주는 따스한 님이었다. 혹자는 월광보살과 일광보살이 우리나라에서 약사여래의 협시로 등장하는 삼존불 양식으로 조성되었다는 점에서 밀교계 경전인 『약사경』의 현세 이익의 측면을 두드러지게 강조했다고 말할지도 모른다.

　그러나 청량한 법을 베풀고 번뇌를 제거하는 역할도 그들의 가슴 속에 담겨 있었을뿐더러, 해와 달이 품고 있는 하늘나라의 두 님이라는 상징성은 우리 민족에게 희망과 마음의 평화를 안겨다 주는 보살로서 신앙되었을 것이다. 그렇게 일광, 월광 두 보살은 약사여래 삼존불의 형식으로 우리 산야의 바위벽에 강한 선으로 모습을 드러내거나 고색창연한 사찰의 약사전에 협시보살로 조성되었을뿐더러 후불 벽화에 몸을 보여 사람들의 소망을 들어주었다.

　우리 문화에 나타난 두 보살의 형상을 보면 위에서 말한 의궤 양식에서 벗어나 있음을 알 수 있다. 즉 일륜과 월륜을 손에 들지 않고 보관에 붉은색 또는 흰색으로 태양과 달을 표시하였으며, 손은 합장한 자세가 대부분이다.

　경남 함안의 방어산 정상 부근 바위 절벽에는 약사여래 삼존상이 새겨져 있다. 통일 신라 말기인 801년 조성된 것으로 이 시기의 불상 형태를 살필 수 있는 대표적 작품으로 꼽힌다. 본존불은 약합을 들고 근엄한 모습을 하고 있으며, 월광보살은 어머니처럼 부드럽고 자애로울뿐더러 예쁘장한데, 일광보살은 다소 험악해 보일 정도로 강렬한 인상을 주고 있다. 그러나 불상 전체에서 긴장감 넘치는 장대성은 엿볼 수 없다는 것이 흠이라고 하나 신라 말기의 혼란을 극복하고자 하는 의지는 엿보인다. 월광보살과 일광보살의 이마에는 각각 해와 달의 모습이 담겨 있다.

방어산 약사여래 삼존불 전체가 주는 느낌이 8세기 통일 신라의 명랑하고 활달한 모습과는 좀 떨어지는지는 모르겠지만, 월광보살의 자애로운 모습에서 절대 모성의 포근한 품에 파묻히길 염원했을 것이며, 일광보살에게서는 모든 번뇌와 고통을 없애주는 강인한 부성에 감싸이기를 빌고 또 빌었으리라.

안양시 석수동 삼막사三幕寺에는 마애삼존불상을 모신 칠성각七星閣이 자리 잡고 있다. 칠성의 본존인 치성광여래熾盛光如來, 그리고 좌우 협시보살로 일광변조소재보살日光遍照消災菩薩; 햇빛들 두루 비쳐 재난을 없애는 보살과 월광변조소재보살月光遍照消災菩薩; 달빛을 두루 비쳐 재앙을 없애는 보살인데 두 보살은 다름 아닌 일광, 월광보살로서 민간 신앙과 관련을 맺으며 불교로 들어왔다는 점에서 그 민중성과 불교의 포용성을 잘 드러내 준다. 이는 마애불 양식으로 칠성 신앙과 약사 신앙의 융합을 보여주는 대표적인 사례다.

거기에는 아무래도 칠성 신앙의 수명장수 기능이 약사 신앙의 현세이익 기능에 끈이 닿았기 때문이지만, 해와 달이 우리 민족에게 주는 깊은 은혜, 만물을 길러내고 보듬어주는 님으로서의 상징성이 크게 작용하고 있다. 머리에 일륜과 월륜이 각각 표시된 삼삼관三山冠을 쓰고 있는 양 보살에서 조상들의 염원을 들어주던 보살의 대비심을 읽어낼 수 있다.

조선 시대 불화에서도 그 약사불회도藥師佛會圖에 일광·월광보살이 보관에 빨간 일륜과 하얀 월륜을 갖추고 다정히 얼굴을 내민다. 회암사 약사삼존도藥師三尊圖의 두 보살은 일륜·월륜 표시가 특이하며 정밀하고 아름답다. 동그란 원 속에 커다란 새가 날개를 펴고 있는 모습으로 일륜을, 역시 동그란 원에 토끼가 떡방아를 찧는 모습을 월륜을 상징하고 있기 때문이다.

달이 더위를 식히듯이 중생의 고통을 씻겨내 심신을 맑고 청량하게 해 주는 월광보살, 해가 온 누리를 비추어 어둠과 습기를 제거하고 만물을 자라게 하듯 중생의 번뇌를 없애고 보리를 자라게 하는 일광보살, 이 두 보살에서 우리는 해와 달에 투영된 보살의 마음을 읽어내야 한다.

약왕보살, 약상보살
藥王菩薩, 藥上菩薩

소신공양의 비원 약왕보살님,
모든 병을 치유하는 약상보살님.

—

중생은 병들어 있다. 육체적으로나 정신적으로 병들어 있기에 중생이다. 이렇게 중생이 병늘어 아파하고 있기에 유마維摩 거사는 나 또한 그들과 마찬가지로 병들어 아프다고 한다. 그들과 함께 하나가 되어 아파하지 않으면 병의 뿌리를 잘라낼 수 없기 때문이다.

병의 뿌리를 잘라내어 중생을 고통에서 해방시키고 결국에는 성불의 길로 인도하고자 원을 세우신 분이 양왕보살藥王菩薩이다. 이 분의 산스크리트 이름은 '바이사쟈 라자Bhaisajya-Rāja'다. '바이사쟈'란 '좋은 약'을 일컫는 말이며 '라자'는 '왕'이라는 뜻이니 바로 약왕인 것이다. 병 고치는 약을 제공하는 데 으뜸가는 보살로, 앞에서 말한 일광·월광보살이 모든 재난을 제거하는 보살이라면 이 분은 외연이 다소 좁혀진 병에 대한 처방이 으뜸가는 보살이다. 그리고 약왕보살은 자신의 몸을 남김없이 태워서 부처님께 바치는 소신공양燒身供養의 정신을 잘 보여 준 분이다.

약왕보살의 전신 희견喜見보살 이야기

약왕보살이 처음 등장하는 곳은 『법화경』 「약왕보살본사품藥王菩薩本事品」이다. 본사란 본생담本生譚 또는 본생本生과 같은 말로 전생의 인생살이를 일컫는 얘기이므로, 이 품은 바로 약왕보살의 전생이야기라고 할 수 있다.

별자리를 통하여 신통력을 발휘하는 수왕화宿王華보살이 "세존이시여, 어떤 인연으로 약왕보살은 그렇게 자유롭게 중생을 구제할 수 있게 되었습니까?"라는 물음에 대한 대답으로 얘기는 전개된다.

옛날 일월정명덕여래日月淨明德如來가 계실 때의 일이다. 일체중생희견보살一切衆生憙見菩薩은 여래의 설법을 듣고 감복한 나머지 1만 2천 년 동안 수행한 결과 상대방의 근기에 따라 알맞게 몸을 나타내고 그에 적합한 가르침을 펴는 현일체색신삼매現一切色身三昧를 얻게 되었다. 그러나 그는 여기서 만족하지 않고 자신의 온몸을 불살라 부처님께 공양할 것을 맹세했다. 그러고는 오랜 세월 동안 향기 나는 향목香木·향초香草 등을 먹고, 또한 향기 나는 향유香油만을 마시면서 살아갔다. 이것은 썩어 문드러질 색신色身을 버리고 향기 나는 몸인 향신香身으로 환골탈퇴하기 위한 준비 작업이었다. 드디어 그날이 왔다. 희견보살은 자신의 몸을 천의天衣로 감싼 채 다시 그 위에 향유를 바르고 이른바 소신공양을 거행했다. 그러나 죽음은 또 하나의 삶으로 이어지는 법. 그는 환생하여 일월정명덕 여래 앞에 다시 나타나 재회의 감격을 맛보았다. 하지만 만남의 기쁨도 잠시뿐, 부처님은 이제 이승을 떠나겠노라고 아쉬운 작별을 고했다.

"잘 와주었도다. 나는 오늘 밤 열반에 들 것이다. 나의 법을 그대에게
맡기노니 널리 세간에 펼칠지어다."

희견보살은 슬픔에 잠겨 울먹이면서 부처님의 몸을 화장한 후 8만 4
천 개의 탑을 세워 거기에 사리를 봉안했다. 그것만으로 부족한지 자신
의 양팔을 태워 공양하자 여러 사람은 그가 불구의 몸이 된 것을 걱정
하며 슬퍼했다. 그러나 그는 확신에 찬 어조로 말했다.

"나는 비록 두 팔을 버렸지만, 그 대신 이제 금색의 영원불멸한 붓다
의 몸을 얻을 것이다. 만일 이런 일이 참되고 헛되지 아니하면 이 없
어진 두 팔이 다시 원래대로 회복될 것이다."

그의 말대로 그의 몸은 곧바로 회복되었다. 바로 썩어 사라져버릴 육
체를 포기할 결과 영원한 불신佛身을 얻은 것이다.

전·후생에 걸쳐 거듭 자신의 몸을 불태워 공양하는 분연한 결의는
과연 무엇을 의미하는가? 실제로 분단된 조국의 진정한 해방을 위해 가
부좌를 튼 채 자신의 몸에 기름을 끼얹고 불사른 베트남 스님들의 모습
을 떠올려 본다. 전혀 미동도 하지 않은 채 화염 속으로 사라져 가는 모
습을 텔레비전 화면을 통해 보면서 전율을 넘어선 숭고한 종교적 비원
을 느꼈다면 그것은 나의 지나친 감상일까? 게다가 적지 않은 티베트의
승려며 불자들이 자유를 찾기 위해 몸을 태우는 행위가 끊이지 않고 이
어지고 있다. 진리와 자유를 위해 자신의 몸을 버리는 그런 행위가 소신
공양이라는 종교적 행위로 표출된 모습에서 귀중한 무아의 정신과 대승
보살의 마음을 읽을 수 있다. 그래서 희견보살이 약왕보살의 전신이라고

세존이 수왕화보살에게 전하면서 다음과 같이 다짐해 두었던가?

"만일 뜻을 세워 부처님의 지혜를 얻고자 하는 사람은 자신의 손가
락, 발가락 하나라도 좋으니 그것을 등불로 밝혀 부처님 탑에 공양해
야 하나니라. 그것이 가장 귀중한 공양이니라."

그러나 『법화경』에는 별로 치병에 대한 언급이 없다. 다만 "만일 마음
의 병이 걸린 사람이 이 가르침을 듣는다면, 병은 즉시에 소멸하여 영원
한 생명을 깨달은 인간이 될 수 있을 것"이라는 내용만 있을 뿐이다.

약왕보살과 약상보살의 원

밀교의 시대로 접어들면서 약왕보살은 약상藥上보살과 더불어 그 이름
에 걸맞은 치병의 기능이 강조되어 나타난다. 약상보살도 약을 처방하여
병을 고치는 데서는 최고上라 하여 그렇게 불린 것이다. 『관약왕약상이
보살경觀藥王藥上二菩薩經』(畺良耶舍 譯出)에서는 치병과 관련되어 그들
의 전생 얘기를 소개한다. 『법화경』에서도 약왕과 더불어 약상보살이 함
께 거론되는 것을 보면 이 경전과 『법화경』의 연관성을 엿볼 수 있다. 다
만 『법화경』에서는 소신공양을, 경전에서는 중생과 비구에 대한 약 공양
을 강조하는 것이 다를 뿐이다.

아주 오랜 옛날, 일장日藏이라는 총명하고 어진 비구가 부처님의 가르
침을 널리 받들어 펴고 있었다. 어느 마을에 성수광星宿王이라는 장자長

著와 그의 아우 전광명電光明이 사이좋게 살고 있었다. 어느 날 성수광은 일장 비구가 설하는 대승의 큰 지혜의 말씀을 접하는 순간, 가슴이 확 열리는 듯 기쁨에 몸을 떨었다. 칠흑 같은 어둠에서 한 줄기 밝은 빛을 본 장자는 오로지 진리의 길에 매진하겠노라고 결심했다. 나아가 그러한 가르침을 베풀어 준 일장비구에게 히말라야에서 나는 양약을 공양하고서는, 다음과 같은 원을 세웠다.

> "원컨대 나의 두 손에 모든 약을 담아서 중생의 병을 어루만지고 모든 병을 낫게 해 주소서. 만약 어떤 중생이 나의 이름을 듣거나 외우면 모두 깊고 미묘한 다라니의 가없는 진리의 법약法藥을 복용케 할 것이며, 즉시 이들로 하여금 현재의 몸에 남아 있는 모든 악을 소멸하여 어떤 소원이든 모두 이루어지게 할 것입니다. 그리하여 내가 성불하였을 때 바라건대 모든 중생이 대승의 가르침을 향하게 하소서."

여기서 우리가 얻을 수 있는 교훈은 병 고침이라는 것이 단순한 육체적 병의 쾌유에서 끝나지 않는다는 점이다. 육체의 병뿐만 아니라 정신의 병, 정신의 병에서 더 나아가 결국에는 법의 약으로 중생을 대승의 세계로 이끌고 간다는데 대승불교 특유의 병에 대한 관점과 치유가 드러난다.

아우 전광명도 형과 마찬가지로 일장비구의 설법을 듣고 용약 환희한 나머지 그에게 양약을 공양하고 원을 세워 성불하게 된다. 이러한 인연으로 형 성수광을 약왕藥王이라 하고 그의 아우 전광명을 약상藥上이라 불렀으며, 마침내 성불하게 된다.

슬퍼하는 자의 벗, 보살菩薩

약왕보살과 월정사의 공양 보살상

하늘을 향해 쭉쭉 솟아오른 월정사의 전나무 숲길에는 바람 소리 향긋하다. 그런 전나무 숲길을 걸어 청정한 공간 월정도량月精道場이르면 이채로운 8각9층탑이 우뚝 서 있어 발걸음을 붙들어 맨다. 그런데 그 9층탑 앞에 고려 시대에 만들어졌을 공양 보살상이 다소곳이 앉아 있다.

머리에는 묘보관妙寶冠을 쓰고 감발은 귀밑으로 드리워졌으며 몸은 아침 햇살처럼 눈부시다. 오른쪽 무릎을 꿇고 왼쪽 무릎을 곧추세운 채 그 위에 손을 얹어 뭔가를 공양하는 모습이다. 그 보살상은 「약왕보살본사품」에서 약왕보살의 전신인 희견보살이 부처님의 사리탑 앞에서 자신의 양팔을 공양하는 듯한 인상을 주기에 약왕보살로 추정된다.

강릉 지방의 신복사神福寺와 한송사寒松寺에 이와 비슷한 보살상이 전하고 있는 것을 보면, 아마도 그 일대가 약왕보살 신앙과 관련이 깊던 터전이었는지도 모른다.

속리산 법주사에는 봉발석상奉鉢石像이 있는데, 이 석상을 가리켜 희견보살이라고도 일컫는다. 두 손으로 향로(발우)를 받쳐 들어 머리에 이고 있는 모습으로, 형상이 마치 머리에 향로를 얹고 소신공양을 올린 희견보살을 연상케 하기 때문이다.

그런데 법주사의 희견보살상은 전신을 태워 공양하는 입상立像이고, 월정사의 보살상은 뒷날 그가 사리탑 앞에서 양손을 태워 공양하는 모습을 취하고 있는 좌상坐像이라는 게 다를 뿐이다.

자신의 살을 태우는 고통으로 얼굴은 비참하게 일그러지고 몸은 이리저리 뒤틀릴 법한데 월정사 약왕보살은 곧은 자세로 탑을 우러르고 있을뿐더러 얼굴에는 살가운 미소가 주르륵 흐른다. 매달 음력 29일은 약

왕재일藥王齋日로서 약왕보살님의 정신과 모습을 떠올리며 기도하는 날
이다.

'약왕보살님이시여! 우리들 육체의 병뿐만 아니라 마음의 병 또한 말
끔히 씻어주소서. 각종 스트레스에 시달리며 우울증에 신음하는 사
람들의 고통을 위로하고 치유해 주소서. 법의 약으로 무명의 어두운
밤에서 지친 사람들을 감싸주고 제도해 주소서.'

상불경보살
常不輕菩薩

철저한 자기 비움과 모든 인간에 대한 존경으로 성불할지어다.

—

악법도 법이라고 하면서 끝내는 독배를 마신 희랍의 철인 소크라테스,
그는 당시 사회에 팽배했던 사람들의 자만심과 허위의식을 폭로한 대가
로 결국에는 사람들로부터 질투와 미움을 사 수감된다. 뭔가를 안다고
떠들어대는 소위 말 잘하는 지식인들에게 접근하여 이리저리 물어보면
사실 아무것도 아는 게 없지 않은가? 그래서 그는 당시 사람들의 잘못
된 앎과 억측, 그리고 그러한 자만심을 풍자적으로 비평하여 "너 자신을
알라"라는 뼈 있는 말을 하고 적을 많이 만든 결과, '신에 대해 불경하고
젊은이를 타락시킨다.'는 죄목으로 투옥된다.

　소크라테스와 어떤 면에서 비슷한 인물이 보살 가운데 있는데, 바로
상불경보살이다. 그러나 상불경보살은 자신을 철저히 버리는 마음이 있
었기 때문에 소크라테스와는 다른 면모를 지닌다.

　상불경보살의 산스크리트 이름은 '사다파리부타Sadāparibhūta'이다. '사
다sadā'는 '영원히'라는 뜻의 형용사이며 '파리부타paribhūta'는 '무시하
다', '천시하다'는 동사의 과거수동분사이다. 거기에 부정을 뜻하는 접두
사 아a가 붙어 '무시하거나 천시하지 않는 이'라는 뜻이 된다. 그래서 항

상 상대방을 가볍게 여기거나 경멸하지 않는 상불경常不輕이라는 말이 탄생한다. 이 보살과 관련된 일화를 소개해 보겠다. 『법화경』 「상불경보살품」에 전하는 얘기다.

상불경보살 이야기

아주 먼 옛날 위음왕불威音王佛이 다스리던 즐겁고 평화롭던 시절이 가고, 그분이 멸하신 이후 실천은 없고 말로만 진리를 말하는 상법像法시대에 접어들었을 때의 일이다. 그 시대 분위기에 맞게 세상에는 참다운 깨달음을 얻지 못했으면서도 깨달음을 얻은 체하는 아만我慢으로 가득한 비구들로 득시글거렸다. 게다가 그들은 큰 세력을 형성하여 반성하지 않고 우쭐대며 전횡을 일삼았다. 그때 한 비구가 있었으니 그분이 바로 상불경보살이다. 몸차림은 초라했지만 순진한 마음으로 오직 구도에 힘쓰는 수행자였다. 그렇다면, 어째서 이름이 상불경이었을까?

이유인즉 이 보살은 비구건 비구니건, 우바새(남자 재가 신도)건 우바이(여자 재가 신도)건 불도를 수행하고 있는 사람들만 보면, 그 사람들에게 공손히 예배하며 이렇게 말했다.

> "나는 당신들을 깊이 공경하오며 결코 경멸하거나 얕잡아보지 않겠습니다. 왜 그런가 하면, 당신들은 모두 보살도를 행하여 마땅히 성불하게 될 것이기 때문입니다."

이렇게 그는 오로지 수행자만 보면 예배할 뿐이었다. 심지어 멀리서라도 그런 사람만 눈에 띠면 가까이 달려가, "나는 당신을 경멸하지 않습니다. 당신들은 모두 성불할 것입니다"라고 외치는 게 아닌가?

그러나 이 말을 들은 사람들은 뭔가 켕기는 구석이 있는지 도리어 역정을 낸다.

"이 어리석은 비구야, 너는 어디서 왔기에 우리를 경멸하지 않는다고
하며 더욱이 우리가 장차 성불할 것이라고 예언까지 하느냐?"

그들은 이렇게 핀잔을 주면서, 그를 발로 차면서 욕지거리를 해댔다. 심지어는 지팡이나 몽둥이로 때리거나 기왓장이나 돌멩이를 던지기도 했다. 그러나 그는 도망가면서도 그들을 경멸하지 않겠노라고 외쳤다. 이런 이유로 사람들은 이 보살에게 상불경이라는 이름을 붙여주었다.

상불경보살과 소크라테스

나는 여기서 소크라테스와 관련지어 경전에는 구체적으로 거론되지 않은 좀 색다른 의견을 피력해 보겠다. 사실 상대방에게 당신은 깨달을 수 있다고 말을 건넨다면, 그것은 별로 화낼 만한 일이 아니다. 그러나 당시는 상법시대이다. 깨달음으로부터 거리가 먼 사람들이 스스로 깨달았노라고 떠들어대는 교만에 가득한 사람들이 기세를 부리던 때다. 사실 이러한 교만은 부처님도 못 말리는 병이요 번뇌라 했으니 그 심각성을 미루어 짐작할 만하다.

참은 아닐지라도 스스로 깨달았다고 생각하는 그들에게, 아니 장차

깨닫기 위해서 열심히 수행하고 있는 그들에게, 돌연 나는 당신들을 경멸하지 않습니다. '당신들은 장차 성불할 것이다'라고 했으니, 어쩌면 그들의 반응은 당연할 지도 모른다.

그렇다. 여기서 상불경보살은 교만에 찬 사람들에게 그런 길로 가지 마십시오, 그 길은 바른 길이 아니라고 간곡히 설득하는 것이다. 그러한 말이 그 행간에 숨어 있다고 보아야 한다. 그러면서 그대들은 불성佛性을 지니고 있으니 나는 그대들을 결코 경멸하지 않을 것이며 보살의 길을 가면 반드시 성불한다고 말하는 것이다.

어쩌면 그런 행위는 교만스러운 마음으로 가득한 자들에게 스스로 겸손한 모습을 보여 주어서 교만이라는 병으로부터 탈출시키려는 의도일 지도 모른다. 교만이라는 번뇌를 치료하는 길은 오직 자성自省과 겸손 이외에 다른 방법이 없기 때문이다.

그러나 소크라테스는 잘못된 길로 가는 자들에게 가차 없는 질문과 신랄한 비판, 풍자적인 조소를 보냈는데, 상불경보살은 그들을 결코 가벼이 여기지 않고 어떤 박해를 받을지라도 그들을 끝까지 존중했고 스스로 겸손해 했다.

그렇게 온갖 서러움과 박해를 받으면서도 인간의 불성을 확신하고 누구나 본래 성불해 있다고 외치다가 수명이 다할 무렵, 상불경보살은 마침내 위음왕불威音王佛이 설한 『법화경』의 말씀을 듣고 그것을 가슴에 깊이 간직하자 그 공덕으로 수명을 연장했음은 물론 어떤 위기에도 흔들리지 않는 큰 선적력善寂力을 얻었다. 그것을 보고서 그를 업신여겼던 모든 사부대중이 자신의 죄를 깊이 뉘우치고 보살에 순종했다.

소크라테스는 사람들의 억측을 제거한 대가로 독배를 마시고 죽었다. 반면 상불경보살은 그 대가로 공덕을 성취했다. 바로 복과 덕이 일치한

슬퍼하는 자의 벗, 보살菩薩

것이다. 종교이기에 그 행위의 과보로서의 공덕이 현실에 고스란히 나타난 것이다.

인간에 대한 예의와 끝없는 사랑

석가모니불은 바로 그 보살이 자신이라고 설한다. 상불경보살의 삶이 부처님의 전생이었다는 것이다. 『법화경』에서는 석가모니가 이 땅에 출현한 가장 큰 인연을 "중생들에게 진리를 열어 보여 그것을 깨닫게 해 들어가게끔 하는 데 있다"고 했다. 바로 중생을 성불시키는 일, 그것이 바로 부처님 자신의 맡은 바 일이니, 거기에 상불경보살의 모습이 투영되는 것은 당연한 일이다.

상불경보살의 일생은 바로 인간 예찬의 여정이며, 인간 존엄성을 극명하게 펼친 긴장감 넘치는 한 편의 드라마다. 그렇다고 해서 인간 예찬이 그저 목소리만 내는 공허한 메아리가 아니다. 어떠한 억압과 고통에서도 증오의 감정을 품지 않고 자신을 철저히 낮추어, 그대의 마음에는 무엇과도 바꿀 수 없는 소중한 부처님 성품이 있으니, 잘 갈고 닦으라고 간청한다.

직업의 귀천, 나이의 고하를 막론하고 무조건 각자가 지닌 불성에 하심하면서 모든 인간을 향해 예배할 뿐이다. 그것은 자신에 대한 철저한 자기 비움과 나는 없다는 무無의 자각 없이는 불가능하다. 그래서 상불경보살은 모진 고통과 핍박에도 모든 인간에게 무조건 예배하고 공경하여 자신은 물론이요, 모든 자를 성불로 이끌었다. 나는 여기서 진정한 사랑과 그와 관련된 예수의 고난을 떠올려본다.

자신을 한없이 낮추어, 비록 모든 사람에게 짓밟혀 버림받을지라도, 결코 화내지 않고, 당신을 버리는 그들의 행위마저도 사랑으로 감싸고 묵묵히 십자가를 메고 골고다 언덕을 올라가는 예수. 그의 마음에는 자신은 아무것도 아니라는 무無, 공空에 대한 자각이 있다. 그러한 자각, 철저한 자기 거절과 죽음이 없었다면 그렇게 철저하게 자신을 버리지는 못했을 것이다.

이기적이며 타산적인 계산을 떠나 상대방을 무차별적으로 사랑하려면 자신을 철저히 비우지 않으면 안 된다. 자기를 완전히 비운 자리에 어떠한 선입견과 가치 판단이 머물 여지가 없다. 그 무사無私한 상태에서 의로운 자와 의롭지 않은 자 모두에게 비를 내리는 무차별적 사랑이 전개되는 것이다.

예수의 자기 부정, 자기 거부의 행위를 전문 용어로 케노시스kenosis라 한다. 예수는 이렇게 자기를 비움으로써ekkenosis 하나님의 뜻에 따르게 된다. 하나님의 본성은 본래 자기 비움(케노시스)이다. 예수는 그것을 구체적으로 보여 주었다. 예수가 신의 모습에서 자신을 낮추어 죄인 인간의 모습으로 태어난 데서 그러한 사실을 생생하게 볼 수 있다.

본질적으로 완전히 자신을 비우는 행위의 근거는 사실 하나님 자체에 있다. 하나님은 비움 그 자체요 공이기 때문이다. 그래서 일본의 종교철학자 아베 마사오는 이렇게 말한다.

"하나님의 총체적 케노시스에서만 불의한 자들과 죄인, 자연적 악과 도덕적 악을 포함하여 모든 것이 용서받고 구속되고 만족되며 하나님의 사랑이 완전히 성취된다."

결국 하나님은 무이며 공이기 때문에 사랑이라는 것이다. 공은 사랑의 존재론적 개념이며 사랑은 공의 인격적 언어이다. 이러한 공과 사랑은 누가 인위적으로 제시한 것이 아닌 세계에 이미 존재하고 있는 사태의 실상이므로 그것은 하나님의 은총으로 드리워져 있는 것이다. 그러한 의미에서 공은 은총이다. 사물의 본래 모습이 공으로서 실재한다는 것은 은총이 아니고 무엇이겠는가? 길희성 교수의 말이다.

상불경보살은 버림받는다. 그러나 버림받음은 그를 버린 타자들을 살려내는 생명의 원천이며 자비요 사랑이다. 버린 사람은 버림받은 사람의 육체를 발로 밟고 생명을 지탱하기 때문이다. 목사 김승철은 엔도 슈샤꾸의 문학을 말하면서 이렇게 강조한다.김승철, 『엔도 슈샤꾸의 문학과 기독교』 pp. 241~247 또한, "버림받은 자가 버린 자를 구원한다"라고 한다.『전시회에 관 예수, 영화관에 간 부처』 p.79 그 두 대상은 연기적 존재로서 그렇게 관련을 맺는다. 그렇게 공은 스스로 비어 있지만, 버림받지만 그 속에서 타인의 생명이 자리를 튼다. 더불어 옛 자신은 죽지만 새로운 자신이 탄생한다. 부활, 공즉시색空卽是色이다. 그렇다면 이러한 무와 공은 불성의 자각이나 다름 아니다. 불성 역시 무구한 생명의 근원이기 때문이다. 공의 인격적 표현이 바로 인간에 대한 자비요 사랑인 것이다.

다시 말해 자신이 밟힘으로써 결국 많은 사람을 살게 해 주는 끝없는 사랑은, 끝없는 자기 비움은 사람들의 마음을 움직여 그들을 성불로 이끈다. 인간에 대한 진정한 예의는 여기서 시작되는 것이다.

우리는 상불경보살의 행위에서 이러한 극진하고 비장한, 그리고 끝없는 인간에 대한 예의 또한 읽어내야 한다. 그리고 상불경보살의 행위를 내가 이루어 나가는 보살도의 전형으로 삼아야 한다. 그래서 천태지의天台智顗는 상불경보살과 관련지어 『법화문구』 제10권에서 이렇게 말한다.

"안으로는 불경不輕의 마음을 간직하고, 밖으로는 불경의 경계를 존중하며, 몸으로는 불경의 행을 실천하고, 입으로는 불경의 가르침을 펴며, 사람들에게는 불경의 눈매를 보낸다."

다시 강조하건대 상불경보살이 석가모니불의 전신이라면, 그리고 우리가 성불을 지향하는 구도자라면 상불경보살 역시 철저하게 나를 비우면서 상대방을 공경하는, 그러한 보살의 길을 가야 한다. 상불경보살은 밖에 있는 보살이 아니다.

상제보살

常啼菩薩

항상 눈물이 흘러 마를 날이 없는 상제보살님이시여!
왜 그렇게 우시옵니까?

—

눈물의 의미와 상제보살

보살은 눈물이 많아야 한다. 고통당하는 이웃의 아픔을 보고 눈물을 흘릴 줄 모른다면 그는 진정한 보살이 아니다. 파란만장한 우여곡절과 갖은 고난으로 점철되는 인생 역정의 파노라마에 서로 간의 존재를 보듬어 안아주는 살가운 인간미와 참된 마음에서 우러나오는 눈물로 인하여 우리 인생살이는 따스해지고 풍요로워지며 지금 여기에 살아 있음을 감사하게 된다.

그렇다고 엉엉 소리 내어 울며 뺨을 타고 내리는 눈물만이 눈물의 전부는 아니다. 이웃의 고통을 보고 소리 내어 울지는 않더라도 소리 없이 흐르는 눈물이라든가 남몰래 흐르는 눈물 또한 메마른 가슴을 적셔주며 삶을 윤택하게 만든다. 바로 그 뜨거운 눈물이 흐르는 마음이 보살의 마음이다. 그럼 보살은 왜 눈물을 흘리는가? 이웃의 아픔을 보고 괴로움을 견디다 못해 언제나 눈물을 흘린다. 또 있다. 부처님이 부재하기 때문에 울고, 진리는 사라져 거짓과 투쟁이 난무하고 암흑 같은 세계가 전개되기 때문에 운다. 그러한 보살이 상제보살常啼菩薩이다.

더불어 이 상제보살은 금강산 중향성衆香城에서 반야바라밀을 설하는 법기보살法起菩薩에게 법을 구하는 구도자로 묘사되며 법기보살과 더불어 상제보살은 금강산 그 불연 깊은 대지에서 진리를 묻고 답하는 스승과 제자의 모습을 보여 준다. 그래서인지 사람들은 금강산 법기봉 아래에 합장한 채 고개를 숙이고 서 있는 바위를 상제보살상이라고 부르기도 한다.

상제보살의 산스크리트 이름은 '사다프라루디타Sadāprarudita'이다. '사다'는 '항상' 또는 '언제나'를 뜻하는 형용사이며 '푸라루디타'는 '울다', '슬피 울다', '슬퍼하다'는 뜻을 지닌 동사원형 '루드rud'에서 파생된 과거 수동분사이다. 항상 눈물이 흘러 마를 날이 없다는 뜻이다. 그래서 상제常啼라 했다. 아니 슬픔에 복받쳐 눈물을 흘리니 마치 비처럼 내린다 하여 비읍우루悲泣雨淚라고도 했다. 더불어 그것은 구도심과 대비심의 발로이기에 상비常悲 또는 보비普悲라고도 했다. 살타파륜薩陀波侖은 그 음역이다.

그렇게 상제라는 이름이 붙게 된 인연을 『대지도론大智度論』 권96에서는 이렇게 전한다.

"이 보살의 대비심은 굉장히 섬세하다. 그래서 중생이 악도에 떨어지거나 가난하여 굶주리거나 늙고 병들며 근심하고 염려하는 것을 보면 슬피 울고 만다. 그로 인해 뭇사람들은 그를 상제라고 불렀다."

그리고 중요한 또 한 가지는 상제보살이 부처님이 안 계신 세상에 태어났기 때문에 항상 울고 다녔다고 한다. 『육도집경』이나 『소품반야경小

슬퍼하는 자의 벗, 보살菩薩

品般若經』등에 서술된 내용을 보면 상제보살은 무불시대에 태어나서 부처님의 부재에 대한 슬픔으로 울고, 나아가 부처님의 부재로 인하여 출가 수행자도 없고 왕과 신하 사이의 끊임없는 다툼과 지혜바라밀을 아는 사람이 없는 시대의 슬픔 때문에 운다.

조성택 교수는 이러한 상제보살을 석가모니의 전생인 석가보살이라고 하며 대승불교시대가 본격적으로 전개되기 이전 보살시대의 범부보살이라고도 일컫는다. 아무튼 상제보살은 부처님 부재의 시대에 태어나 그 암울한 시대적 슬픔에 복받쳐 울면서 부처님을 뵙기를 간절히 원하고 수행한다.

조 교수는 석가보살이 나중에 연등 부처님을 만나 수기를 받아 성불하듯이, 범부보살 또한 구도의 길을 걸어가 다양한 대승불교의 수행법에 따라 부처님을 친견하거나 성불하게 된다고 말한다. 그러면서 붓다의 전생이었던 상제보살이 나중에 대승의 핵심경전 가운데 하나인『반야경』에서 범부보살로 전환되면서 대승불교의 보살개념으로 정립되기에 이르렀다고 힘주어 말한다.조성택,『불교와 불교학』, 제3장「무불시대의 붓다들」참조 석가보살로 출발한 상제보살이 대승불교에서 추구하는 범부보살의 전형으로 자리 잡게 되었다는 것이다.

눈물이 어찌 슬픔뿐이더냐

그런데『반야바라밀다경』제398권에서는 그가 우는 원인에 대해서 또 다른 묘사를 하고 있다. 즉 그가 반야바라밀을 듣게 되면 환희에 가득차 너무나 기쁜 나머지 엉엉 소리를 내며 우는데, 그런 모양으로 온종일 또는 일주일 내내 지낼지라도 시간 가는 줄을 모른다. 심지어 잠자는 것과 밥 먹는 것도 잊어버릴 정도요, 춥거나 덥거나를 생각하지 않고 흔들림 없이 울었다고 해서 상제라고 전한다.

　추측건대 그것은 상제보살이 부처님 부재의 시대에 태어나 부처님을 볼 수 없는 사실에 울고, 진리가 사라져 온갖 비리가 횡행하는 것에 울고, 중생의 고통으로 슬피 울다가 구도심을 일으켜 반야바라밀을 배워 자신의 슬픔은 물론 중생의 슬픔을 모두 달래주겠다고 결심을 굳혔는데, 그 반야를 배우는 과정에서도 진리를 발견한 나머지 환희에 벅차 울고 또 울었던 것으로 볼 수 있다. 그래서 상제보살은 반야를 수호하는 16선신善神과 함께 불화에 모습을 드러내고 있다.

상제보살의 치열한 구도 이야기

『소품반야경』「살파타륜품薩陀波崙品」과 「담무갈품曇無竭品」에 상제보살의 구도 여정이 상세히 적혀 있다. 부처님께서는 수보리에게 보살이 반야바라밀을 구하고자 한다면 마땅히 살파타륜보살을 본받아야한다고 하자, 수보리가 살타파륜보살은 어떻게 반야바라밀을 구했느냐고 여쭙는 대목으로 사연은 전개된다.

　　살파타륜보살이 발심하여 세상의 모든 명리를 버리고 신명을 바쳐 반야바라밀을 구하고자 할 때, 하늘로부터 동쪽으로 가면 반야바라밀을 듣게 된다는 소리를 듣는다. 그는 그 가르침대로 동쪽으로 길을 떠났다. 반야의 진리를 반드시 깨우치겠다는 일념으로 밤낮으로 쉬지 않고 걸어갔다. 그때 부처님이 나타나서 말씀하셨다.

"여기서 5백 유순 동쪽으로 가면 한 성이 있으니, 이름 하여 중향성衆香城이니라. 칠보로 장식되고 황금으로 덮여 있으며 보석 나무가 즐비하고 연못에는 연꽃이 만발하여 사람들은 괴로움을 모른다. 그 성에서는 담무갈보살이 위없는 거룩하고 바른 진리고 설하고 있으니 그대는 그에게 가서 반야바라밀의 가르침을 들을지니라."

살파타륜보살은 그 말에 힘을 얻고 계속 걸음을 재촉하여 중향성에 도착했다. 그러나 그 기쁨은 잠시뿐, 아무것도 가진 것이 없는 자신을 보는 순간 자괴감에 빠진다.

'나는 가난하여 담무갈보살에게 공양할 것이 아무것도 없으니 그의 처소에 머물 수 없다. 이 보살의 처소에 헛되이 머물자니 마음이 불안하구나. 마땅히 내 팔이라도 팔아서 보살에게 공양하리라. 정법을 깨닫는 마당에 이 하찮은 육신이 무슨 소용이 있겠는가?'

이렇게 생각하고는 거리에 나가 외쳐댔다.

"누가 나를 사지 않겠소. 누구 나를 살 사람이 없소."

그 곁을 지나던 악마가 그 소리를 듣고는 이 보살이 반야바라밀을 얻는다면 지혜의 공덕으로 많은 중생들을 이롭게 할 것은 분명한 사실. 그렇다면 중생이 내 주변을 떠날 것은 자명한 이치니 내 그의 구도심을 파괴해야겠다고 생각하여 그의 목소리가 주변의 사람들에게 들리지 않도록 했다. 그러니 이 보살이 자신의 팔을 사달라고 외쳐본들 소용없는 일이었다. 결국 상제보살은 지쳐서 눈물을 흘리며 탄식한다. 그 탄식하는 소리를 제석천帝釋天이 듣고, 저 구도자가 진실로 그렇게 탄식하며 흐느끼는지를 실험하기 위해 곧바로 바라문의 몸으로 몸을 바꾸고는 보살에게 말했다.

"무슨 일로 그렇게 슬퍼하는가?"

"저는 빈궁하여 가진 것이 없으므로 몸을 팔아서라도 담무갈보살에게 공양하고 반야바라밀의 가르침을 듣고자 하오나 아무도 저를 사주지 않아 슬퍼하고 있습니다."

그러자 바라문은 말했다.

"나는 지금 큰 제사에 쓸 사람의 심장과 골수가 필요하오."

이 말을 듣고 그는 자기의 살을 칼로 찢었다. 그때 거리가 내려다보이는 한 누각에서 이 광경을 보고 있던 한 장자의 딸이 달려 내려와서 물었다.

"그대는 무슨 일로 이처럼 몸을 괴롭히는 것입니까?"

그가 자초지종을 말하면서 자신은 반야바라밀의 가르침을 듣기 위한 까닭에 조금도 괴롭지 않노라고 하자 그의 행동에 감동을 받은 그녀는 바라문에게 대가를 치르고 그를 구해냈다. 그때 바라문으로 변했던 제석천이 본래 모습을 보이고는 살파타륜보살의 구도심을 찬탄하며 그를 상처 나기 전 건강한 본래의 모습대로 회복시켜 주었다. 살파타륜보살은 그녀와 함께 담무갈보살의 처소로 가 공양하고 반야바라밀의 법을 듣고 6백만 가지의 반야바라밀 삼매문을 얻었다고 한다.

이 이야기에서 우선 떠올려야 할 점은 반야바라밀을 얻기 위해 자기 몸을 바치는 비장한 구도열과 자신의 몸이 갈기갈기 찢길지라도 괴로워하지 않는다고 하는 인욕忍辱의 정신이다. 이 대목에서 『금강경』과 『육도집경六度集經』「계도무극장戒度無極章」에서 말하는 그 인욕 선인을 떠올려 본다. 몸이 잘리는 아픔에도 불구하고 가해자와 결코 다투지 않겠노라고 하면서 죽어간 인욕 선인, 사실 그것이 가능한 것은 '나는 없다'고 하는 무아無我의 정신이 철저히 살아 있기 때문이다. 그렇게 거짓이나 가식 없이 진실로 살아 있기에 죽음도 두렵지 않은 몸짓이 자연처럼 움직인다. 무아의 가르침, 그것은 공空의 가르침이며 바로 반야바라밀이다.

상제보살은 6백만 가지의 반야바라밀 삼매문으로 고통에서 신음하는 중생들을 반야의 밝은 지혜로 인도한다. 그러나 아직도 무수한 중생이 고통에서 신음하기 때문에 이 보살의 눈물은 마를 날이 없다. 그래서 언제나 눈물을 흘리고 있는 것이다. 지장보살 또한 그렇다고 한다. 지옥문을 드나드는 중생들의 고통 받는 모습이 너무나 슬프고 그 행렬이 끊임없이 이어지기에 지장보살의 눈에는 눈물이 마를 날이 없다고 한다.

그리고 그 상제보살이 진정 대승불교에서 강조하는 범부보살이라면, 그런 의미에서 그가 부처님을 찾고 진리를 찾는 우리 자신이라면 우리 또한 무불시대를 방불케 하는 오늘날 온갖 비리, 갈등, 폭력, 사기, 권모술수, 억압과 슬픔이 횡행하는 시대의 아픔에 목 놓아 울어야 하리라. 그리고 나를 비롯한 모든 이의 아픔을 치유하기 위해 발심하고 정진하며 구도의 길을 가야 하지 않겠는가?

보살의 눈에는 눈물이 마를 날이 없다. 그 눈물은 다시 비장한 맹서가 되어 부처님을 친견하고 모든 중생을 구제하겠노라는 치열한 구도심으로 전환될 때 반야의 밝은 빛이 이 땅을 환히 비춘다.

반야를 체험하며 깨달음으로 향하는 길과 중생 구제의 길은 둘이 아니며 그것은 보살의 존재 이유다. 상제보살은 그것을 눈물로 실증한다.

법기보살
法起菩薩

불연 깊은 아름다운 산,
금강산

아름다운 산, 금강산은 민족의 영산일 뿐만 아니라 불교가 이 땅에 토착
화되는 과정에서 꽃핀 아름다운 불국토의 얼굴이라 할 수 있다.

철 따라 모습이 달라 보이니 봄에는 지혜의 빛으로 만물을 꽃피우는
금강산金剛山이요, 여름에는 신선이 노닌다는 봉래산蓬萊山이라, 가을이
오면 울긋불긋한 단풍이 무진장 흐드러져 풍악산楓岳山이라 하더니만
어느새 겨울, 삭풍에 알몸이 드러나 들썩거리는 봉우리들이 마치 뼈처
럼 솟아나 있다하여 개골산皆骨山이라 했다.

50여 개의 큰 봉우리를 포함하여 1만 2천 봉이 하늘에 불쑥불쑥 솟
아 있는 사이사이마다 폭포, 고개, 능선, 못 등이 점점이 박혀 있을뿐더
러 그것들이 대다수 불교의 이름을 가지고 들썩이고 있으니 진정 불연
佛緣이 깊은 산이다. 가장 높은 봉우리인 비로봉毘盧峰이 화엄의 주존불
비로자나毘盧遮那에서 연유한 것부터 세존봉世尊峰 · 문수봉文殊峰 · 관음

봉觀音峰·반야대般若臺·관음폭포 등등이며, 유점사楡岾寺·표훈사表訓寺·장안사長安寺·마하연摩訶衍 등까지 8만 9암자가 들어섰다고 했으니 그 사암들로 해서 중중무진衆衆無盡의 법해法海를 펼친다면 이는 지나친 비약일까?

이 산과 불교의 인연은 옛 중국의 문헌에 드러난다. 중국 화엄종의 제4조 징관澄觀은 『화엄경소華嚴經疏』에서 이렇게 전한다.

"동해의 동쪽에 금강金剛이라는 산이 있다. 전체가 금은 아니지만 위 아래 사방으로부터 산간에 이르기까지 흐르는 물과 모래에 금이 있다. 멀리서 바라보면 전체가 곧 금이라 할만하다. 또 해동海東의 사람들은 예부터 서로 전하기를 '이 산에 왕왕 성인이 출현한다.'고 하였다."

여기서 성인이란 불·보살들을 말한다. 더욱이 『화엄경』에서는 법기보살이 해동의 금강산에 거주한다 하였으니 바로 이 땅이 불연佛緣 깊은 인연 있는 땅임을 천명해 주고 있는 것이다. 또한 『팔십화엄경八十華嚴經』 제45 「보살주처품菩薩住處品」에는 다음과 같은 간결한 구절이 전한다.

"바다 가운데 금강산이 있으니, 옛적부터 보살들이 그곳에 머물렀으며, 지금은 법기보살이 그의 식구 1천2백 보살들과 함께 머물며 법을 설한다."

금강산 1만 2천 봉우리마다 보살들이 머무르고 있다는 것이며 거기서 그 보살들의 우두머리가 법기라고 하는 말이다.

금강과 같은 반야의 주인공,
법기보살

법기보살의 산스크리트 이름은 '다르모가타Dharmogata', 바로 법을 일으
킨다는 뜻이다. 그래서 법기法起 또는 법용法涌이라 했다. 혹은 법래法來,
Dharmāgata 보살이라고도 한다. 그런데 반야계 경전에서도 이 보살이 등
장하니 거기서의 이름은 담무갈曇無竭이다. 물론 담무갈이란 다르모가
타의 음역이다. 구체적으로『소품반야바라밀다경』권10의「살타파륜품
薩陀波侖品」에서는 그가 동쪽 중향성衆香城에서 머무르면서 법을 설한다
했다.

　그 중향성이 금강산에 실제로 존재한다. 만폭동萬瀑洞의 마지막 폭포
인 화룡담火龍潭에서 내륙 산골짜기를 따라 오르면 백운대白雲臺가 나오
고 곧이어 높이 1천3백81m의 봉우리가 눈앞을 턱 가로막는데 그곳을
중향성이라고 한다.『반야경』에 말하는 이곳이 법기보살이 머무는 거주
처임이 분명하다.

　고대 인도 신화에 등장하는 군신軍神이자 폭풍의 신 인드라는 번개
를 내리는 강력한 무기 바즈라Vajra를 지니고 있는데, 그 바즈라가 금강
석이다.

　금강석이란 바로 다이아몬드로서 그것은 더 이상 쪼개지지 않는다는
뜻을 가진 그리스어 '아미다스amidas'에서 파생되었다. 그렇게 더 이상 쪼
개지지 않을 정도로 굳세니 결국 아무리 강한 물건이라도 이것을 당해
낼 도리가 없다. 즉 모든 쇠붙이 가운데 가장 단단하고 견고하여 모든
것을 부술 수 있지만 그 자신은 다른 무엇에도 부서지지 않는 것이 바로
금강이다.

불교에서는 이 바즈라로 번뇌와 무명을 퇴치한다. 아무리 두터운 번뇌의 무리도 단칼에 쓸어버리는 지혜의 상징이다. 그래서 『금강경金剛經』을 또한 『능단금강경能斷金剛經』이라 했는데, 그 산스크리트 표기가 '바즈라 체디카 파라미타 수투라Vajra-Prajñā-Cchedikā-Pāramitā-Sūtra'로, 금강과 같은 굳세고 날카로운 지혜로 번뇌의 덤불을 베어 없애 밝은 저 피안의 언덕에 이른다는 뜻이다.

이렇듯 금강이란 이름은 초기 반야계 경전을 대표하는 경전인 『금강경』의 금강에서 나온 것으로, 반야의 속성인 굳셈堅·날카로움利·밝음明을 상징하는 것으로 보면, 법기보살은 그 반야의 법을 일으키는 보살임이 틀림없다.

자장과 의상,
계율과 자유

중국에서 유학을 마치고 귀국한 의상 스님은 곧바로 동해변 낙산으로 가 관세음보살을 친견한다. 그 후 의상은 부석사, 해인사, 범어사, 화엄사 등 화엄십찰華嚴十刹을 이 불연 깊은 국토에 세운다. 그리고 이제 의상 스님은 여기 금강산에서 법기보살을 친견하는 감격스러운 순간을 맞는다. 고려 시대 민지閔漬가 편찬한 『금강산유점사사적기』에 다음과 같은 얘기가 눈길을 끈다.

"신라의 옛 기록에 의하면 의상 법사께서 처음 오대산에 드셨다가 금 강산에 이르자 담무갈보살이 현신하여 법사께 이른다. '오대산은 수 오대산이 어떤 산인가? 자장 율사가 문수보살을 친견한 곳이 아닌가? 그래서 이 기사를 가지고 자장 율사의 계율주의, 엄숙주의에 대한 비판이라고 보는 견해도 있다. 금강산과 더불어 오대산도 문수보살이 항상 머물러 법을 설한다는 화엄의 대지다. 그러나 오대산이 화엄과 계율주의가 맞물린 영산이라면 금강산은 화엄과 반야의 대자유가 어울린 산이라 볼 수 있다. 그러니 금강산이란 불국토 중의 불국토, 그 고갱이라고 이를 만하다. 곳곳이 아름다운 꽃으로 장신된 화엄의 바다에 걸림이 없는 대자유의 기상이 우뚝우뚝 용솟음치는 산, 그 산의 주인공을 법기보살과 의상 스님은 그렇게 만난다.

인도의 스님 지공指空도 중국에서 법을 펴다가 우리 땅으로 와 법기보살을 친견한다. 그는 고려 시대에 이 땅 금강산에 들어와 법기 도량에 머물면서 법과 함께 지냈다.

호불적 군주 세조도 재위 12년 되던 해, 그러니까 죽기 바로 전 해에 동쪽을 순방하다가 금강산에 올라 담무갈보살에 참배하고 바다를 거쳐 남으로 내려와 낙산사에 행차한다.

어디 세조뿐이었는가? 천하를 주유하는 호방한 묵객들은 물론이거니와 이 땅의 성지를 참배하려는 여러 순례자며 구도자들이 이 산에 올라 법기보살에 줄지어 예참했을 것이다.

그래서 금강산의 여기저기에 자리 잡은 사암에서는 법기보살을 좌상 혹은 입상의 형태로 봉안했다는 사실이 기록에 전하니, 법기보살 신앙이 금강산 일대에 널리 퍼져 있었음을 알 수 있다.

02 슬퍼하는 자의 벗, 보살菩薩

용수보살
龍樹菩薩

공의 논리를 체계화시킨 용수보살님,
공이란 무엇이옵니까?

—

보살의 길을 간 사람은 실제로 얼마나 될까? 아마도 그 숫자는 상당수일 것이다. 불교가 2천6백여 년 동안 인도며 동아시아 대륙, 그리고 이제는 세계로 내달아오면서 척박한 대지를 기름지게 일구고 꽃피워 낼 수 있던 것은 분명히 이들 보살의 길을 간, 그리고 아직도 그렇게 살고 있는 구도자들의 훈훈한 입김과 발자국 때문이다. 아니 인류 문명을 이끌어 온 모든 종교나 사상의 주인공들, 그들이 모두 이와 같은 보살의 길을 갔다면 그들도 역시 보살의 반열에 끼워 넣어도 무방하다. 나아가 인류의 역사에 큰 족적을 남기지는 못했을망정 아파하는 이웃과 함께 한 이름 모를 수많은 사람의 모습에서도 역시 보살의 향기를 느낄 수 있다.

그들 모두를 일일이 다 헤아리기란 불가능하기에 여기서는 불교사 또는 인류 역사에 괄목할 만한 공헌을 한 몇몇 보살들만을 언급할 것이다. 그중에 대표적인 보살이 용수보살이다.

제2의 붓다,
용수보살

용수龍樹, Nāgārjuna보살, 이분은 대승불교의 모든 학파에서 제2의 붓다로 추앙될 만큼 불교사에 커다란 족적을 남긴 인물로서 공空의 논리를 체계화한 중관파中觀派, Mādhyamika vādin의 시조이다. 용수보살의 덕택으로 공空의 이치가 논리적으로 체계화되었으며 불교가 서양의 어느 정신 체계에도 뒤지지 않는 뛰어난 종교이자 철학으로 자리매김하게 된다.

실존철학자 칼 야스퍼스도 그의 저서 『위대한 철인들Die Grossen Philsopen』에서 붓다와 용수를 거론하지만, 사실 용수의 공의 논리는 현대 철학의 그 어떤 논리나 이론 체계보다 뛰어나다. 이러한 괄목한 만한 성과 때문에 용수는 많은 사람들로부터 신성시되었으며 인도에서는 그의 이름이 바위나 나무, 돌 등에 상당수 새겨졌다. 더욱이 중국에서는 용수보살이 정토교의 아미타 내영도 등에 아미타 오존伍尊의 한 분으로 묘사되는 경우도 있었고 일본에는 그 상像이 아직도 전해진다.

여러 가지 역사적인 고증으로 보건대 그는 남인도 출신의 총명한 브라만이었다. 남인도 사타바나satavahana 왕조의 왕이었던 가우타미푸트라 샤타카르니Gautamiputra Śaṭakarni가 그의 친구이자 후원자였던 것을 보면 용수는 기원후 2세기 후반과 3세기 전반 사이A.D. 약 150~250에 살았다고 추정된다. 당시 궁정의 왕족이나 지방의 영주, 그리고 상공업자들, 나아가 일반 서민들의 신앙은 불교에 뿌리를 두고 있었으며, 데칸 고원에는 많은 석굴사원이 건립되게 이른다. 아무튼 이 사타바나 왕가는 로마와의 해상 무역을 통하여 많은 부를 축적하였으며 상인들은 그들의 수익을 불교 교단에 보시하여 불교는 융성해졌다. 바로 이러한 분위기에서 용수

슬퍼하는 자의 벗, 보살菩薩

보살이 역사의 전면에 나타난 것이다.

구마라집鳩摩羅什, Kumārajīva의 『용수보살전』에 따르면 용수는 천성이 총명한 브라만으로서 세 명의 친구를 둔 모양이다. 그들은 이성異性에 대한 욕망과 쾌락을 추구한 나머지 몸을 숨기는 둔갑술로 왕궁에 들어가 궁중의 미녀들을 모두 범해 임신시키는 일까지 벌였다. 그들의 소행임을 눈치 챈 왕은 군사를 부려 땅 위에 모래를 뿌리게 한 다음 그들의 발자국이 모래 위에 새겨지자 창칼로 그 주변의 공중을 찔러대 세 명의 친구는 그 자리에서 피를 흘리며 죽어갔고 용수만 가까스로 목숨을 구했다. 이 사건을 통해 용수는 감각적인 쾌락과 욕망에 대해서 회의하고 불문佛門에 귀의하게 되었다고 전한다. 그러나 그 순간 생과 사의 딜레마에 대한 근본적인 회의에 직면한 결과 그것을 해결할 목적으로 불가에 발을 들여놓았을 것이라는 생각이 든다.

용수가 이렇게 불문佛門에 귀의했음에도 불구하고 오만방자한 태도를 버리지 못하자 대룡大龍보살이 그를 바다로 데려가 대승의 이치와 남을 이롭게 하는 길, 그리고 태어남도 없고 죽어감도 없는 무생법인無生法忍을 깨우치게 한다.

용과 용수보살의 관계

왜 용수龍樹라 불렀을까? 용의 상징성을 어떻게 볼 것인가? 위에서 말한 대로 그를 깨달음으로 이끈 선한 대상으로 볼 것인가, 아니면 그 반대인가? 한 걸음 더 나아가 '수樹'란 무엇을 의미하는가?

용수보살은 유달리 용과 관련되어 많이 거론되고 있다. 모친이 '아르주나arjuna'라는 나무 아래서 그를 낳았으므로 '아르주나'라 하고 용이 그의 길을 완성시켰으므로 나가(nagā; 용)라 이름 지어 그를 '나가르주나 Nāgārjuna'라 했다는 설도 있다.

부통Buton Rinpoche, 1290 ~1364이 지은 『불교사』를 보면, 그의 부모는 그가 어려서 죽게 될 운명을 타고났다는 점성술사의 말을 듣고 브라만 사제와 수행승 각각 100명에게 공양을 베풀어 목숨을 겨우겨우 연장했다. 결국에는 용수가 수행승이 된다면 목숨을 더 연장할 수 있다는 말을 듣고 아미타 다라니를 늘 외운 결과 그는 죽을 운명에서 비로소 벗어났다. 그 후 용수는 날란다사의 거장이었던 라후라바드라Rahulabadra 밑에서 수행하다가 용궁으로 들어가 그 용들에게 부처님 말씀을 설해주어 그들을 조복시키고, 거기서 『반야경』을 가지고 나온다.

부통의 『불교사』에서 그는 부처님의 말씀을 설해서 용들을 정복했기 때문에 나가르주나로 불린다. 그렇다면 여기서 '나가'란 정욕과 번뇌의 상징물이요 '아르주나'란 나무가 아니라 '정복자'라는 의미라야 옳다. 나가르주나는 날카로운 지혜로 불같은 정욕과 번뇌를 조복시키게 된다는 깨달음의 완성을 의미하는 것으로 보아야 하지 않을까?

그러나 무엇보다도 용이란, 용의 용맹한 눈처럼 빛나는 통찰력을 비유하며, 아르주나는 힘의 소유자요 통치자이며 정복자라는 뜻이 더 설득력 있게 들린다. 용의 눈처럼 빛나는 통찰력으로 죄악과 번뇌를 정복하고 정법을 수호한다는 비유가 훨씬 그의 이름에 걸맞다. 그의 주요 저술로서는 『중론송中論頌』, 『대지도론大智度論』, 『회쟁론廻諍論』, 『십이문론十二門論』, 『십주비바사론十住毘婆沙論』 등이 있다.

그러면 대승불교의 큰 획을 그은 용수보살의 사상을 간략히 소개해 보겠다. 용수의 사상, 그것이 보살의 삶의 방향을 잘 제시해 주기 때문이다.

공空과 세속제,
그리고 중도中道

용수의 철학적 성찰은 석가모니불의 침묵에서 시작된다. 석가모니불은 세계는 영원한가 영원하지 않은가, 영혼은 육신과 같은가 다른가 등의 14가지 형이상학적 질문에 침묵으로 응답했다. 부처님의 이러한 침묵은 형이상학적 입장에 대한 거부요 부정이다. 중요한 것은 그러한 형이상학적인 물음이 아니라 고통스러운 삶의 현실을 이겨내는 데 있기 때문이다. 어떻게 사느냐, 그것이 석가모니불의 중심 문제였다.

그렇다면 부처님이 형이상학에 무지했다는 것인가? 그렇지 않다. 현대 철학 용어를 쓰자면 부처님은 형이상학적 문제에 대해 판단중지를 내렸다. 부처님은 세계, 영혼 등의 형이상학적 대상을 파악할 수 없는 이성의 한계를 잘 알고 있었던 것이다.

이와 같은 이유로 용수보살은 석가모니불의 침묵을 이어받아 당시에 난무하던 모든 형이상학의 중심 문제를 정교한 논증의 형식을 빌려 부정한다. 불교의 중요한 개념인 사제四諦, 업業, 운동, 그 밖에 인도철학의 여러 중심 개념들을 자체 모순으로 이끌고 가 부수어 버린다. 어느 고정된 견해에 입각한 이성적 사유는 한계를 지닐 수밖에 없다. 이성에 바탕을 둔 실체적 관점은 자기모순의 한계를 드러내기 때문이다. 용수보살의 부정은 이러한 실체론에 대한 부정이다. 조건에 따른 발생이라는 연기緣起가 성립하려면 실체론은 철저하게 부정될 수밖에 없다. 그 부정을 파사破捨라 한다. 이러한 형이상학의 중심 개념에 대한 부정 자체가 용수에게는 철학이었다.

형이상학의 발판인 이성적 판단은 자신의 취하는 상대적 입장에서만 사태를 파악하기 때문에 불완전할 수밖에 없다. 즉 상대적 입장에서만 진리를 확보하기 때문에 궁극적으로는 자체 갈등의 내부 모순을 드러낸다. 이성적 분별작용은 그러한 한계를 지닌다. 그러나 우리는 그러한 세계에서 삶을 영위하고 있다. 말과 논리를 사용하여 분별하고 이성적이며 합리적으로 사태를 파악하여 올바른 행위의 표준으로 삼는다. 여기서는 분명히 업의 법칙이며 도덕률이 적용된다. 일상적인 모든 진리와 가치 내지는 상식도 거기에 포함된다. 그것은 구체적이고 실용적이며 상대적인 진리임이 분명하다. 그래서 용수는 그것을 세속제世俗諦, saṃvṛti-satya로 규정한다.

앞에서 말한 사제, 곧 사성제는 세속제이다. 불교의 진리이긴 하지만 공의 입장에서는 상대적 진리라는 것이다. 세속적 진리요 상대적 진리이기 때문에 공의 견지에선 부정된다. 여기서 우리는 불교의 진리마저 공으로 부정하는 불교의 개방성과 거침없는 대자유의 기백, 우주를 덮고 남을 광활한 태도를 엿볼 수 있다.

그렇다면 사성제를 왜 궁극적 진리가 아닌 세속적 진리라 하는가? 그것은 사성제가 진리이긴 하지만 이성적 분별지성에 근거한 채 고통이라는 어떤 상相을 그려놓고 거기에서 벗어나 해탈이라는 또 하나의 상을 찾고 있기 때문이다. 이성에 바탕을 둔 이러한 상대적 진리는 상대적인 일상세계에서는 효용성을 발하지만 이성을 초월한 궁극적 진리의 입장에서는 부정될 수밖에 없다. 사성제라 하더라도 그것이 고착된 견해에 머물러 있다면 부정될 수밖에 없다는 것이다. 용수보살은 그 궁극적 진리를 진제眞諦, paramārtha-satya라고 부른다. 용수가 공에 입각해서 상대적 진리와 형이상학의 중심 개념과 논점을 파사하는 것은 바로 여기서 시작된다.

용수보살의 논리는 단순히 부정으로만 이어져 허무주의와 염세주의로 끝나지는 않는다. 부정에 부정을 거쳐 나중에는 그 부정마저 부정하여 절대 긍정의 논리를 확립한다. 사실 부정이나 공에 집착하다 보면 당연히 허무주의나 상대주의, 내지는 회의주의에 빠지겠지만 용수보살은 그 공마저 공하다고 하여 공에 대한 견해인 공견空見으로부터도 벗어날 것을 강조한다. 결국 깨달음에 이르는 길을 가로막는 일체의 잘못된 결박으로부터 인간을 철저히 해방시킨다. 그래서 공은 무상無相이다. 또한 공은 무원無願이다. 어떠한 것도 바라지 않는다. 철저한 비움과 내려놓음이 숨 쉬고 있는 것이다. 그것이 바로 선에서 말하는 방하착放下着이요 그리스 철학적 개념인 무사無私, apatheia이다. 나아가 그것은 무와 부정을 통해서via negatio 신에 이르는 부정신학과 어느 정도 궤를 같이한다고 보는 견해도 있다.

그렇다면 결박으로부터 해방된 다음, 어디로 가는가? 저세상으로 멀리 멀리 가는가? 아니다. 그것은 다시 세속제로의 복귀이다. 세속에 대한 긍정이다. 단 그때의 세속은 집착의 입장에서 벗어나지 못한 일상적 세속이 아니라 공을 통해서 정화된 세속이다. 공을 바탕에 깔고 있는 절대 긍정, 절대 자유의 걸림 없는 세속제이다. 세속제의 부정을 통하여 공에 도달하고, 다시 그 공에 머무르지 않으면서 세속제로 복귀하여 걸림 없는 삶을 누리는 것이다. 그럴 때 불교의 사성제나 팔정도, 육바라밀 등이 다시 빛을 발한다.

따라서 공이 성립되는 사람에게는 일체가 성립할 수 있다. 모든 세속제를 공의 입장에서 순화시켜 그 가치를 인정해 준다. 그것이 중도中道이다. 아베 마사오는 이것을 입장 없는 입장positionless position이라고 한다.

중도를 다른 말로 양극단에 치우치지 않는다고 하여 부주이제不住二際

라 한다. 생사(세속제)를 떠나 있으면서 열반(空)에 머무르지 않고 다시 돌아와 생사의 세계(세속제)에서 자비를 펼친다. 그것이 진정한 보살의 이념이며 길이다.

공과 중도에 근거한 본래의 자기는 시간 속에 있으면서 시간의 굴레를 벗어나 새로운 시간을 창조하며 모든 시간과 어울린다. 무분별의 근저에서 분별하는 까닭에 그 분별에 걸리지 않고 자유로우며 활달자재하다. 생사와 열반이 따로 떨어져 있지 않고 생사 속에서 열반을 보며 열반 속에서 생사를 투시하기에 생사와 열반이 서로 어울린다.

공의 철학과 현대의 서양철학

용수보살의 이러한 공의 철학은 현대의 서양철학에 비추어 보았을 때 주체나 신의 죽음을 선언한 니체Nietzche, Friedrich, 1844~1900의 입장과 어느 정도 궤를 같이한다. 그는 모든 것을 허구거나 가상이라고 보고 모든 것이 가상일 경우, 최종적으로 그 가상마저 가상으로 부정되어 모든 것은 참으로 인정된다고 주장한다. 용수보살의 표현을 빌리자면 공을 공으로 부정하여 일체를 인정하는 것이다. 그래서 니체는 말한다. "아무것도 참인 것이 없다. 일체가 인정된다." 이렇게 니체는 전통적인 형이상학을 부정하여 신에 의해 박탈된 생과 자연성을 회복한다.

하이데거Heidegger, M. 1884~1974는 여기서 한발 앞서 나가 존재 자체를 무無 또는 공空이라 본다. 모든 존재자는 이 무에 근거하고 있다는 것이다. 그런데 서양의 형이상학은 존재를 유Sein로 보았다. 그래서 그는 서양철학사를 존재 망각의 역사라 규정지으며 기존의 형이상학에 대한 거부를 분명히 밝힌다.

이러한 니체와 하이데거의 뒤를 잇는 현대의 포스터모더니즘은 바로 주체와 자아·이성·신의 해체와 맞물려 있다. 지금까지 서양 세계와 인류는 너무나 신·자아·인간·이성 '중심주의'에 매달려 왔다. 그러나 보니 자연을 파괴하고 환경과 타인을 백안시한 결과 지구가 황폐해지고 인류가 공멸해 가는 위기에 직면해 있다.

이제는 그러한 중심에서 이동할 때다. 중심에서 주변으로, 밝기만 한 곳에서 어두운 변두리로, 익숙한 곳에서 낯선 곳으로, 잘난 곳에서 못난 곳으로, 우리의 중심을 해체해야 한다. 아니 밝건 어둡건, 잘나건 못나건 어떤 편향된 중심을 지니지 말아야 한다. 궁극적으로는 어떤 근거나 기반마저 버려야 하며, 적빈赤貧한 삶으로서의 철저한 해방으로 이어져야 한다. 이러한 의미에서 중심의 해체를 통해 일상적 세속으로의 철저한 복귀와 무원無願의 자유를 선언하는 용수보살의 공의 철학은 인류의 미래에 희망을 던져준다.

그리스의 크레타 섬에는 니코스카잔차키스1883~1957가 잠든 무덤이 있다. 그리고 그 무덤 앞 묘비명에는 다음과 같은 글이 새겨져 있다.

나는 아무것도 바라지 않는다.
나는 아무것도 두려워하지 않는다.
나는 자유다.

이것은 철저한 공의 울림이나 다름 아니라고 본다. 니코스카잔차키스는 『그리스인 조르바』의 저자이다. 그는 불교에서 진정한 자유를 찾고 평화를 얻은 20세기 유럽의 대문호였다.

이제 용수보살이 천명한 공의 다양한 의미를 정리해 보겠다. 공은 존재론적으로는 연기와 물실체성에 근거하여 모든 존재가 서로 어우러지는 관계적 존재임을 보여 준다. 인식론적 측면으로 보면 공은 어떤 입장으로도 얻을 수가 없고 포착할 수 없기에 불가득不可得이다. 심리 정신적 태로도 보면 머물 데도 없고 집착할 것도 없는 무집착과 절대 자유의 마음이자 해탈의 상태이다. 논리적으로 공은 불이론不二論이다. 나와 너, 나와 우주, 부처와 중생, 번뇌와 열반이 둘이 아니다. 여기에서 자타불이의 보살행과 무아의 동체대비행이 흘러나오고 본래 부처로서 자기실현이 전개된다. 또한 공의 논리적 탐침과정은 종교적 수행으로 보면 번뇌와 희론을 타파하는 과정이기도 하다.

무착보살, 세친보살
無着菩薩, 世親菩薩

세상은 오직 마음의 투영일 뿐,
이 한 마음이 부처님 마음일지니.

—

『화엄경』에서 마음은 마치 화가와 같아서 여러 가지 사물을 그려낸다고
했다. 이렇듯 불교에서는 다른 무엇보다도 마음을 중요시하였으며, 마음
을 다스리는 마음공부를 강조해 왔다. 심지어 마음의 작용을 다각적으
로 분석하여 철학적 체계를 세우기까지 한다. 그것이 중관학파中觀學派;
Mādhyamika vādin와 쌍벽을 이루는 유식학파唯識學派,Vijnañāvādin의 철학
이요 종교다.

무착과 세친 두 형제

유식학파를 개창한 창단 구성원들은 미륵彌勒, Maitreya, 무착無着, Asaṅga,
세친世親, Vasubandhu보살이다. 그러나 이들 중 미륵보살이 실존 인물인
가 아닌가는 여러 가지 논란이 많으며 대체로 실존 인물이 아닐 것으로
가닥을 잡아가고 있다. 유식학파의 교설을 확고하게 뿌리내리고 격상시
키기 위해 이상적인 보살 중 한 사람인 미륵보살을 불러들였으리라고 추

측하는 사람도 있다. 그러나 이것도 아직은 확실히 증명된 것은 아니다.

그러나 무착과 세친 두 보살은 유식학파의 체계를 공고히 다진 실존 인물임이 분명하다. 그들의 사상과 행동은 번뇌의 속박에서 벗어나 개방된 터전에서 인생의 의미를 관조하며 해탈의 길로 나가려는 사람들에게 내면의 빛을 안겨다 주었다. 사실 그들은 실제 보살의 계위에 올랐다고 전해질 정도다.

무착과 세친, 이들은 인도 문화의 황금기를 맞이한 굽타 시대320~530의 인물이다. 당시는 산스크리트가 고도의 문법 체계를 갖춘 공식적인 철학 용어로 자리를 잡아가 산스크리트 문헌이 백화난만한 시기였다. 거기에 따라 사상의 자유 또한 거침없이 표현되어 인도 육파철학이 공고히 체계를 잡았으며 그 밖의 여러 가지 종교나 철학도 자신들의 사상을 산스크리트로 정리해 나갔다. 이에 따라 불교도 고도의 철학성을 갖추고 발전하게 된다. 중관학파는 용수보살 이후 여러 논사論師들이 출현하여 더욱더 발전해 나간다. 바로 이러한 분위기에서 무착과 세친 두 사람이 태어나 자신들의 사상을 꽃피우게 된 것이다.

그들은 인도 서북부 간다라 지방의 페샤와르에서 태어났다. 무착 310~390은 형이고 세친320~400은 아우였다. 처음 이들은 소승불교에 귀의해서 남다른 공로를 끼쳤으나 나중에 대승으로 전환했다.

무착이 미륵보살을 만나는 과정, 그것은 사실 보살의 삶의 전형을 이루므로 소개해 보겠다.

무착은 소승 설일체유부說一切有部의 교리에 만족을 느끼지 못한 나머지 도솔천에 올라가 미륵보살을 뵙고 대승의 가르침을 배우려고 무진 애를 썼다. 그래서 똑똑 떨어지는 물방울에 바위가 패어져 구멍

슬퍼하는 자의 벗, 보살菩薩

이 날 정도로, 부드러운 새의 깃털이 바위를 스쳐 바위가 편편하게 될 정도의 오랜 시간 동안 수행을 쌓고서 미륵보살을 만나고자 하지만 그것도 역부족인지 결국 실패하고 말았다. 그의 마음속에 아직도 무엇을 소유하려는 욕망이 가득하여 미륵보살이 모습을 나투시지 않은 것이다.

어느 날, 길을 가던 무착은 다 죽어가는 개의 모습을 보게 되었다. 놀라서 가까이 다가가 보니 수많은 벌레가 우글거리며 상처 난 개에 달라붙어 있는 끔찍한 모습이었다. 벌레들은 벌써 개의 사지四肢 일부를 먹어 악취가 진동하였고 감히 쳐다보는 것조차 역겨울 정도였다.

그 순간 무착은 마음 깊은 곳에서 우러나오는 자비의 목소리를 듣게 된다. 우선 죽어가는 개를 살리기 위해 벌레들을 떼어놓으려고 하는 찰나, 아차하며 행동을 멈추었다. 벌레들, 그들이 한갓 미물에 불과하지만 하나의 생명체 아닌가? 그들의 생명 역시 소중한 것이다. 그는 개와 벌레 두 생명들을 하나도 해치지 않고 살리기로 작정하고 행인에게 자신의 옷을 벗어주고 칼을 구한다. 그런 다음, 칼로 자신의 넓적다리를 도려내어 그 살을 먹도록 떼 낸 후 개에게 달라붙은 벌레들을 혓바닥으로 핥아 그곳으로 옮겼다. 순간 먹고 먹히던 처참한 광경이 사라지고 거기서 찬란한 광명을 발하면서 미륵보살이 현신하였다.

"내가 항상 그대 곁에 있었건만 네 마음이 욕심으로 가득 차 나를 보지 못하더니 이제야 나를 보는구나. 내 옷자락을 잡아라."

그렇게 해서 무착은 미륵보살을 따라 도솔천에 올라가 그곳에서 대승의 가르침을 들었으며 가르침대로 사유하고 수행한 결과 깨달음을 얻고 공의 도리를 체득하게 되었다. 그 공의 이치에 따라 아무런 것에도 집착함이 없었으므로 무착無着, Asaṅga이라 불리어졌다고 한다. 음역은 아승가阿僧伽이다. 무착보살은 이렇게 해서 공의 도리와 마음의 이치를 세상에 펴게 되었으며 유식학파를 창립하게 이른다.

실존성이 다소 의문시되는 미륵보살이 설했다는 미륵의 여러 저술도 사실 무착보살의 작품이 아닌가 하는 설도 있을 정도로 유식학파에서 그의 위치는 가히 개조開祖라 할 만하다. 그의 저서로서 『섭대승론攝大乘論』, 『대승아비달마잡집론大乘阿毘達磨雜集論』, 『현양성교론顯揚聖敎論』 등이 있다.

그러나 역시 유식학의 본격적인 발전은 그의 아우 세친에 의해서 이루어진다고 해도 과언은 아니다. 무착은 대승보살의 길로 향하는 강한 열정과 대자비의 성신이 철철 흘러넘치는 감성의 소유자였음에 비하여 세친은 사물을 객관적으로 분석하는 날카로운 이성의 소유자였다.

불교의 모든 개념을 세분화하여 그것을 정리해 나간 세친보살의 주저 『아비달마구사론阿毘達磨俱舍論』은 부파불교를 대표하는 논서일 뿐만 아니라 오늘날까지도 불교의 교과서로 일컬어질 정도로 불법의 세밀한 분석과 정의는 타의 추종을 불허한다.

무착은 이렇게 뛰어난 세친을 대승불교로 개종시킨다. 그 과정이 진제眞諦의 『세친전世親傳』(정식 명칭은 『바수반두전婆藪槃豆傳』, 세친의 산스크리트 명은 '바수반두Vasubandhu'. 그것을 진제는 천친天親이라 번역했고 훗날 현장玄奘은 세친世親이라 번역했다. 바수반두婆藪槃豆는 산스크리트 이름을 진제가 음역한 것이다.)에 설화의 형식을 빌려 소개된다.

『세친전』에서는 그가 간다라의 페샤와르에서 태어나 당시 부파불교 교학의 중심지인 캐시미르에서 중심 교리를 배운 뒤 인도 육파철학의 하나인 삼키야 철학을 논파하고 중인도 북쪽 아요드야Ayodhya에서 『구사론』을 저술하여 그 가르침을 페샤와르·캐시미르·아요드야 등에 널리 편 후, 형 무착의 권고로 대승으로 귀의한 얘기를 이렇게 전한다.

형 무착은 총명하고 지식의 이해도가 깊은 세친이 대승을 비방하는 것을 보고 매우 심려한 나머지 병에 걸려 드러눕고 말았다. 아우는 그 사실을 알고 형을 문병하여 그 자리에서 대승의 이치를 듣고, 그 것이 자기가 알고 있던 소승의 교리를 능가함을 깨우치고는 대승불 교로 돌아섰다. 그러나 무착은 그것만으로 부족한 모양인지 세친에 게 강한 어조로 말했다.

"너는 혀로 아주 교묘하고 멋지게 대승을 비난하고 공격해 왔다. 네 가 만약 그 죄를 면하고 싶다면, 바로 그 혀로 아주 교묘하고 멋지게 대승불교를 설해야 한다."

그 결과 세친은 유식철학의 근본 교설이라 불리는 『유식이십송唯識 二十頌』, 『유식삼십송唯識三十頌』, 『삼자성게三自性偈』 등을 지어 냈으며 『중변분별론』, 『법법성분별론』 등 많은 대승 논서에 해석을 가해 유식철 학의 체계를 굳건히 다진다.

공과 유식현상론

무착과 세친의 사상을 엄밀히 나누어 구분하기는 불가능하다. 단 세친 이 미륵(미륵이 실존 인물이라고 가정할 때)이나 무착의 저술에 해설을 가하고, 그 밖에 유식 관계의 학설을 좀 더 체계화한 점으로 볼 때 학문적 성과에서는 세친이 무착보다 뛰어난 것으로 판단된다.

이들은 용수를 중심으로 하는 중관불교가 너무 공을 강조한 나머지 모든 입장을 제거하는 허무론에 치우쳐 있기에, 그 약점을 극복하고자 모든 것의 기반으로서 식識,마음을 전면에 내세운다. 그것이, 이 세상 모든 것은 마음에 뿌리를 두며 그 마음이 변화되어 나타난 것으로 보는 유식현상학唯識現像學이다. 즉 세계는 우리 인식의 표상表像, vijñapti; 마음의 투영으로서의 세계일 뿐이라는 유식唯識, vijñaptimārta; 세계는 내 마음이 비추어져 밖으로 드러난 것을 천명한 것이다.

과연 이 세계는 우리가 보고 느끼고 행동하는 그대로 존재하는 것일까? 우리가 산이며 나무, 그리고 그 사이를 유유히 흐르는 강물을 바라본다 할 때 과연 그들은 자신들의 본래 모습을 아무런 꾸밈없이 보여 주고 있는 것일까. 단연코 그렇지 않다는 것이 오늘날까지 인류가 축적해 온 철학과 사상은 보여 준다. 우리는 일종의 색안경을 끼고 사물을 대하고 있기 때문에 색안경에 비친 채색된 사물을 보고 있는데 불과하다. 그 색안경을 흔히 선입관先入觀 또는 선입견先入見이라 한다. 바로 여러 가지 가치와 판단, 그리고 억측으로 물들어 오염되어 있는 주관의 틀에 끼워서 사물을 본다는 것이다.

이렇듯 세계는 우리 마음이 그려낸 표상일 뿐이다. 외부 대상뿐만 아니라 나 자신을 비롯한 모든 언어나 사상도 여기서 벗어나지 않는다. 표상으로서의 세계가 우리 마음에 영향을 주고 그 마음은 다시 심층적인 마음의 씨앗인 알라야식Alaya vijñāna에 저장되어 있다가 다시 외부 대상으로 투영된다. 이렇게 우리는 윤회를 거듭하게 된다는 것이다.

그 윤회의 뿌리를 완전히 제거하려면 우리를 지탱하는 근본 마음인 알라야식을 공으로 비울 때만이 가능하다. 알라야식을 공으로 전환할 때 우리의 마음이 청정해져 그때 가서는 사실 자체, 사태 자체를 여실하게 보고 걸림이 없는 대자유인의 행보를 내딛을 수 있다.

흔히들 마음을 비우라고 한다. 마음을 비우면 자연히 모든 욕심에서 벗어나게 되고 그 결과 마음이 청정해져 사태 자체를 올바로 직시할 수 있으며 거기에 따라 어디에도 치우침이 없는 행동을 할 수 있다. 그러나 그것이 어찌 말로만 이루어질 수 있겠는가? 그러한 경지에 이르려면 수행이 필요하다. 앞서 무착보살이 미륵보살을 만나는 예에서 보았듯이 이들 유식의 구도자들은 피나는 수행을 거쳐 일가를 이룬 것이다. 그래서 이들은 유식학파라는 말 외에, 수행을 강조하여 유가사瑜伽師, Yogācāra, 즉 요가 수행자라 불렸다.

마음을 공으로 비우고 정화하여 본래 깨끗한 마음자리로 돌아갔을 때, 아뢰야식의 청정성이 회복되어 놀라운 능력이 솟아나, 나는 물론 세상을 아름답게 바꾸어 나간다. 또한 그럴 때의 마음은 하나의 마음이요, 우주적인 마음이며, 부처님의 마음이다. 이 한마음에 나와 너, 우리, 세계 우주 전체가 다 포함된다. 그러니 우리는 한마음이라는 우주적 각성을 통해서 전체를 바라보는 마음 자세를 지녀야 한다.

다양한 그 밖의 불·보살들

많고 많은 불·보살님들 중에서 그 밖에 어떤 인물이 있나요?

―

아촉불阿閦佛

아촉불은 동쪽 나라의 부처님이다. 산스크리트 이름은 '악쇼브야 붓다 Akṣobhaya Buddha'. '악쇼브야'란 '흔들리지 않는다'는 뜻이다. 그래서 부동불不動佛, 무동불無動佛이요 동요하지 않으므로 절대 분노하지 않는 무노불無怒佛이라 의역된다. 그러나 그것은 움직임이 없는 부동물을 의미하는 것이 아니라 동요하거나 머뭇거리지 않는 불퇴전不退轉의 용맹성을 뜻한다. 진리의 세계로 향하는 구도자에게 아촉불은 흔들림 없는 굳센 믿음을 부여하며 자칫 요동치는 수행자의 마음을 가라앉혀 주는 역할을 한다.

아촉불은 밀교 금강계 만다라 중대中臺 팔엽원八葉院의 동쪽 방향 부처님으로 등장한다. 만다라의 구조는 깨달음이 익어가는 과정을 상징적으로 보여 준다. 그래서 금강계 만다라에서 아촉불은 깨달음으로 향하고자 하는 발심發心을 표현한 부처님으로 그려진다.

아촉불의 명호를 마음으로 간절히 부르면 분노가 사라지고 동요됨이 없는 굳건한 보리심을 내는 공덕이 생긴다고 한다. 그러나 우리나라에서는 아촉불보다는 약사여래를 동방의 부처님으로 섬겨왔다.

슬퍼하는 자의 벗, 보살菩薩

보당불寶幢佛

태장계 만다라에서 동쪽의 부처님은 보당불寶幢佛이다. 보당불 역시 깨달음으로 향하고자 하는 희망찬 발보리심發菩提心을 상징하는 부처님으로 정의된다.

『대일경소大日經疏』에서 나타난 그의 특징적인 모습을 살펴보자.

"동방의 보당여래를 관하라. 새벽에 처음 나타나는 붉은 태양과 같지 않은가? 보라, 보당여래는 발보리심을 상징한다. 예를 들면 장병들을 통솔하는 장군과 같아서 당기와 지휘봉으로 전체와 부분을 잘 다스려 적군을 물리치는 것처럼 보당여래도 만행萬行을 실천할 때 일체지一切智의 원력으로 당기를 삼아 보리수 아래서 사마邪魔의 무리를 항복시킨다."

이렇듯 보당불은 보리심을 일으켜 일체지인 지혜의 횃불을 밝혀 모든 분별 망상의 티끌과 때를 태워 없애 버리는 작업을 충실히 수행한다.

아촉불과 더불어 보당불은 진리의 세계로 향하려는 우리의 진취적인 마음을 일깨우는, 동쪽 나라에 머물고 있는 님이며, 희망의 부처님이다.

개부화왕여래開敷華王如來

남방의 부처님, 태장계 만다라의 개부화왕여래開敷華王如來는 봄날 꽃봉오리가 피는 모습을 상징한다. 동방의 아촉불과 보당불이 깨달음으로 향하는 첫 길, 첫 발자국의 발보리심과 진취적 기상을 보여 준다면 이 부처님은 그러한 깨달음의 씨알이 파릇파릇 돋아나 드디어 아름다운 꽃을 피우는 상태를 나타낸다. 다시 말해 수행이 꽃피는 과정을 상징한다.

보생불寶生佛

금강계 만다라 남방의 부처님이 보생불寶生佛, Ratana Saṃbhava Buddha이
다. 보생불은 보배를 낳는 님으로 재보와 행복을 관장한다.

이 부처님은 복덕취 공덕摩尼寶福德聚功德; 마니보석의 복덕으로 쌓인 공덕
으로써 능히 일체중생의 소원을 원만히 성취시켜주고 수행자로 하여금
평등한 마음을 갖게 하며 평등한 가르침을 편다. 그래서 밀교에서 그는
평등금강平等金剛이라 부른다.

여기서 평등은 마음의 평정을 의미한다. 마음이 평정해진 삼매三昧상
태다. 그런 삼매의 상태에서 꿰뚫어보는 최고의 안목은 바로 중中, 중도
中道의 지평을 여는 것일 게다. 중도란 공간적인 한가운데를 의미하는 게
아니라 더도 덜도 없는 조화로운 평정 상태를 일컫는 말이다.

그러한 중도의 경지에서는 만물이 모두 자기의 위치를 점유하면서 전
체와 조화를 이룬다. 어디 중심이라고 할 만한 점이 없이 각자가 다 중심
이다. 서로가 서로에게 영향을 주면서 침투하기에 아름다운 조화의 세계
를 형성한다. 그것이 진정한 평등이다. 거기에는 치우침이 없다.

서방의 부처님, 아미타 부처님

서방의 부처님은 금강계나 태장계, 우리나라의 사방불, 일본, 중국 등 어
디에서나 아미타 부처님이다.

밀교의 아미타불은 묘관찰지妙觀察智의 지혜를 보여 주는 부처님으로

곳곳을 두루 관찰하여 중생 구제에 앞장선다. 중생 구제의 원력이 불같이 활활 타오르는 힘은 적색으로 상징되어 나타난다.

1923년 윤극영 선생이 작곡·작사한 「반달」은 죽은 누이를 그리워하고 그 누이가 서방정토로 가길 바란다는 의미를 담고 있다.

> 푸른 하늘 은하수 하얀 쪽배에
> 계수나무 한 나무 토끼 한 마리
> 돛대도 아니 달고 삿대도 없이
> 가기도 잘도 간다, 서쪽 나라로

여기서 서쪽 나라는 바로 서방정토를 의미한다. 윤극영 선생의 마음에는 죽은 누이를 그리워하고 애도하면서 서방정토로 모시려는 애절한 서원이 실려 있는 것이다. 그런 의미에서 월명사의 「제망매가」와 「반달」은 일목상통한다고 볼 수 있다.

불공성취불不空成就佛

불공성취불의 산스크리트 명은 '아모가 싯디 붓다Amogha Siddhi-Buddha'로 성취하지 못하는 바가 없는 부처님이다. 이 불공성취불이 금강계만다라에서 북방의 부처임이다.

이 부처님의 성취해야 목표는 본래 자신의 모습을 깨달아 붓다의 모습이 되는 것이다. 깨달음을 얻은 여래는 인간의 상상을 초월하는 뛰어난 공덕이 솟아나 못 이룰 바 없는 불가사의한 능력을 갖춘다. 그래서 불공성취불은 여래의 활동과 공덕이 어마어마해 이루지 못하는 바가 없다고 한다. 부처님은 그러한 능력을 바탕으로 중생 교화에 쉼 없이 매진한다. 그리하여 그 깨달음의 작용과 이익이 모든 중생에게 골고루 퍼진다.

천고뇌음여래天鼓雷音如來

태장계 만다라에서 북방의 부처님은 천고뇌음여래天鼓雷音如來이다. 천고뇌음天鼓雷音, 그것은 하늘 북이 내는 우레와 같은 소리요 이 세상에 진리를 알리며 포효하는 천둥 같은 깨달음의 소리다. 그것은 자연의 온갖 신비한 소리요, 불가사의한 커다란 북(太鼓)에서 울리는 부처님의 설법이다. 부처님의 생생한 설법은 석가모니불의 생애에서 역력히 들려온다.

그래서인지 밀교에서는 불공성취, 천고뇌음 두 부처님이 석가모니불과 동일한 부처님으로 인식된다. 그렇다면 왜 석가모니불을 북방에 배치하였을까? 혹자는 그 이유를 『대일경大日經』과 『금강정경金綱頂經』이 남쪽에서 성립했고, 석가모니불의 활동 영역의 주 무대가 인도의 북쪽이므로 북방에 석가모니불을 배치했으리라 추측하지만, 단지 그 이유만은 아닐 것이다.

통상 북쪽은 동남서북이라는 방위를 지칭할 때 맨 끝에 자리 잡는데, 끝end은 최종 단계, 완성, 또는 목적을 의미한다. 다소 무리가 따를지 모르지만 이러한 해석은 불공성취, 천고뇌음 두 부처님이 깨달음의 완성을 의미하기 때문에 실제로 그분들을 이 땅에 태어나 깨달음을 성취한 석가모니불과 동일시하였고, 당연히 그 부처님들은 중대팔엽원 깨달음의 과정에서 최종 단계를 의미하는 북쪽의 부처님으로 자리 잡은 것으로 생각된다.

본초불本初佛

본초불의 산스크리트 이름은 '아디 붓다Ādi Buddha'이다. '아디'란 '본래', '최초'를 의미하는 말로 '아디 붓다'하면 본래의 부처님, 또는 최초의 부처님을 지칭함과 아울러 근본적이고 원초적인 부처님을 일컫는다. 그분은 제1원인으로서의 부처님이며, 영원한 신이며, 모든 부처님 가운데 최고이며 비길 데 없이 높은 부처님이다.

후기 밀교에서는 이 본초불을 만물의 창조자, 즉 조물주造物主로 정의한다. 『대승장엄보왕경大乘莊嚴寶王經』별본別本에 의하면 본초불은 겁초에 출현한 스스로 존재하는 자생자自生者로서 어떤 인연으로 나오지 않는다고 한다. 그러므로 '스스로 태어나신 분' 혹은 '스스로 존재하시는 분 Svayambhu'이라 한다.

기독교에서도 모세가 십계명을 받은 시내산에서 여호와에게 "당신은 누구냐"고 묻자, "나는 스스로 존재하는 자이니라."라고 했다. 바로 기독교의 신은 '스스로 일하며 스스로를 계시하면서 존재하는 하나님'인 것인데, 본초불과 유사한 측면이 있다.

그러면 불교 본래의 측면에서 볼 때 어떻게 이러한 이질적인 부처님이 출현하게 되었는가를 살펴볼 필요가 있다. 대일여래와 더불어 사방에서 자리를 지키는 오불伍佛은 시간이 지남에 따라서 각기 비妃, sakti를 얻어 많은 불·보살님을 출생시켜, 결국 삼라만상이 출현하게 된다. 바로 이 세계가 전개되는 근원으로서 본초불이 요청된 것이다.

위음왕불威音王佛

아디 붓다가 후기 밀교계 경전에 등장하는 최초의 부처님이라면 『법화경』

에 등장하는 최초의 부처님은 위음왕불威音王佛이다.

위음, 즉 용맹스러운 음성이란 『법화경』의 가르침을 설하는 음성을 말한다. 왕이라 부른 것은 이 부처님의 음성에서 위대한 국가를 통솔하는 왕과 같은 위력이 있기 때문이다. 그분은 세상을 호령하는 쩌렁쩌렁한 목소리와 그에 걸맞는 위풍당당한 모습으로 번뇌의 무리를 타파하고 중생에게 이익을 주는 최초의 부처님이다.

이 최초의 의미를 강조하여 선종禪宗에서는 '위음왕불 이전의 소식'이라고 하여, 아주 먼 옛 영겁 이전, 세상이 시작되기 이전의 그 소식을 일러 보라는 표현을 만들어 냈다. 부모미생전 본래면목父母未生前 本來面目: 부모가 태어나기 이전 너의 본래 모습이라는 말도 이와 비슷한 말이다.

이 '위음왕불 이전의 소식'이나 '부모미생전 본래면목'은 우리가 태어나기 이전의 자리, 도저히 생각으로는 알 수 없는 그 자리를 말하는 것으로 생각과 말길을 끊는 화두의 역할을 한다. 화두, 그 말이 나오기 이전의 자리와 부처님의 자리는 같다고 했다. 왜일까?

일월정명덕불日月淨明德佛
무한한 과거에 출현하여 4만 2천 겁 동안 이 세상에 머물다가 중생을 교화하는 부처님이다. 해와 달보다도 더욱 밝고 청명한 덕을 갖추어 중생들의 고뇌를 살피므로 일월정명덕불이라 한다.

이 부처님은 『법화경』을 설하여 중생을 제도하되 중생의 근기를 살펴 두려움 없애는 마음을 베풀고 회삼귀일會三歸一의 가르침을 펴니 부처님의 범음을 들은 청중들은 각기 근기대로 깨달음을 얻는다.

일월정명덕불에게는 무수한 제자가 있었다고 하는데, 그 가운데 부처님의 혜명을 이어간 보살 비구가 있었으니, 그가 1만 2천여 년 동안 부처님 처소에서 정진 수행하여 현일체색신삼매現一切色身三昧를 얻은 희견보살喜見菩薩이다. 희견보살은 나중에 석가모니 부처님 처소에 약왕보살藥王菩薩로 출현한다. 이 현일체색신삼매는 묘음보살도 체득한 삼매이며 『법화경』에서 강조하는 중요한 삼매이다.

등명불燈明佛

일월등명불日月燈明佛이라고도 한다. 『법화경』 제1권 「서품」에 등장하는 부처님이다. 석가모니불이 『법화경』을 설하려 하자 불가사의한 서상瑞相이 나타난다. 이를 본 미륵보살이 그 이유를 묻자, 문수보살이 다음과 같이 설한다.

"연등불께서 『법화경』을 설하려고 할 때 미증유의 서상이 나타났습니다. 지금 서상이 나타나는 것으로 보아 석가모니불이 『법화경』을 설하실 게 틀림없습니다."

그래서인지 등명불은 문수보살이 본생本生; 전생에 모셨던 부처님이라고 한다. 이 부처님의 광명이 하늘에서는 해와 달보다 밝고 지상에서는 등불보다 밝아 온 누리 중생을 두루 비친다는 뜻에서 일월등명불이라 불렸다.

일체명왕불一切明王佛

부처님의 정법을 비방하거나 부처님 정법을 믿고 실천하는 자를 업신여긴 자가 받게 되는 인과 원리를 몸소 보여 주고 설한 부처님이 바로 이 부처님이다.

『불장경佛藏經』「왕고품往古品」에서는 십대제자 중 설법 제일 부루나富樓那 존자의 전생이었다고 설한다.

설법이 뛰어난 부처님이되 인연 없는 비구는 교화할 수 없음을 보여 준 인과법칙의 부처님이다.

환희증익불歡喜增益佛

항상 중생들에게 기쁨과 환희를 주는 부처님이요, 그 부처님으로 인해서 환희가 날이 갈수록 더욱 고조되기 마련인 부처님이다. 누구나 이 부처님을 그지 바라보기만 해도 마음에 기쁨과 평화가 깃들며, 그분의 이름만 들어도 마음에 번뇌가 사라지고 기쁨은 더욱 증대되며, 곧바로 보살의 십지十地 중 환희지歡喜地에 다다른다. 『열반경』 제3권 제5 「금강신품」에 나오는 부처님이다.

사자음왕불師子音王佛

사자후고음왕여래師子喉鼓音王如來라고도 한다. 법음을 들려주어 중생들을 깨우치는데, 공空의 소리, 무상無常의 소리, 무소유의 소리 등으로 중생을 일깨운다. 졸졸졸 흐르는 물소리, 산사의 풍경 소리며 범종소리에서 무아無我·무상無常·고苦·열반涅槃을 알리는 소리를 들을 때, 그것은 바로 부처님의 사자후이며, 그것은 바로 사자음왕불의 목소리이다. 이 부처님의 교법을 이은 위대한 제자가 희근喜根 비구이다.

치성광여래熾盛光如來

밤하늘에 떠 있는 별들 중에 가장 밝게 빛나는 별이 북극성이다. 오죽 했으면 그 빛나기가 너무나도 유별나게 밝아서 치성熾盛이라 했을까? 이 부처님은 치성스러운 광염光焰을 방출하여 해와 달, 그리고 별과 그 별이 머무는 자리日月星宿 등 빛을 발하는 여러 신을 다스린다. 그래서 우리나라에서는 이 북극성을 치성광여래熾盛光如來라고 하여 해와 달을 비롯해 칠성을 다스리는 최고의 님으로 모셨다. 북극성은 또한 묘견보살妙見菩薩로 불리기도 했다.

묘음보살妙音菩薩

불교의 가장 뛰어난 힘은 삼매三昧에서 나온다. 삼매에 들 때에만 깨달음 그 자체로 직접 들어간다. 삼매란 마음이 어느 한 대상에 집중되어 명경지수明鏡之水와 같은 상태로 된 것을 일컫는다. 그 상태에서는 심신이 일여가 될 뿐만 아니라 대상과 나가 하나가 되어 움직일뿐더러 사태를 있는 그대로 보게 된다. 물아일체, 삼매의 경지에서 갖가지 모습으로 변화하는 보살이 묘음보살이다.

묘음보살을 대표하는 가장 뛰어난 삼매는 현일체색신삼매現一切色身三昧이다. 현일체삼매는 보현색신삼매普現色身三昧라고 하는데, 여러 중생을 교화하기 위하여 뭇 중생들의 근기에 맞추어 몸을 변화시켜 보이는 것을 의미한다. 앞서 관음보살 편에서 관음보살이 33가지 모습으로 변하는 것을 보여 주었는데, 묘음보살은 34가지의 중생신의 모습에다가 4가지의 성인의 몸, 즉 성문·연각·보살·붓다의 모습으로 몸을 변화시킨다.

이 현일체삼매를 현해玄海 스님은 『법화경요품강의』에서 다음과 같은 세 가지로 풀이한다. 첫째, 이 몸을 근본으로 삼아서 한량없는 몸을 중생이 필요한 곳에 나투어 응용하고 교화한다. 둘째, 일체의 현상 모두가 나의 색신 가운데 존재한다. 셋째, 우주의 일체가 나의 몸 가운데 존재한다.

묘음보살이 지나칠 때마다 아름다운 음악이 저절로 울려 퍼지는데 그것은 자신과 여러 가지 삼라만상이 조화롭게 어울린 결과 그저 싱그러운 자연의 소리가 울려 나게 된 것이다.

인로왕보살引路王菩薩

망자亡者를 극락정토로 인도하는 영계靈界의 안내자를 인로왕보살이라한다. 한국 사찰의 불전 하단에는 죽은 이의 영가靈駕를 천도하기 위한 영가단이 있으며, 뒤편으로 감로탱화甘露幀畵, 망자나 아귀에게 감로수를 베풀어 구제하기에 감로탱화라 한다가 걸려 있다. 거기에는 화면 아래부터 위에 이르면서 순차적으로 망자들이 생존 시 속세에서의 생활상과 아귀, 의식승, 7여래상이 그려져 있으며, 그 7여래상 좌·우측에 망자들을 이끌고 정토로 인도하는 인로왕보살과 관세음보살 및 지장보살이 보인다. 그러나 인로왕보살이 따로 있는지 아니면 망자들을 정토로 이끄는 관세음보살이나 대세지보살, 지장보살을 인로왕보살로 보는지 확실치 않다. 개인적 생각으로는 아마도 이들 보살들이 모두 망자를 정토로 인도하는 보살이기에 인로왕보살의 역할을 하는 것은 틀림없으나, 도설 내용상 인로왕보살과 지장·관음보살 등을 좌·우측에 따로 그린 것으로 볼 수 있다.

지금도 사찰에서는 우란분재나 49재 때 나무대성 인로왕보살南無大聖引路王菩薩이라는 번幡을 도량에 설치하여 망자들을 극락정토로 인도해 줄 것을 발원하고 있다.

호명보살護明菩薩

석가모니불이 보살로 있을 시절, 깨닫기 바로 직전에 도솔천에 머물렀는데, 그 석가모니불 전생의 보살을 일러 호명보살이라 한다. 호명護明이란 깨달음의 길로 가고자 하는 중생을 보호하고 그 길을 밝히기 때문에 그렇게 불렀던 것이다.

도솔천에 태어난 호명보살처럼 바로 다음 생에서 붓다가 될 보살, 아니 현재 비어 있는 그 붓다의 자리에 앉게 될 보살을 일생보처보살一生補處菩薩이라 한다. 일생보처보살이 도솔천에 태어나는 이유는 사왕천·도리천·야마천 등의 도솔천 아래의 하늘은 게으름과 욕정이 어느 정도 남아 있고, 도솔천보다 위에 있는 화락천과 타화자재천은 고요한 선정만 좋아한 나머지 일체중생을 구제하겠다는 자비심이 없기 때문이라고 한다.

천관보살天冠菩薩

천관보살은 『화엄경』에 나오는 보살이다. 『80권본 화엄경』「보살주처품」 "해동 동남방에 보살의 주처가 있어 지제산支提山이라고 하는데, 예로부터 여러 보살이 거기에 머물렀고, 현재는 천관보살이 있어 1,000명의 권속을 거느리고 항상 그곳에서 설법하고 있다"고 하였다. 실제로 전라남도 장흥군에 천관산과 천관사가 자리 잡고 있다. 천관산의 천관보살은 금강산의 법기보살, 오대산의 문수보살과 더불어 우리나라의 영산靈山에 여러 보살이 머물면서 법을 설한다는 우리나라 불국토설의 또 하나의 방증이다. 천관산 수십 개의 봉우리가 하늘을 찌를 듯이 솟아있는 모습이 꼭 하늘이 쓰고 있는 면류관과 같다 하여 천관산이라 했을 것인데,

천관산의 그 봉우리마다 천관보살과 그 권속들 1,000명이 머문다는 『화엄경』의 말씀과 교묘하게 일치하기에 그 천관산을 지제산이라 불렸으리라. 지금도 천관산은 지제 영산支提 靈山으로 부르고 있다. 신령스러운 산, 지제산으로 말이다. 지제란 산스크리트 '차이트야caitya'에서 온 말로, 많은 수행자가 도를 닦는 수행처소라는 의미이다.

풍재보살豊材菩薩

산스크리트 이름은 '보가바티Bhogavati'이며 자재주보살資財主菩薩이라고도 부른다. 지혜와 복덕을 골고루 나누어주는 보살이다.

　풍재보살에게 귀의하고 항상 염하며, 풍재보살의 종자를 관하는 자는, 그리고 그 보살상을 조성하는 자는 영원히 기갈에서 벗어나며 헐벗음에서 시달리지 않고 거처가 없어서 고통 받는 일이 없다고 한다. 이러한 풍재보살을 기리면 풍족한 살림살이와 편안한 삶을 보장받는다고 한다.

허공장보살虛空藏菩薩

산스크리트 이름은 '아카샤가르바Ākāśagarbha'로, '아카샤'란 '허공'을, '가르바'란 '창고'를 의미한다. 허공장보살은 일체중생에게 이익을 주는 광대한 덕이 가득 차 있으므로 허공장이라 부른다. 이분은 무량한 공덕을 갖춘 보살로서 인도나 중국에서 단독으로 신앙될 정도로 인기가 높았던 분이었으나 우리나라에서는 찾아보기 힘들다.

묘견보살妙見菩薩

묘견보살은 북진보살北辰菩薩이라고도 한다. 치성광여래와 마찬가지로 가장 빛나는 별인 북극성을 일컫는 보살이다. 북극성이 별 중의 최고의 별이듯이 묘견보살은 보살들의 우두머리이고 신선 중의 신선이라 한다. 국토를 옹호하고 국왕을 도우며 적들을 물리친다. 우리나라에서는 백제 때 묘견보살 신앙이 있었다.

군다리보살軍茶利菩薩

군다리보살은 『천수경』에 등장하는 보살이다. 군다리의 산스크리트어는 '쿤달리kundalī'로 감로의 약병이라는 뜻이다. 감로의 물로 목마른 중생의 갈증을 없애주는 보살이 군다리보살이다. 또한 이 보살은 감로의 다라니로 여러 가지 악한 기운인 마장魔障을 없앤다. 그 모습은 남방 보생여래寶生如來의 가르침에 따라 자비방편으로 분노하는 모습을 띤다. 군다리보살의 또다른 역할은 크고 강한 태양의 빛으로 세계 곳곳을 남김없이 비추어 수행자가 혼침에 빠질 때 속히 알려주며 감로수를 흘려보내 우리 마음속 깊숙하게 자리 잡고 있는 오염된 종자를 씻어내고 복덕과 지혜의 집합체인 원만하고 깨끗한 법신을 이루게 한다(『군다리보살공양염송 성취의궤』에서 요약). 군다리 명왕으로도 불린다

대륜보살大輪菩薩

대륜본살 역시 『천수경』에 등장하는 관음보살이다. 그런데 시중에 유통되는 『천수경 해설서』를 보면 대륜보살에 대한 정의가 구구하다. 대륜

은 큰 바퀴를 말한다. 산스크리트어로 차크라cakra는 바퀴 또는 원을 의미한다. 그래서 대륜보살을 진리의 큰 바퀴를 굴리는 보살, 혹은 큰 원은 만다라를 뜻하므로 만다라의 보살로 정의 내리기도 한다. 혹은 차크라를 진리의 눈으로 해석하여 모든 법이 공한 것을 꿰뚫어보는 보살이라는 정의도 있다.

그런데 필자가 혹시나 해서 한문 대장경을 찾아보니 대륜보살이라는 명칭은 전혀 등장하지 않았다. 대신 대륜금강보살大輪金剛菩薩이 눈에 띄었다. 대륜금강보살은 대륜금강다라니의 주인공으로 부처님 입멸 후 여래상 앞에서 이 다라니를 21편 외면 곧 일체의 만다라로 들어가 그 자리에서 부처님을 친견케하고 구하는 모든 것을 성취시킨다고 한다. 이 보살은 치크라를 굴리는 명왕으로도 알려져 있다. 현재로써 대륜보살인지 대륜금강보살인지 무엇이 맞는지 알 수 없어 두 가지 다 소개한다.

포대화상布袋和尙

포대화상은 미륵보살의 화현으로 일컬어지는데, 실존했던 중국의 한 스님에게서 유래한다. 그는 환한 미소를 지으며 뚱뚱한 몸에 포대 자루를 들고 다녔다. 그 포대 자루에 사람들에게서 구걸한 것을 넣고 다니다가 아이들이 원하는 먹을 것이나 그 밖에 필요한 것을 자루에서 꺼내 나누어 주었다. 어렵고 배고프며 힘든 이들에게 큰 자비를 베풀었던 것이다. 한편 그는 앞날에 전개될 일도 잘 맞추어 사람들에게 도움을 주기도 했다. 지금도 중국의 사원에 가면 포대화상이 뚱뚱한 몸을 드러내 놓고 환하고 웃으며 앉아 있는 모습을 흔히 볼 수 있다. 우리나라도 이러한 포대화상이 더러 눈에 띈다. 포대화상은 이제 중국이나 그 주변국에서 재보의 신, 혹은 소원을 성취시켜 주는 신으로 자리 잡게 된 것이다.

성덕관음聖德觀音

우리나라 곡성 관음사에 전하는 관음보살이다. 성덕 처녀가 바닷가를 거닐다 배를 타고 흘러온 관음상을 모시고 절을 지었는데, 그곳이 곡성 관음사이다. 이 관음상은 백제 땅에 살던 홍장洪莊이 눈먼 아버지의 눈을 뜨게 하려고 중국 진나라로 시집가 왕후가 된 후 고향과 아버지를 그리워하면서 바다로 띄워 보낸 관음상이었다. 성덕 처녀와 홍장은 관음의 화현이었다 전한다. 안타깝게 홍장이 보낸 관음상은 6·25 때 소실되고, 성덕보살상의 불두佛頭만 관음사 원통전에 봉안되어 있다.

33관음三十三觀音

7관음(성관음 + 변화 관음 6) 외 중요한 관음 33분을 모아서 유형화한 것이 33관음이다. 33관음의 명칭과 형상을 명기한 최초의 책은 1783년에 간행된 『불상도휘佛像圖彙』다.

　33관음 중에는 인도 기원의 관음이 많이 있고, 수월水月·어람魚籃·마랑부馬郎婦 등 중국 관음 신앙에서 생겨난 것도 있지만, 이러한 선례가 없이 일본 에도시대의 민중 신앙에서 성립한 분이 있기도 하고, 혹은 보문품 33신의 모습에서 힌트를 얻어 고안된 관음도 적지 않다.

　이하에서는 우리에게 친숙한 여러 관음을 언급하면서 33관음 하나하나를 동경미술관에서 출간된 『보살』에서 요약·번역하여 소개하고, 나름대로 다른 자료를 참고해서 살을 붙여 상세한 설명을 가하겠다.

수월관음水月觀音

『화엄경』「입법계품」에 선재동자가 인도 남쪽 바닷가에 맞닿아 있는 보타락가산普陀洛迦山에서 법을 설하는 관세음보살을 만나는 장면이 나오는데, 바로 그 관음을 수월관음이라 부른다. 수월관음이라 한 이유는 물속에 달이 비치는 영상에서 나온 말로 달이 일천강에 비추어 물에 달이 뜨듯 관세음보살이 수천, 수만 가지 모습으로 변하여 중생을 구제한다는 뜻이 담겨 있다. 수월관음도를 보면 해변에 위치한 보타락가산에서 관음보살이 물가의 벼랑 위에 앉아서 선재동자에게 법을 설하고 있는 모습이다. 마치 해변에 위치한 보타락가산의 물 위에 달처럼 아름다운 관음이 현신하듯 말이다. 기메 박물관에 보존된 돈황 출토 수월관음상의 원광은 마치 휘영청 밝은 달을 묘사한 듯 달 안에서 관음보살이 그윽하게 미소 짓고 있다. 달과 밤과 물, 그리고 관세음보살이 아름답게 어우러진 것을 일러 수월관음상이라 하는데, 중국에서 최초로 모습을 나타낸다.

우리나라에서 단독으로 모셔진 관음보살도 대부분은 『화엄경』 계통의 수월관음도인데, 특히 고려불화의 수월관음도가 유명하다. 우리만이 간직하고 있는 수월관음도의 특징은 다음과 같다. 한결같이 선재동자가 등장하여 관세음보살에게 보리의 가르침을 구한다는 점, 관음보살 옆에 버드나무가 꽂힌 정병이 놓여 있다는 점(돈황의 수월관음상은 손에 버드나무 가지를 들고 있다), 파랑새가 날며 염주가 등장한다는 점 등이다. 수월관음의 등 뒤에는 쌍죽雙竹이 솟아나 있다. 일명 관음죽觀音竹이다. 수월관음은 33신 중 벽지불신辟支佛에 해당한다.

양류관음楊柳觀音

오른손에 버드나무 가지를 잡고 왼손 손바닥을 밖으로 하여 시무외인施無畏印을 짓고 있다. 혹은 버드나무 가지를 꽂은 병을 옆에 두고 바위 위에 앉아 있는 경우도 있는데, 우리나라의 양류관음상은 오른손엔 버드나무 가지, 그리고 왼손에 정병을 든 모습으로 나타난다.

고려불화로서 혜허慧虛가 그린 일본 천초사淺草寺 소장 양류관음도가 유명하다. 양류관음도에도 역시 선재동자가 등장하고 있어 수월관음도로 보기도 하지만, 반론의 여지가 많다. 선재동자가 등장한다 해서 모두 수월관음도라 단정할 수 있겠는가?

그리고 수월관음도에서도 관음이 버드나무 가지를 잡고 있는 형상이 있다고 해서 수월관음을 양류관음으로 보는 것은 옳지 않다.

양류관음의 탄생 배경은 유마거사의 활동 무대였던 인도의 바이샤리Vaisali국에서 역병이 유행했을 때로 돌아간다. 당시, 병을 제거해 달라는 사람들의 소망에 응해서 관음보살이 나타나 버드나무 가지와 정수淨水를 손에 들고, 병을 없애는 주문을 가르쳤다. 참고로 인도에서 버드나무 가지로 물을 뿌린다는 것은 부정을 털어내는 정화의 의미와 병 치료의 의미를 담고 있다. 이 내용은 『청관음경請觀音經』에 기재된 이야기로, 양류관음은 이 얘기에 근거하여 병과 환난을 없애주는 병난소재病難消除의 본원을 보여 준다. 예전에는 버드나무가지인 양지楊支로 이를 닦아 이를 양지질이라고 했다. 지금은 이를 닦는 행위를 양치養齒라고 해서 이를 양생한다는 의미이지만 양치楊齒가 더 적절하다는 생각이 든다. 아무튼 양지질은 버드나무의 치병효과를 잘 보여 주는 사례이다.

백의관음白衣觀音

머리부터 발끝까지 온통 백의를 걸친 다정다감한 모습으로 어린아이의 순조로운 출산과 어린아이의 생명을 구하고 보살피는 데 유독 주의를 기울이는 보살이다.

백의관음은 백의를 입었다는 모습에서 이름을 따온 듯하며, 상징적 의미는 언제나 청정을 의미하는 흰 연꽃 위에 앉아 있으므로 백처존白處尊이라 했다는 별칭도 있다. 대백의관음大白衣觀音, 백의관자재모白衣觀自在母라고도 불린다. 『대일경소大日經疏』를 비롯하여 여러 경전에 그 이름을 볼 수 있다.

백의관음은 인도에서 탄생했기 때문에 중국풍의 수월관음 이전부터 녹특한 모습을 보여 주고 있었지만, 당나라 시대 말기부터 수월관음도에 백의白衣가 응용되기 시작한다. 이것은 수월관음도상에 백의관음도상이 융합된 것으로 추정된다. 이러한 변화가 일어난 데는 수묵화의 발달과 선종의 융성으로 수묵관음도가 나타나면서 표현상 자연스럽게 백의를 걸치게 된 것이 아니겠느냐고 추측한다.

그러나 백의를 입은 관세음보살을 모두 백의관음만으로 단정하기는 어렵다. 예를 들어 강진 무위사 극락전의 관세음보살은 백의를 입고 있기는 하지만 손에 정병과 버들가지를 들고 있다는 점에서 양류관음으로 볼 수도 있고 백의관음으로도 볼 수 있다. 백의관음은 33신 중 비구니신에 해당한다.

청경관음青頸觀音

산스크리트 이름은 '닐라칸타Nilakaṇṭha'로 '검푸른 목'이라는 의미다. 아주 먼 옛날 신과 악마들이 바다에서 불사의 감로수 아무리타 찾으려고 바다를 휘젓다가 거기서 맹독성의 독약이 튀어나오자, 시바신은 중생들이 독의 피해를 보는 것을 막기 위해 대자비를 베풀어 독을 삼킨다. 그 때문에 시바는 목이 검푸르게 변했다. 시바의 이러한 대자 대비한 모습을 관음의 모습으로 삼은 것이 청경관음으로『천수경千手經』의 천수다라니에 등장한다. 청경관음을 염하면 두려움과 재난에서 벗어날 수 있단다. 이미 5세기경 청경관음상이 인도 사르나트에서 발견되었다는데 삼면사비三面四臂 또는 일면이비一面二臂로 왼손에 연꽃, 오른손은 가슴 앞으로 내밀어 들고 있다.

33관음의 경우 청두관음青頭觀音이라 적혀 있으며 33신 중 불신佛身을 나타낸다.

유희관음遊戲觀音

관음보살의 유희자재遊戲自在한 모습, 즉 어떤 경우에서도 몸을 자재롭게 나투는 것을 보여 주는 보살이다. 관음 32응신도에서 그림의 중심에 유희좌로 앉아 있는 보살을 일컫는다.『법화경』「보문품」게송에 "흉악한 사람에게 쫓기다가 금강산에 떨어져도 관세음을 염하면 거룩한 힘으로 털끝 하나 다치지 않게 하네……"라는 구절이 있는데, 이 금강산에 나타난 관음보살의 모습이라고 한다.

용두관음龍頭觀音

구름에 있는 용의 등에 앉아 있는 모습으로, 33신 중 천룡天龍, 야차신夜

叉身에 해당한다.

지경관음持經觀音

오른손에 경을 들고 바위 위에 앉아 있다. 33신 중 성문신聲聞身에 해당
한다.

어람관음魚籃觀音

손에 물고기가 가득 찬 어람魚籃; 고기 바구니을 들거나 혹은 뭄 위에서
큰 고기를 타고 있다. 고기를 쥐고 있는 모습도 있다. 당나라 시절에 한
물고기 장수의 아름다운 딸이 「보문품」을 수지 독송하는 신도에게 시집
을 갔는데, 사실 이 미녀가 관음의 화신이었다는 설에 근거한다. 또는 일
설에 의하면 『서유기』에 소개된 보살로서 삼장법사를 구하기 위해 사악
한 물고기를 잡아갔던 보살이라고 한다. 중국에서는 송나라 이후 널리
믿어졌다. 우리나라에서는 곡성 관음사에 어람관음이 조각상으로 모셔
져 있는데 커다란 물고기를 한편 옆구리에 끼고 다른 한 손으로 물고기
머리를 쥔 모습이다.

시약관음施藥觀音

「보문품」 게송의 "해와 같이 허공에 떠 있게 하고", "괴로운 고통과 죽음
의 재앙에서 등대이시고……"라고 설하는 구절에 상응하는 보살로 몸과
마음의 병을 제거한다. 물을 바라보며 바위 위에 앉아서 왼손을 무릎에

두고 오른손을 뺨에 대고 연꽃을 보는 형상이다.

연명관음延命觀音

「보문품」게송에 나타나는, 방자하게 저주하며 독약으로 몸을 해치려는 위기상황으로부터 면하게 해 주는 보살이다. 바위 위에 팔꿈치를 붙이고 있다.

다라관음多羅觀音

산스크리트어 '타라Tārā'의 음역으로, 그 타라는 '눈眼'또는 '구제하여 건네주는 것'을 의미한다. 관음의 눈에서 발하는 광명으로부터 여인의 모습을 한 다라존多羅尊이 생겨나는데 그 분이 다라관음이다. 관음보살의 화현으로 여성 보살의 대표적이다. 다라관음은 광명을 발해 자비로운 눈을 지니고 모든 중생을 구한다. 형상은 경전에 따라 여러 가지이지만, 『대일경』의 경우 청백색靑白色의 모습으로 여인처럼 백의를 걸치고 합장한 채 푸른 연꽃을 쥐고 있다고 설한다.

다라관음 신앙이 인도에서 크게 성행한 탓인지 녹야원에서는 6세기경의 다라상이 발견되었으며 7세기 전반에 인도를 여행한 현장의 기록에도 등장한다. 대영박물관에 소장 중인 다라관음상이 유명하다.

합리관음蛤蜊觀音

1269년 중국에서 편찬된 『불조통기佛組統記』에 나오는 얘기에 근거한 관음보살이다. 당나라의 문종이 대합 먹기를 즐겨 했다. 어느 날 큰 대합을 먹으려 할 즈음 대합이 돌연 대사大士의 모습으로 변해 버렸다. 너무 놀란 나머지 황제는 종남산終南山의 유정선사惟政禪師를 초빙해서 그 이유를 묻고, 연유를 들은 다음 선사의 법화法話에 감복하여 천하의 사원에 관음상을 안치했다고 한다. 이렇게 해서 합리관음의 탄생하는데, 그 모습은 대합을 앞에 두고 앉은 형상이다.

보비관음普悲觀音

자비를 세계에 널리 펼친다는 의미의 관음보살이다. 이치상으로 보면 모든 중생이 불성을 지니고 있어 평등하고 무차별하다. 그러나 현상적으로 보면 업력에 따라 같지 않고 달리 나타난다. 보비관음은 인연이 닿지 않는 중생도 구제하는 대비행으로 동체대비의 자비심을 내어 평등하고 보편적으로 일체중생을 교화한다. 33신 중의 대자재천신大自在天身으로 나투며 양손을 법의에 감추고 산 위에 서 있다.

마랑부관음馬郎婦觀音

『불조통기』에 나오는 얘기에 근거하는 관음이다. 중국 섬서성의 한 마을에 성질 고약한 사람들이 살고 있었다. 어느 날 절세 미녀가 등장하자 아내로 삼으려는 사람이 여기저기서 많이 몰려들었다. 그녀는 먼저 「보문품」을 주며 내일 아침까지 암송暗誦하고 오는 사람과 결혼하겠다고 약속했다. 20명이 그것을 외우고 나타났다. 그러자 다시 그녀는 『금강경』을 주면서 다음날까지 외워 오라고 하자 10명이 그 약속을 지켰다. 다시 『법화경』을 3일 동안 암송해서 오는 사람에게 시집가겠노라고 하자 마랑馬郎 청년만이 그것을 실행했다. 미녀는 그와 결혼식을 거행한다. 첫날 밤 미녀는 아파서 다른 방에서 자겠다고 했다. 그런데 그 다음 날 미녀는 죽은 채 발견되었다. 후에 그녀의 무덤을 열자 황금 뼈가 나타났고 사람들은 미녀가 관음으로 화했다는 사실을 알게 되었다. 이 일로 그 마을 사람들은 살인과 간탐 등 사악한 행위를 버리고 평화롭게 생업에 종사했다고 한다. 송나라 시대 이후 마랑부관음 신앙이 성행하게 되어, 송화宋畵의 유품遺品에도 전해질 정도란다. 33관음의 경우는, 33신의 부녀신婦女身에 해당한다. 이 마랑부관음은 어람관음과 동일 인물이라는 설도 있다.

원광관음圓光觀音

「보문품」 게송에 "때 없이 청정하고 밝은 광명이 태양과 같은 지혜의 빛으로 어둠을 부수고……"라는 구절에 따른 관음보살이다. 빛 속에 합장한 채 바위 위에 앉아 있다.

연와관음蓮臥觀音

연못의 연꽃 위에 앉아서 합장한 모습으로 33신 중 소왕신小王身에 해당한다.

낭견관음瀧見觀音

「보문품」 게송에 "관음을 염하면 불도가니가 변하여 연못으로 된다"는 설에 해당하는 관음보살인데, 바위에 앉아서 폭포를 관하고 있으므로 낭견관음 혹은 관폭관음觀暴觀音이라 한다.

덕왕관음德王觀音

바위 위에 앉아서 가부좌를 틀고 있으며 왼손을 무릎 위에 놓고 오른손에 푸른 나뭇가지를 잡은 모습이다. 33신 중 범왕신梵王身에 해당한다.

일엽관음一葉觀音

「보문품」의 "큰물을 만나 표류하더라도 관음을 염하면 낮은 곳을 다으리라"한 것에 해당하는 모습이라고 한다. 33신 중 재관신宰官身에 해당한다.

위덕관음威德觀音

악한 무리를 절복折伏시키려는 위엄과 약한 자를 애호愛護하는 덕을 갖추고 있다. 33신 중 천대장군신天大將軍身을 나타낸다.

중보관음衆寶觀音

「보문품」 게송에 갖가지 보물을 찾다가 나찰귀국에 가 닿더라도 나찰의 난에서 벗어나게 한다는 것에서 유래한다고도 말한다. 33신 중 장자신長者身의 모습을 보인다.

암호관음巖戶觀音

「보문품」 게송에 도마뱀·뱀·살모사·전갈의 독으로부터 벗어난다는 구절에서 유래하는데, 독충들이 머무는 암호巖戶: 巖窟에 앉아 있다.

능정관음能靜觀音

정숙精寂한 모습으로, 해변의 바위에 앉아 손을 바위에 대고 있다. 해로
海路의 수호신이다. 바다를 항해하다 조난 당한 사람을 안전하게 보호하
고 표류하는 배를 구해낸다.

아뇩관음阿耨觀音

히말라야의 성산聖山 카이라스 밑 평원에는 두 개의 호수가 자리잡고 있
다. 하나는 인도 고대 4대 강의 수원水源을 형성하는 성스러운 마나사
로바 호수이며 다른 하나는 생명이 살 수 없는 락스 탈 호수이다. 아뇩
관음은 마나사로바 호수에서 유래하며 그 산스크리트 명은 아나바타프
Anapata이다. 「보문품」에 "큰 바다에서 표류하다가 용과 고기, 여러 귀신
을 만나 어려움을 당했을 때 이 관음보살의 위신력을 염하면 파랑에 빠
지지 않고 죽지 않네"라는 구절에 상응하는 보살이다. 바위 위에 앉아서
바다를 내려다보고 있으며 독룡과 잡귀로부터 보호해 준다.

아마제관음阿摩堤觀音

산스크리트 이름은 '아베트리Abhetri'이다. 무외관음無畏觀音 · 관광관음寬
廣觀音으로도 불리며, 아무것도 두려워하지 않는 무외의 모습으로 바위
위에 앉아 있다. 지옥에 들어간 중생들을 구원하는 보살이다.

엽의관음葉衣觀音

피엽被葉관음이라고도 한다. 천녀天女형으로 이비二臂 혹은 사비四臂 상이 있다. 화재 예방, 무병장수를 기리는 밀교 의식법의 주존으로 신앙된다. 33신의 제석신帝釋身 모습으로 나타나 바위 위에 앉아 있다.

유리관음瑠璃觀音

향왕관음香王觀音이라고도 한다. 향왕관음은 향왕香王보살로도 불리는데, 이 보살의 설법 향기가 온 누리에 두루 퍼졌기 때문이다. 33신 중 자재천신으로 나타난다.

육시관음六時觀音

6시란 인도의 시간 단위로 하루를 의미한다. 주야로 항상 육도중생을 불쌍히 여겨 수호하는 관음이다. 33신 중 거사신居士身의 모습으로 범협梵篋: 경전을 지니고 있기 때문에 범협관음이라고도 불린다.

합장관음合掌觀音

합장한 채 꽃 위에 앉아 있다. 33신 중 바라문신을 나타낸다.

일여관음一如觀音

구름을 타고 번개를 정복하고 있는 모습으로, 「보문품」에 관음을 염하면, 운뇌雲雷도 사라진다는 구절에서 유래한다. 번개도 관음의 신묘한 지혜의 힘妙智力과 하나라는 의미다.

불이관음不二觀音

33신 중 집금강신執金剛身을 나타내며, 물 위의 연꽃에 서 있다. 부처님의
수호신인 집금강신도 부처님이 화현한 모습이기에 집금강신과 부처님은
둘이 아니라는 의미에서 불이관음이라 부른다.

지련관음持蓮觀音

33신 중 동남동녀신童男童女身으로, 연꽃 위에 서 있으며, 관음보살의 상
징인 연꽃 줄기를 들고 있다.

쇄수관음灑水觀音

「보문품」의 "감로의 법비를 뿌려 번뇌의 불길을 끈다."는 구절에서 유래
한다. 오른손에 지팡이, 왼손에 물을 뿌리는 쇄수기灑水器를 들고 있다.

03

번뇌의 타파,
십대제자

나한
羅漢

나한님이시여,
탈속의 경지에서 도를 즐기시고 신통한 힘으로 사람들에게 도움을 주시네.
—

한국 불교는 대승불교를 표방하고 있음에도 웬일인지 소승의 성자인 나한 신앙이 널리 유행하고 있다. 신통력 있는 기도 도량이라는 이름으로 지금도 전국의 유명 사찰이나 암자에서 나한님에게 소원을 비는 선남선녀들의 기도 소리가 낭랑하다.

그렇다면 나한이란 누구를 말함이고 그 신앙은 어떻게 형성되었으며 그 주된 기능은 무엇일까? 나한이란 아라한阿羅漢, arahan, arhat의 준말로 번뇌를 남김없이 끊은 초기 불교의 최고 이상적인 인물을 가리킨다. 대승불교에서는 인간이 보살도의 실천을 거쳐 궁극적으로 붓다가 된다고 하지만, 초기 불교나 부파불교에서 붓다는 오직 석가모니불 한 분뿐이며, 인간이 이룰 수 있는 최고 경지는 나한(아라한)이다.

초기 불교나 부파불교에서는 나한이 되는 길을 네 단계로 분류하고 있다. 소위 말하는 성문사과聲聞四果가 그것인데, 예류豫流·일래一來·불환不還·응공應供이다.

예류란 법의 흐름에 들어선 자로서 번뇌를 멸하는 진리의 길로 진입한 사람을 일컫는다. 그는 무욕의 삶으로 들어선 자이고 성자의 삶을 시작

번뇌의 타파, 십대제자

한 자이다. 산스크리트 이름이 '슈로타판나śrotāpanna'이며 음역하여 수다원須陀洹이라 한다.

일래란 법의 흐름에 들어서서 수행 끝에 욕망과 악의를 정복하고 이제 한번 다시 이 세상에 와서 태어나는 자를 말한다. 산스크리트 이름이 '사크리다가민sakṛdāgāmin'이며 신라 시대 화랑의 이름이기도 했던 사다함斯陀含은 그것을 음역한 말이다.

불환이란 비록 번뇌의 흐름에서 완전히 벗어나지 못했을지라도 탐욕과 분노, 성욕 등의 근본적인 결함을 줄인 결과 더는 이 세상으로 돌아오지 않는다는 것이다. 다시 태어나도 이 세상으로 환귀하지 않는다는 것이다. 산스크리트 이름은 '아나가민anāgāmin'으로, 이것을 음역하여 아나함阿那含이라 한다.

응공은 법의 흐름에 들어서서 각고의 수행 끝에 모든 속박과 번뇌를 끊어버린 자로서 마땅히 공양 받을 만한 자라는 뜻이다. 그 산스크리트 이름이 '아르핫arhat'이며 아라한阿羅漢이라 음역한다. 그에게 더는 윤회가 존재하지 않는다. 더 닦고 배울 것이 없으므로 무학無學이요, 진리와 합치하기 때문에 응진應眞이며, 모든 번뇌를 무찔렀기 때문에 살적殺賊이다.

이러한 성문 사과는 기실 번뇌를 다스리는 순서에 따라 구분한 것이기도 하지만, 세상에 태어난다는 것은 바로 번뇌에 물드는 길이기에 다시는 이 세상에 태어나지 않는 것을 목표로 한다. 이들은 상대방의 구원보다는 우선 자신의 번뇌를 다스리는 데 관심을 둔다.

나한 신앙과 갖가지 나한의 무리

이러한 나한의 자리적自利的 입장은 대승불교의 보살들이 추구하는 이타적利他的 삶에서 비판을 받는다. 대승불교에 들어와서 나한들은 그 영광스러운 자리를 보살들에게 내준 것이다. 대승불교는 신앙의 대상으로서 불·보살들만을 거론할 뿐이다. 그러면 대승불교에서 어떻게 나한에 대한 신앙이 일어난 것일까? 그 이유는 다음과 같다.

첫째, 스님은 거룩한 삼보 중의 하나로 뭇 중생의 귀의를 받는다. 고승 신앙, 조사 신앙 등은 모두 그 결과물이다. 고려 시대에 숱하게 행했던 반승법회飯僧法會; 스님들에게 식사 공양을 제공하는 법회를 보면 스님들에 대한 신앙이 어떠했는가를 잘 알 수 있다. 그런데 부처님 교단의 모든 나한은 사실 출가 스님들이 아닌가? 바로 그 나한들이 번뇌를 여읜 뛰어난 스님들이었기에 신앙이 대상이 되는 것은 너무나 당연하다.

둘째, 나한들이 모두 부처님과 더불어 번뇌를 남김없이 끊은 성자라는 점에서 그들 모두는 존경의 대상이 된다. 사실 자신의 번뇌도 끊지 못한 사람이 상대방을 구제한다는 것은 극히 어려운 일이다.

셋째, 복을 구하는 일반 민중의 기복적 경향이다. 나한은 육신통六神通과 팔해탈八解脫을 갖추어 인간과 하늘 사람天들의 소원을 속히 성취해 주는 복전이라고 하여 일찍이 신앙의 대상이 된다. 이들은 뛰어난 신통력을 지녀 수명을 연장하고 국토를 풍요롭게 하며 사람들에게 다양한 이익을 준다. 병도 낫게 하고 부귀영화를 누리게 하며 외침 또한 막아 준다.

그런 데다가 『법화경』 「오백제자 수기품伍百弟子受記品」에서는 5백 명의 나한들이 모두 붓다가 될 것이라는 예언을 받는다. 그렇다면 나한들 모두 귀의의 대상이 되는 것은 너무 지당하지 않은가?

그리고 마지막으로 가장 중요한 선禪불교의 영향이다. 중국 당나라 말기 오대에 거쳐 선종이 흥기와 더불어 조사 숭배가 성행하면서 조사와 나한을 유사한 개념으로 여기게 된다. 이에 대해서는 우매하라 타케시梅原猛의 논리를 빌어 소개해 보겠다. 그는 일단 소승의 나한과 대승의 나한을 구분한다. 대승의 나한이란 번뇌를 남김없이 극복한 데다 구속을 벗어나 무애의 경지에서 노닌다. 나한은 있음과 없음, 긍정과 부정에도 집착하지 않는 대승불교의 자유인이다. 거기에서 광대한 자아가 꿈틀거린다. 선불교 역시 어디에도 걸림이 없는 자유로운 인격과 진정한 인간, 참인간을 내세운다. 여기서 선과 나한은 자연스럽게 결합된다.

특히 16나한도에 나타난 나한들의 모습을 보면 그러한 개성의 자유가 남김없이 드러난다. 그들은 하나같이 노인의 모습인데 그것은 바로 모든 욕망에서 벗어난 탈속과 자유를 의미하며, 인간의 격을 떠난 인간인 초인超人을 가리킨다. 바로 나한은 대승불교의 가르침을 완전히 구현해 낸 대자유인의 모습으로 나타나게 되는 것이다(그 개성이 강한 유유자적한 모습에는 竹林七賢의 잔영 또한 뚜렷하기에 노장사상의 영향도 지대했을 것이라고 한다.).

이들 나한은 집단으로 무리를 짓거나 혹은 단독으로 믿어진다. 5백 나한·1천2백50나한·16나한·18나한·부처님의 십대제자들이 바로 그들이다. 여기에다 그 폭을 확대하면 조사 신앙이나 고승 신앙도 범주에 들어간다.

5백 나한은 왕사성 칠엽굴에서 제1차 경전 편집회의 때 참석한 5백 명의 나한들, 『법화경』에서 붓다가 되리라고 수기를 받은 500명의 나한, 그밖에 경전에서 부처님께서 5백 명의 나한과 함께 있었다는 묘사에서 나온 것이다.

1천2백50나한은 최초로 재가불자가 된 야사 장자 아들의 친구 50명, 불(火)을 숭배하다 부처님께 귀의한 3명의 가섭 형제를 비롯한 1천 명, 사리불과 목건련을 따르던 무리 2백 명을 합친 말인데, 이들 1천2백50명도 『법화경』에서 수기를 받는 등, 부처님 법회 때마다 항상 따라다닌다.

16나한은 실존 인물이라기보다는 다소 상징적이고 신앙적인 인물로 보인다. 이들에 대한 기원은 경우慶友가 저술한 『대아라한난제밀다라소설법주기大阿羅漢難提蜜多羅所說法住記』에서 찾을 수 있다. 흔히 『법주기』라 칭해지는 이 저술은 경전으로 불리기도 하는데, 작자인 경우는 스리랑카 사람이다. 석가모니 부처님이 열반에 든지 800년경에 지은 것이다. 이를 654년에 현장玄奘이 번역하는데, 『법주기』는 16나한에 대한 최초의 문헌이라 해도 좋다. 『법주기』로 인해 나한신앙이 본격적으로 형성되었으며, 16나한도가 그려지고 16나한상이 조성되기에 이른다. 16나한은 모두 인도풍의 이름으로 지칭되는데, 중국인의 시각에서 볼 때 확실히 이국적인 냄새가 난다. 그들 하나하나의 특징을 서술한 것을 보면 인간을 초월한 인간이라는 인상이 물씬 풍긴다.

『법주기』에는 부처님께서 열반에 드실 즈음 16명의 나한과 그 권속들에게 무상법의 진리를 부촉하셨는데, 그들은 불법이 사라지는 것을 막고, 이후 미륵불께서 세상에 출현하실 때까지 모든 중생의 복전이 될 것이라고 설한다.

18나한은 16나한 사상의 창조자 경우慶友와 빈두로賓頭盧, Piṇḍola 존자가 16명의 나한에 덧붙여져 생겨난 것이다.

불자들은 나한 기도를 드릴 때 나한님들께 공양을 올리는데, 그 나한 헌공獻供의 유치문由致文에 실려 있는 다음의 내용은 16나한들의 탈속의 경지와 그들의 역할을 잘 보여 준다.

"우러러 생각건대 16성중(나한)께서는 석가세존 입멸부터 미륵 부처님 나시기 전까지 열반에 들지 않으시고 오래도록 말법 세상에 머무시며, 덕화는 삼천세계에 두루 하고 몸은 백억 국토에 나투시어, 푸른 물 푸른 산에서 공쪿을 관하며 도를 즐기시기도 하고, 곳곳을 다니시며 중생을 건져 이롭게 하시므로 공양을 드리면 반드시 감응하시어 구하면 얻게 하고 원하면 이루어 주십니다."

한국의 나한 신앙과 그 문화

매일 사찰에서 조석으로 올리는 예불문을 보면, 10대 제자와 16성, 5백 제대 아라한, 1천2백 아라한에게 귀의한다는 구절에서 바로 이 나한신앙의 구체적인 단면을 읽어낼 수 있다.

우리나라에서 나타난 나한에 대한 최초의 기록은 『삼국유사』「가락국기」에 보인다. 이에 따르면 김수로왕이 도읍을 정한 뒤, "산천이 빼어나서 가히 16나한이 살만한 곳이다"라고 했다 한다. 그러나 그 당시에 나한 신앙이 들어왔다고 보기에는 무리가 따른다. 시대상을 반영하려는 글쓴이의 의도적인 가필이 아닌가 하는 생각이 들기도 하지만, 나한님들이 산천이 빼어난 곳에 머물며, 우리나라가 그러한 나한님들이 머무는 훌륭한 길지임을 잘 보여 주는 대목이라 하겠다.

그리고 통일신라 시대에 신문왕의 아들 보천寶川이 오대산에서 수도할 적에 북대인 상왕산象王山에서 석가여래와 더불어 5백 나한을 친견하였으며, 또 그가 임종 직전에 북대의 남쪽에 나한전을 두어 원상圓像 석가와 석가여래를 수반으로 하는 5백 나한을 그려 봉안하고 예참했다고 전하는 데서, 나한 신앙의 맹아를 찾을 수 있다.

고려 시대에 들어와 나한 신앙은 본격적인 유행의 물결을 탄다. 그 단적인 예로 고려 왕실에서는 국가적 차원의 5백나한재伍百羅漢齋를 비롯한 나한재를 70회 정도 자주 열어 기우祈雨와 적병 퇴치를 빌었다. 수로왕의 나한에 대한 얘기도, 사실 『삼국유사』의 저자 일연 스님이 살았던 고려 시대에 그만큼 나한신앙이 팽배했던 사실을 방증하는 것이기도 하다. 왕실에서 주관한 반승법회를 보면 반승 5백, 내지 1천 명이라는 기록도 부지기수인 것을 보면 나한 신앙의 한 형태로 스님에 대한 신앙 또한 대단했던 모양이다.

태조 이성계도 왕이 되기 전에 이상한 꿈을 꾸고 무학 대사를 찾아가자 "나한전을 세우고 5백 나한을 봉안하여 5백 일 동안 기도하라"고 당부한다. 그는 이 말을 듣고 함경남도에 석왕사를 창건하여 500일 동안 기도를 거쳐 나한을 극진히 모신다. 이러한 분위기는 조선 시대에 그대로 이어져 조선 시대 후기17~18세기에 기층민들의 나한 신앙은 최고조에 달해 많은 사찰에서 나한상을 모시게 된다.

나한님들은 중생에게 복덕을 주고 소원을 성취시키는 데 독특한 능력이 있다고 하여 우리나라 사찰에는 많은 나한전이 생겨나 나한들을 모시고 있다. 게다가 나한상 뒤에는 나한도를 걸어 두어 현재까지 많은 나한상과 나한도가 전해 내려온다. 그중에서 경북 영천 거조암居組庵의 5백 나한상과 청도 운문사 5백 나한상이 유명하다. 특히 거조암의 5백 나한상 하나하나의 모습은 모두가 개성을 강하게 표현하고 있다. 참선하는 모습, 이를 드러내고 웃는 모습, 찡그리는 모습, 엉엉 우는 모습, 달리는 모습 등 다양한 표정을 하고 있다. 이는 개성을 강조하는 나한 신앙의 단면을 보여 주는 대표적인 예이다. 운문사 5백 나한들은 영험 있기로 유

번뇌의 타파, 십대제자

명하다.

응진전應進殿에는 보통 16나한을 많이 모시는데, 앞에서도 밝혔듯이 이들 나한은 한 분 한 분 개성의 자유를 유감없이 보여 준다. 특히 16나한도의 경우, 도상의 다양함과 자유스러운 묘사는 불교 회화에서 가장 예술성이 뛰어난 분야로 꼽힌다. 탈속한 노인들의 근엄하고도 자유스러운 모습은 수묵水墨을 위주로 하는 선화로도 많이 그려진다. 나한들은 선의 이상 세계를 잘 구현하기 때문이다.

이 밖에도 석굴암의 10대 제자상이나 여러 가지 조사상(특히 해인사 희랑대의 희랑 조사상), 스님 형태의 인물상 모두 나한 신앙의 다양한 모습을 잘 보여 주는 것이다.

우리나라 고승들은 나한들로 하여금 신도들을 도와주게 하기도 했다. 예를 들어 조선 시대 조선의 석가로 불린 진묵 스님은 나한을 부려 신도들의 소원을 들어준 일화로 유명하다.

현재도 전국에 걸쳐 나한 도량이 많이 형성되어 있어 나한님에게 복을 비는 기도 소리가 끊이지 않는다. 관악산 연주암의 다락같이 올라선 응진전 16나한님들은 영험이 아주 뛰어나다고 소문이 나 기도 인파가 몰린다. 이 밖에 나한도량으로 안성 칠장사, 양주 오봉산 석굴암, 소요산 자재암, 북한산 문수사, 양평 수종사, 제천 강천사, 완주 송광사, 완주 봉서사, 완주 원등사, 강화 보문사, 상주 남장사, 김천 수도암, 순천 금둔사, 가평 대원사, 부산 마하사, 거창 상봉산 금봉암, 군산 상주사, 고성 옥천사, 설악산 계조암 등이 있다. 나한님들이 신통력이 매우 뛰어나다 보니 나한 기도도량은 다른 불·보살님 기도 도량보다 월등히 많다.

관음도량이나 문수도량은 나한도량과 겹치는 경우가 많은데, 그것은 그 사찰의 관음굴이나 문수굴에 보살님들이 나한들을 동반하여 나투어 환난을 제거하고 이익을 베풀었기 때문이기도 하다.

주의할 점은 나한님이 계율을 지키는 데서는 타의 추종을 불허하고 그 성격 또한 괴팍하다는 이유로 나한재나 나한 기도를 올릴 때 특별히 몸가짐에 신경을 써야 한다는 것이다.

번뇌의 타파, 십대제자

지혜제일 사리불
智慧第一 舍利弗

뛰어난 지혜의 눈과 진정한 용기를 지닌 사리불 존자.

—

석가모니 부처님의 말씀이 오늘날 사자후되어 쩌렁쩌렁하게 울려와 우리 생의 지침을 돌려놓기까지는 직접 그분의 곁에서 배우고 수행한 제자들의 진리를 전하려는 각고의 노력 때문이었다. 그들의 공덕으로 부처님 법음이 우리 곁으로 다가온 것이다. 부처님의 제자 중 석가모니 초기 교단에 커다란 족적을 남긴 10명의 제자가 있으니 그들을 일러 십대제자라 한다.

이들은 부처님이 직접 설했다는 근본불교 경전부터 대승경전에 이르기까지 불법을 묻고 그 가르침에 따라서 살아가는 성현들로 등장한다. 그들을 우리는 아라한arahan, 阿羅漢이라 부른다. 이 말은 흔히 줄여서 나한으로 쓰이는데, 일명 마땅히 공양을 받을 만한 분이라는 뜻으로 응공應供이라고도 한다.

거부하는 몸짓으로 이 젊음을

십대제자 중에서 제일 먼저 석가모니불께 귀의한 두 사람이 사리불舍利

佛과 목건련目犍連 존자尊者이다.

사리불 존자의 산스크리트 이름은 '샤리푸트라Śāriputra'로 '샤리의 자식'이라는 뜻이다. 여기서 '샤리'란 원래 눈이 총명하게 빛나는 새를 지칭한다. 그의 어머니의 눈이며 지혜가 마치 새의 눈처럼 반짝였기에 그녀를 '루파샤리Rūpaśāri'라 불렀는데, 그러한 모친의 영향이 컸음인지 그를 샤리의 자식이라고 불렀던 것이다. 그리고 그가 태어난 마가다국 왕사성王舍城; Rajagrha의 자그마한 마을이 우파티샤Upatiṣya인데, 그 당시 마을명은 부계父系의 이름을 따서 불렀던 모양인지 그의 아버지 이름도 우파티샤이고 사리불 역시 우파티샤우파기사優波祗沙 또는 우파제사優波提舍라 불렸다고 하지만, 사실 우파티샤라는 말보다 샤리푸트라로 더 많이 알려져 있다.

왜 그랬을까? 이는 당시의 이름을 짓는 분위기가 모계를 따른 결과라기보다는 그의 성장 배경에 모친의 영향이 지대했으며, 그만큼 두 모자가 지혜로 총명했기 때문에 그를 샤리의 자식이라 했을 것이다. 이 샤리푸트라에서 앞의 샤리를 음역하고 뒤의 푸트라를 의역해서 사리자舍利子라 했으며, 그 둘을 다 음역해서 사리불舍利弗 또는 사리불다라舍利弗多羅라 칭하기도 했다.

청소년 시절 사리불은 생김새 또한 단정했을뿐더러 브라만교의 성전 4베다를 줄줄 외울 정도로 영특했다. 그는 이지적이었으며 인생과 세계에 대한 깊은 사색과 거부하는 몸짓으로 기성의 제도에 도전하는 일종의 반항적인 청소년이었다. 어느 날 그는 절친한 친구 목건련과 함께 마가다국 영축산靈鷲山에서 벌어지는 큰 축전인 산정제山頂祭에 참가한다. 아마 그것은 일종의 종교 의례였던 모양인데, 두 소년은 번다하고 괴기스러운 축제 분위기에 환멸을 느낀 데다 그 무의미성에 깊은 허무감을 느낀다.

게다가 제전이 끝나고 난 뒤 사람들의 발자취가 모두 사라지고 찬바람만 스산하게 이는 빈 공간에서 느끼는 적막감과 허무감이 좀 전까지 떠들썩하던 들뜬 분위기와 묘한 대조를 보이면서 무상감이 더욱 절실하게 다가왔을지도 모른다.

그래서 감수성이 예민한 이지적인 두 소년은 당시 육사외도六師外道 중에서 큰 세력을 형성하고 있던 사잔야Sañjaya의 문하로 출가하여 사문沙門, śramāna의 길을 걷는다. 얼마 후 이들은 산자야가 거느리던 250명의 제자 중에서 가장 뛰어난 모습을 보여 그들을 지도하는 위치에 올라섰다.

육사외도란 인도 정통 바라문교와 불교의 입장, 양측에서 볼 때 정도正道가 아닌 이단의 가르침에 따르는 여섯의 무리를 말한다. 산자야 벨라티 푸트라Sañjaya belati putra는 그러한 육사외도 중 한 사람으로서 진리란 어떻게 한 가지 모습으로 규정지을 수 없다는 회의론을 전개했다.

사실 우리가 이성과 오감을 가지고 사물을 판단할 때, 그것은 사람의 입각지에 따라 다르게 보이는 등, 어느 곳 어느 때나 절대 부동의 진리란 없다. 그래서 산자야는 어떤 입장에 결코 서지 않는다. 그의 말은 '마치 뱀장어처럼 미끄러워 잡기 어려운 이론'으로 불릴 정도였다. 그러다 보니 입각지를 정하고 확실한 윤리 의식과 실천적 태도를 견지하기가 힘들었다. 회의를 위한 회의를 거듭할 뿐, 어떤 이론의 구축이나 재생산이 아예 없었다. 희랍의 소피스트들처럼 궤변만을 일삼았던 모양이다.

지혜로운 이의 발걸음

사리불과 목건련은 산자야와 결별하고 누구든 믿고 따를 수 있는 진리를 발견하면 서로에게 알려주기로 약속하고 다시 구도의 행각에 나섰다. 그러던 어느 날 사리불은 한 수행자를 목격한다. 그는 부처님께 최초로 귀의한 다섯 제자 중의 한 사람으로서 앗사지Assaji, 阿說示였다.

그는 가사를 단정히 차려입고 발우를 들고 왕사성 거리에서 걸식하고 있었는데, 그 고고하고 위엄 있는 모습은 그의 마음을 사로잡을 만했다. 그는 나아가고 물러서고, 앞을 보고 뒤를 보고, 굽히고 펴는 것이 의젓하였고, 눈을 땅에 향하였다.

'아마 세상에 참다운 성자가 있다면, 이 사람이야말로 그런 사람임이 틀림없다. 내 이 사람에게 그 스승이 누구이며 그 가르침이 무엇인지를 물어보리라.'

사리불은 이렇게 생각하고는 그에게 가까이 다가가서 자초지종을 물었다. 그러자 앗사지가 자신은 석가모니불께 출가했으며, 출가한 지 얼마 되지 않아 스승의 가르침은 깊이 모르나 그 내용은 간결하게 요약할 수 있다고 말하면서 그 가르침을 게송으로 읊었다.

"모든 법은 원인에 따라 생겨나며, 또한 원인에 따라 사라진다. 이와 같이 생겨나고 사라지는 것을 우리 부처님은 설하시었소 諸法從因生 諸法 從因滅 如是滅與生 沙門說如是 『佛本行集經』"

사실 이것은 인연의 도리에 따라 모든 것은 모여서 사라진다는 이치를 설명한 것인데, 이 대목을 듣자마자 사리자는 모여서 이루어진 것은 모두 소멸한다는 제행무상諸行無常, 제법무아諸法無我의 이치를 깨닫게 된다. 어떤 유신론적이거나 일원론에 입각하지 않을뿐더러 그렇다고 해서 아무런 근거가 없는 허무적멸을 말하는 게 아니라 사물과 사물간의 연기의 법칙으로 이어지는 삶과 세계의 참모습을 보게 된 것이다. 드디어 그는 자신이 애타게 찾던 진리를 발견한 것이다. 그는 기쁜 마음에 친

번뇌의 타파, 십대제자

구인 목건련에게 달려갔다. 멀리서 그가 오는 모습을 보고 목건련은 이렇게 말한다.

"벗이여, 그대의 감관은 매우 청정하며, 피부 빛은 아주 흽니다. 벗이여, 그대는 불사의 경지에 도달한 것 아닙니까?"

진리를 발견하고 그 진리대로 행동하면 그것은 자연스레 행동으로 절도 있게 배어 나온다. 사리불이 앗사지를 보고서 '아, 저 사람은 성인임이 틀림없구나!'하고 느낀 것이나 목건련이 진리를 깨달은 사리불의 모습을 보고 말한 내용에서 그런 정경이 잘 그려진다. 석가모니불이 고행을 그만둔 사실에 대해서 녹야원에서 수행하던 다섯 비구가 그를 가리켜 타락한 자로 지목하고 반기지 말자고 약속했으나, 실제로 석가모니불이 그들에게 걸어왔을 때, 그들은 자리에서 일어나 석가모니불을 극진하게 영접한 사실도 그렇다. 부처님의 걸음걸음이며 모습이 그들의 마음속에 깊은 감명을 주며 압도해 들어왔기 때문이다.

목건련 역시 사리불이 전하는 말을 듣고 기뻐하며 그 진리에 따르고자 굳은 결의를 하고, 다시 의기투합한 그들은 산자야를 따르던 무리 250명과 함께 석가모니불께 귀의한다. 이 일로 부처님 교단은 큰 세력으로 커 나가기 위한 굳건한 발판을 마련한다.

지혜의 일인자가 된 이유

사리불 존자는 마하가섭摩訶迦葉과 아난阿難 존자가 교단의 전면에 등장하기 이전에 목건련 존자와 더불어 부처님의 양대 제자 중 한 분으로 손꼽힐 정도였으며, 부처님의 여러 제자 중 지혜가 가장 뛰어나 지혜제일智

慧第一이라는 별칭을 얻게 되었다. 증지부增支部 니카야에서는 "나의 제자 중에 지혜제일은 사리불이다"라고 말했다. 증일아함增一阿含 「제자품弟子品」에서는 그를 일러 말하길, "지혜가 무궁하여 모든 의심을 완벽히 이해하는 비구는 사리불이다"라고 했다. 심지어 그는 부처님의 인가를 받고서 여러 비구에게 설법할 정도였으니 그 예가 장아함長阿含 제8 『중집경』과 제9 『시상경』에 전한다. 그 밖에 사리불은 당시의 일반 철학이며 종교를 완벽에 가까울 정도로 꿰뚫고 있었기 때문에 브라만 승려를 비롯한 외도들과 대론 끝에 그들을 절복시켜 불교로 귀의시켰다. 부처님의 사촌 데바닷다Devadatta가 5백 명의 비구를 이끌고 부처님께 반기를 들었을 때도 목건련과 더불어 그들을 타일러 잘못을 뉘우치게 하고 부처님 품으로 다시 들어오게 한 장본인도 바로 그였다. 그래서 석가모니불께서는 사리불을 일컬어 "사리불은 나의 장자長子다"라고 했을 정도다.

뛰어난 지혜의 소유자로서 그의 이러한 특징은 대승불교에도 그대로 이어져 그는 대승경전의 주요 인물로 등장한다. 특히 대승불교의 핵심이라 할 수 있는 『반야심경』에서는 관자재보살이 설하는 공의 도리를 깨우치는 상대역으로 경전에 나타난다. 게다가 『유마경』에서는 유마 거사가 사리불에게 불가사의한 해탈의 모습을 설명해 줄 정도로 그는 해탈의 세계를 이해할 수 있는 지혜가 충만한 제자였던 것이다「不思議品」. 결국 『법화경』 「방편품」에서는 사리불이 앞으로 오는 세계에 깨달음을 이루어 그 이름이 화광여래火光如來로 불릴 것이며, 한량없는 중생을 제도하게 되리라는 수기를 받기에 이른다.

사리불 존자는 부처님보다 앞서서 나라카 마을에서 춘다의 간호 아래 열반에 들었다. 당시 그의 나이 70세였으며 부처님은 80세. 그의 유골이 부처님 곁으로 돌아오자 여러 제자들과 더불어 부처님께서는 슬퍼하면서 말했다.

> "그는 지혜롭고 총명했으며 재주도 많았다. 그는 욕심이 적어 만족할
> 줄 알았으며 늘 용감하였다. 비구들이여, 사리불을 잃은 여래는 가지
> 가 부러진 고목과 같구나." 『부처님의 생애』, p.326

　수닷타 장자는 탑을 세워 그의 유골을 안치하였다. 그로부터 200년
후 아쇼카 대왕은 기원정사에 들러 사리불의 탑에 공양하고 10만금을
희사하였다고 전한다.

석굴암 십대제자상과 사리불

석굴암 본존불 후면으로 빙 둘러 가며 이국적 분위기가 물씬 풍기는 십대
제자가 늘어서 있는데, 그 존상들이 십대제자의 특징을 잘 나타내 보이고
있기에 한국불교연구원에서 나온 『석굴암』을 참고해서 소개해 보겠다. 대
승불교의 『유마경維摩經』에 이르러서 부처님 십대제자가 최초로 모습을
드러낸다. 순서대로 그 이름을 거명하면 사리불, 목건련, 마하가섭, 수보
리, 부루나, 가전연, 아나율, 우바리, 라훌라, 아난 존자이다. 석굴암 십대
제자상도 이 유마경에 등장하는 순서에 따라 본존불인 부처님을 중심으
로 좌우로 도열하고 있다. 동양문화의 좌차에 따르면 우측보다 좌측이 먼
저다. 부처님의 좌측에 서 있는 제자가 우측 제자보다 앞선다는 것이다.
　이렇게 보자면 본존불에서 좌측으로 사리불·마하가섭·부루나·아나
율·라훌 존자가 순서대로 도열해 있으며, 우측으로는 목건련·수보리·가

석굴암 사리불 존자상

전연·우바리·아난 존자가 차례차례 둘러서 있는 셈이다.

사리불과 목건련 존자는 부처님 초기교단에서 부처님의 양대 제자 역할을 했기에 이들이 전면에 나섰을 거라고 생각된다. 거기에다 이 두 제자상이 다른 제자상에 비해 제일 연로한 모습이다. 그러니까 입구에서 바라볼 때 우측의 첫 번째 제자가 사리불이요, 좌측의 첫 번째 제자상이 목건련이다.

사리불 존자는 눈빛이 예리하게 빛나는 지혜로운 노비구의 모습이다. 왼손으로 비구의 필수품인 정병淨甁을 왼편 가슴 높이까지 들어 올려 품에 간직하고 있으며, 한 손가락으로 조그마한 향로를 들고 있다. 오른손은 엄지와 검지를 타원형으로 맞댄 채 볍씨 같은 작은 조각을 들고 있다. 이 조각은 바로 향이다. 그렇다면 향공양을 하고 있는 모습인데, 왜 향공양을 하게 되었을까? 그것은 당시 신라인들이 향공양을 선호했기 때문이라고 한다.

번뇌의 타파, 십대제자

신통제일 목건련
神通第一 目犍連

> 효성이 지극하고 신통력이 뛰어난 목련 존자여,
> 오직 중생구제를 위해 신통력을 구사할 뿐이네.
>
> —

신통력의 진정한 의미

사리불과 더불어 초기 불교 교단의 쌍벽을 이룬 인물이 사리불과 목건련 존자이다. 좌 사리불, 우 목건련이라 할까? 이 둘은 부처님의 왼팔과 오른팔이었다.

인근 마을에서 태어난 사리불과 목건련은 이지적인 청년이었을 뿐만 아니라 비슷한 가정환경과 교육 수준, 그리고 아름다운 우정으로 언제나 함께 길을 갔으며 청년으로 성장한 후에도 학문과 인생, 종교적 진리에 대해서 서로 진지하게 토론하며 구도의 길을 걸었다.

목건련은 마가다국 왕사성 근처의 콜리타Kolita라는 마을에 한 부유한 바라문의 외동아들로 태어났다. 그의 아버지 이름도 콜리타였는데, 그 이름을 따서 어릴 적 이름도 역시 콜리타로 불렀다. 그는 유복한 가정환경과 바라문 출신이라는 신분상의 특권, 그리고 영민한 두뇌로 4베다를 비롯해 당시 고도의 학문 세계를 훌륭하게 학습하였다.

사리불과 함께 부처님의 교단에 들어선 콜리타는 모계母系의 성을 따서 마우드갈야야나Maudgalyāyana로 불리게 되었다. 그 음역이 목건련目犍蓮 혹은 목련目連이다. 그는 부처님의 교단에 들어온 후 맹렬하게 수행한 결과 진리를 깨닫고 십대제자의 반열에 끼게 된다. 열 명의 제자 중 목건련의 두드러진 특기는 신통력이었다. 그는 신통력으로 다른 사람에게 보이지 않는 날아다니는 물체를 보고, 멀리 떨어져 있는 부처님과도 대화를 나누었다. 그래서 『증일아함경』에서는 부처님께서 "나의 제자 중에 신통제일은 목건련이다"라고 하셨다.

사실 신통력이란 선정 수행으로 어느 정도 단계에 오르다 보면 생겨나는 초인적인 능력으로 부처님 역시 이 신통력을 획득했다. 그 신통력에는 모두 6가지 종류가 있는데, 이를 일러 육신통六神通이라 한다. 천안통天眼通·천이통天耳通·타심통他心通·숙명통宿命通·신족통神足通·누진통漏盡通이 그것이다.

천안통이란 가시적인 거리를 뛰어넘어 멀리까지도 볼 수 있을뿐더러, 일상적인 눈에는 보이지 않는 세계마저 보는 눈이다. 천이통이란 천안통의 신비한 능력처럼 듣는 것에 뛰어나고 비범한 상태를 말한다. 그래서 세상의 온갖 소리를 다 듣는다. 타심통이란 상대방 마음의 움직임을 알아차리는 능력이다. 숙명통이란 인간의 과거 운명을 꿰뚫는 능력을 말한다. 신족통은 생각하는 대로 모습을 바꾸고 마음먹은 대로 그 장소에 도달할 수 있는 신통력이다. 마지막으로 누진통이란 번뇌를 모두 끊어서 사바세계에서 결코 고통을 당하지 않는 능력이다.

이러한 6가지 신통력 중 누진통을 제외한 나머지 다섯 가지는 다른 종교적 수행을 통해서도 도달할 수 있는 경지다. 따라서 누진통을 통과한 다음의 신통력과 그렇지 못한 신통력에는 차이가 있다. 번뇌를 끊지 못한 자의 신통력은 잘못 쓰여 혹세무민하는 삿된 길을 조장할 수 있다.

번뇌의 타파, 십대제자

그러한 폐해를 막고자 부처님은 엄밀한 의미에서 신통력의 사용을 자제 시킬 정도였다.

목건련은 육신통을 적절히 발휘하여 포교 활동과 부처님 교단 유지에 괄목할 만한 공헌을 하였다. 사실 오늘날도 신통력이 미치는 불가사의한 힘이 많은 사람의 마음을 설레게 하는 마당에, 아주 먼 그 옛날 인지가 발달되지 못한 상황에서 발휘되는 신령스러운 능력이 끼치는 사회적 파장은 어마어마했을 것이다. 그러나 목건련은 오직 중생을 교화하기 위해 신통력을 쓸 뿐 삿된 목적으로 악용한 적은 없었다.

『잡아함경』에서는 그가 제석천을 신통력으로 교화한 광경이 묘사되어 있어 시선을 끈다. 그 얘기는 이렇다.

부처님으로부터 집착을 버림으로써 해탈로 들어서는 이치를 접한 제석천은 부처님 법문을 완전히 이해했다고 생각하여 우쭐거리는 마음으로 자신의 거처인 도리천으로 돌아갔다. 그러한 제석천의 모습을 곁에서 지켜보던 목건련은 그가 과연 진정한 해탈을 얻었는지 미심쩍어 시험해 보고자 했다. 그는 도리천에 올라가 제석천을 만났다.

제석천은 500명의 천녀들과 못에서 목욕하면서 즐기는가 하면 목건련에게 자신의 누각을 입에 침이 마르도록 거듭 자랑했다. 그러자 목건련은 제석천이 지나치게 방탕하며 이 세상의 영화에 집착하고 있음을 알고 그 집착심을 없애주려고 신통력을 부려 발가락으로 누각을 쳐 버렸다. 튼튼하게만 보였던 누각이 흔들거리자 천녀들은 겁이 나서 그곳을 하나둘 빠져나갔다. 그리자 목건련은 제석천에게 "누각이 훌륭하다 하더니 발가락 하나에 이렇게 삐걱거리고 흔들리느냐?"하고 힐난하며 그의 교만함과 집착심을 뉘우치게 했다.

목건련은 또한 효성이 지극했던 모양이다. 중국에서 찬술된 『우란분경盂蘭盆經』에 의하면 그는 어머니를 아귀도餓鬼道의 고통에서 해방시키는 효자 역할을 충실히 한다. 목건련이 모친을 구원한 날음력 7월 15일을 기려 사찰에서는 먼저 저세상으로 간 부모님들을 천도하는 우란분재盂蘭盆齋 행사를 거행하며 이날을 우란분절盂蘭盆節이라 한다.

우란분절과 목건련

목건련은 효성 또한 지극했던 모양이다. 중국에서 찬술된『우란분경盂蘭盆經』에 의하면 그는 어머니를 아귀도餓鬼道의 고통에서 해방시키는 효자 역할을 충실히 한다.

목건련의 어머니는 출가 사문을 비방하며 미신을 믿어 축생을 함부로 죽여 귀신에게 바치고 바른 인과의 도리를 믿지 않는 등 온갖 악행을 저지르다 저세상으로 가 버렸다. 효심이 지극한 목련은 어머니가 돌아가시자 신통력으로 천상계와 인간계를 두루 살펴보았으나 어머니 모습을 찾을 길이 없었다. 마지막으로 지옥계를 돌아보자, 아니 거기서 아귀도의 굴레에 묶여 고통당하는 어머니의 모습이 보이는 게 아닌가. 아귀란 배는 남산만큼 큰데 입은 바늘구멍만큼 좁아 배고파도 음식을 넘기지 못하고 아우성치는 중생을 말한다. 그는 생각다 못해 음식을 장만해서 지옥계로 내려가 어머니를 먹이려 했으나, 갑자기 아귀도의 고통을 받는 어머니 입에서 불길이 솟아나와 준비해간 음식을 깡그리 태우고 말았다. 목건련은 자신의 능력을 벗어나는 그러한 사태에 직면해서 별 도리가 없음을 직감하고 부처님께 도움을 청한다.

"네 어머니의 죄가 너무나 커서 너의 신통력으로도 구제할 방도가 없다. 한 가지 방법이 있으니, 출가 사문들이 하안거를 마치고 자유로운 수행에 들어가는 음력 보름 7월 15일에 시방의 여러 사문을 초청해서 진수성찬과 그 해에 농사지은 신선한 햇과일들로 공양하면, 그 공덕으로 인해 일곱생 동안의 선친과 현세의 부모들이 모두 재앙에서 벗어난다. 그뿐만 아니라 현세의 부모들은 장수와 복을 누리게 된다.”

이 말씀을 듣고 그는 스님들께 공양을 올려 어머니를 구해낸다.

이 『우란분경』의 가르침으로 오늘날도 우리 사찰에서는 돌아가신 선조들을 천도하는 우란분회가 열리고 있다. 우란분회의 산스크리트 명은 '울람바나ullambana'로서 이 말은 거꾸로 매달려 있다는 뜻인데, 거꾸로 매달리는 것 같은 고통으로부터 사자死者를 구원하기 위해 행하는 법회로 정의된다. 이와 관련지어 지옥을 의미하는 나락奈落; naraka을 일컬어 "다리를 위쪽으로 하고, 머리를 아래쪽으로 한 채 지옥으로 떨어진다"는 경전의 게송偈頌도 있다. 그러나 울람바나를 '거꾸로 매달려 있는 사자死者'라는 식의 해석은 어원적인 의미를 일반적 의미로 확대·해석한 것으로 약간 무리가 따른다. 따라서 최근 일본의 이와모도岩本 씨는 이란어 기원설이라는 새로운 해석을 내놓았는데, 그에 따르면 울람바나의 어원이 사자의 영혼을 뜻하는 이란어 '울람바'에서 나왔다고 한다. 타당성 있을 뿐더러 귀담아들어 볼 얘기라 생각하나 아직은 증거가 확실하지 않다.

우란분회는 다른 말로 백중百衆 또는 백종百鍾 중원中元이라 하여 우리나라의 대표적인 민족 명절로 자리 잡아 왔다. 백종이라는 말은 100가지 음식을 차려놓고 부처님께 공양을 올려 저세상으로 간 부모님이 좋은 세상에 태어나기를 바라는 법회에서 나온 말이다. 그리고 그 날이 일년 365일 중 정 가운데 가리키기 때문에 중원이라 했다. 중원이란 도교에서 나온 말인데, 이 날에는 상제 혹은 지옥의 관리가 죄지은 자를 사면하거나 경감해 준다고 하여 조상들에게 제사를 올렸다. 때문에 우란분재는 이러한 도교의 사상과 목련존자의 어머니를 구해 낸 효사상이 어우러져 탄생한 것으로 보아야 정확하다.

　백중날을 우리 민족은 백성들로 하여금 가무와 놀이를 즐기는 축제의 한 마당으로 열어 놓는다. 신라 시대부터 이러한 행사를 진행했던 모양인데, 조선 시대에는 사월초파일인 연등일과 더불어 2대 명절로 자리 잡았다. 이날은 보통 힘들게 일한 농부며 일꾼들의 잔칫날로 여겨져 왔으나 오늘날은 노동자들의 축제의식은 사라지고 앞서 간 부모님들의 천도재로 그 규모가 축소되었다. 일본에서는 오봉오도리盆踊라 하여 대대적으로 사람들이 연도에 늘어서서 춤을 추며 조상들의 영혼을 맞아들이고 보내는 행사를 벌인다.

　이러한 우란분회 행사가 중국에서 찬술된 『우란분경』에 바탕을 둔 것이라 할지라도 거기에는 목건련의 지극한 효성이 반영되어 있다는 사실을 잘 새겨 보아야 할 것이다.

아름다운 관계

목건련 역시 사리불처럼 부처님 대신 설법할 정도로 부처님의 신뢰를 받았다고 전한다. "나에게 두 제자가 있는데, 첫째는 사리불이요, 둘째는 목건련으로서 모두 제자 중에 제일이다." 『장아함』 제1 『대본경』

　또한 목건련은 사리불과 더불어 부처님을 배반한 데바닷다의 무리 500명을 부처님 품 안으로 귀의시키는 등 부처님 법을 알리는 데 매진했다. 심지어 그들이 한때 포교의 길을 떠나 1년 이상 정도 걸리는 가시

밭길을 함께 걸어갔다고 했으니, 둘 사이의 우정도 우정이려니와 진리를 전하려는 그들의 아름다운 관계를 충분히 짐작할 수 있다.

목건련은 불행하게도 포교의 길에 나서다 난폭한 이교도에게 매를 맞아 순교한다. 그렇다면 신통력이 으뜸인 그가 그렇게 비참하게 죽을 수 있는지에 대한 의문을 제기할 수 있다. 사실 그는 첫 번째로 그런 위기에 접하여 신통력으로 죽음을 모면했지만, 두 번째는 이것이 자신의 업인 줄 알고 그대로 죽음을 맞이한 것이다.

목건련이 이렇게 비명에 저세상으로 떠나자 그와 절친했던 사리불도 "목건련과 함께 입멸을 맞고 싶다"고 부처님께 간청할 정도로 애걸하다가 이승을 떠난다.

석가모니불은 이렇듯 아끼는 두 제자를 보내고 쓸쓸하고 허전한 마음을 가눌 길 없어 한다.

"비구들이여, 사리불과 목건련이 세상을 뜬 이후 이 모임이 마치 텅 빈 것 같구나. 그 두 사람의 얼굴을

석굴암 목건련 존자상

볼 수 없으니 쓸쓸하기 그지없구나."

그러나 부처님은 그러한 슬픔의 자리에서 일어나 먼저 간 이 두 제자를 예를 들어 진정한 자기 자신과 진리에 의지해 수행해 나가라고 당부한다.

"커다란 나무가 있어 때로는 그 가지 몇 개가 먼저 시들어 버리는 경우도 있다. 그와 마찬가지로 그 두 사람은 나보다 먼저 세상을 떠났다. 이 세상에 변하지 않는 것을 있을 수 없다. 그러므로 '스스로를 섬으로 삼고 스스로를 의지처로 삼되, 다른 사람을 의지처로 삼아서는 안 된다. 법을 섬으로 삼고, 법을 의지처로 삼되, 다른 것을 의지처로 삼아서는 안 된다'고 나는 그대들에게 말한다."

목건련은 석굴암 본존불 우측에, 그러니까 바라보는 편에서 좌측에 사리불과 마주한 모습으로 커다란 매부리코에 고개를 약간 쳐든 연로한 비구의 모습으로 자리 잡고 있다. 두 팔은 옷 속에 감싸여 있지만 두 손을 가슴 앞으로 모아 한 손으로는 향로香爐 자루를 잡고 다른 손으로 향을 넣으면서 고요하게 사념에 젖은 듯한 표정으로 묵연히 서 있다. 목건련 역시 사리불과 마찬가지로 향 공향을 올리고 있다.

두타제일 마하가섭
頭陀第一 摩訶迦葉

이심전심으로 부처님법 이으니,
청빈한 두타행의 표본이어라.

—

영축산상에서 여러 제자에게 부처님은 아무 말 없이 꽃을 들어 보인다. 그때 좌중에서 백발이 성성한 한 제자가 조용히 미소를 보낸다. 그는 이리저리 산천을 주유하다 남루한 모습으로 맨 나중에 그 법석에 참가한 자였다. 그가 바로 마하가섭 존자이다. 그는 부처님이 꽃을 들어 보인 마음을 읽고 바로 그 자리에서 말없이 미소 지었다. 바로 이심전심以心傳心이라 일컫는 염화시중拈花示衆의 미소는 이 스승과 제자 사이에서 잉태되어 생명을 발하게 된 것이다. 아울러 선禪의 커다란 동맥으로서 이 염화시중의 미소는 거듭거듭 선의 길을 가는 스승과 제자 사이에서 말없이 이어져 오늘날 또한 눈 밝은 사람들에게 보이고 있다.

『무문관無門關』 제6측 '세존염화世尊拈花'에서는 그 이심전심의 미소 뒤에 부처님께서 가섭에게 법을 부촉하는 모습을 이렇게 그려 낸다

"나는 진리를 보는 안목과 열반으로 향하는 미묘한 마음, 형상을 벗어난 실상과 지극히 미묘한 진리의 문을 갖추고 있다. 나는 이제 이 문자에 의존하지 않고 경전의 테두리를 넘어선 가르침正法眼藏, 涅槃妙心, 實相無相, 微妙法門, 不立文字, 敎外別傳을 마하가섭에게 전하노라."

본래 이 사연은 『대범천왕문불결의경大梵天王問佛決疑經』에 실려 있기도 하다. 이 경전은 사실 중국에서 만들어졌다. 하지만 선禪에서 바라볼 때 이 또한 부처님이 선의 정신과 깨달음을 가섭을 통해 우리에게 바로 드러내 보인 최초의 전법인 셈이다. 그렇다면 이것은 허구가 아니라 내게 말없이 전해지는, 그러면서도 내가 풀어내야만 하는 오도의 비밀이며 화두다.

'자, 부처님이 지금 네게 말없이 꽃을 드러내 보인다. 어떻게 답할 것인가?'

또 하나, '도대체 가섭이 미소 지은 이유는 무엇이란 말인가?'

어쨌든 부처님이 선禪을 마하가섭에게 전했다는 이 사연은 가섭 자신의 이론을 초월한 직관적 깨달음의 능력을 잘 보여 주며 부처님과 가섭 사이의 일체감을 잘 암시해 준다.

걸림 없는 두타 행자

마하가섭은 마가다국 왕사성 마하사타라 마을의 핍팔라pippala, 畢鉢羅라는 나무 아래에서 태어났으므로 어릴 적 이름이 핍팔라야나Pippalayana라 했으며, 그가 속한 종족이 마하카샤파Mahākāśyapa였으므로 훗날 마하카샤파라 불리게 된다. 음역이 마하가섭摩訶迦葉이다. 핍팔라 나무는 칠엽수七葉樹로 그 부근에 굴이 있어 핍팔라 굴이라 했는데, 이곳이 제1차 경전 편찬 장소로 유명한 칠엽굴七葉窟이다. 그의 아버지는 왕사성의 제일의 부호인 느야그로다Nyagrodha 브라만으로서, 집안의 경제력은 중인도에서 둘째가라면 서러울 정도였다.

마하가섭은 브라만 계급의 여자와 결혼하여 12년 동안 행복한 생활을 지내고 부친이 사망하자 가업을 넘겨받아 일가의 가장으로서의 확고한 위치를 점하게 된다. 그러나 그는 그러한 세속적 생활이 부질없음을 깨닫고 부처님 교단으로 아내와 함께 출가한다. 그는 영특한 기질을 타고났음인지 부처님 곁에서 수행한 지 불과 8일 만에 아라한의 지위에 다다른다. 그 후 가섭은 자신의 가사를 부처님께 바치고 대신 부처님이 입던 분소의糞掃衣로 갈아입고 두타행의 길을 간다.

두타頭陀란 산스크리트 '두타dhūta'에서 나온 말로 번뇌를 털어내고 모든 집착을 버린다는 의미에서 수치修治 또는 기제棄除라고 한역되었다. 바로 의식주에 대한 탐착을 버리고 심신을 수련하는 불교수행의 원형이 두타행이다. 경전에서는 두타행을 12가지로 말한다. 즉 (1) 조용한 곳에 거주한다. (2) 항상 걸식한다. (3) 걸식할 때 빈부를 가리지 않는다. (4) 하루에 한 번만 먹는다. (5) 과식하지 않는다. (6) 정오 이후에는 과즙이나 설탕물을 마시지 않는다. (7) 헤지고 헌 옷을 입는다. (8) 삼의三衣만 소유한다. (9) 무상관을 체득하기 위해 무덤 곁에 머무른다. (10) 주거지에 대한 애착을 버리기 위해 나무 밑에서 지낸다. (11) 아무것도 없는 한데 땅露地에 앉아 좌정에 든다. (12) 항상 앉아 있으며 눕지 않는다.

훗날 이러한 두타행은 산야와 세상을 순역하면서 세상의 온갖 고통을 인내하는 행각으로 변하는데 마하가섭은 이러한 두타행을 실행하는 데 으뜸이었다. 그는 언제나 의식주에 대한 집착을 버리고 간소한 생활로 일관했다. 엄격한 규율과 철저한 금욕생활은 그의 사문됨 그 자체를 말하는 것이었다. 그래서 부처님은 "나의 성문 제자로서 욕심이 적고 만족함을 알아 두타행을 모두 다 구족한 사람은 바로 장로 마하가섭 비구이니라"라고 했다.

부처님의 마음을 세 곳에서 전해 받다

부처님께서 기원정사에 머무시면서 제자들을 모아놓고 설법할 때의 일이다. 마하가섭이 오랫동안 아란야(aranyaka; 조용한 수행처로써 오늘날의 암자와 같은 곳. 당시에는 황량한 숲 속에서 수행한 결과 머리는 길게 자라 헝클어지고 수염은 한동안 깎지 않아서 무성한 데다 옷 또한 남루하기 그지없었다. 어느 날 그가 멀리 숲 속에서 부처님 곁으로 다가오고 있었다. 여러 제자는 그 모습을 보고 혀를 차며 비웃고 깔보았다. 세존은 제자들의 이러한 마음을 알아차리고 가섭에게 이렇게 말했다.

"어서 오시오, 가섭이여. 내가 앉은 이 절반의 자리에 앉으시오."

부처님께서는 그를 일러, 나와 같은 선정에 머무르고 있으며 나와 같이 번뇌가 다 했으며, 나와 같이 지혜를 갖추었으며 나와 같이 광대하고 훌륭한 공덕을 갖추었노라고 칭찬했다. 잡아함 제41권 『납의중경衲衣重經』

이러한 사연은 다자탑전 반분좌多子塔前 半分座; 다자탑 앞에서 자리를 나누어 앉음 고사에도 고스란히 반영된다. 그 사연은 이렇다.

부처님이 중인도 북쪽에 있던 다자탑 앞에서 설법하고 계실 때의 일이다. 남루한 차림으로 마하가섭이 그 자리에 늦게 도착하자 여러 제자가 그에게 멸시의 눈초리를 보냈다. 그런데, 석가모니께서 자신의 자리를 반쯤 내어주어 같이 앉는 것이었다.

이 대목에서 생각해 보라. 부처가 아닌 자가 부처님의 법좌에 앉는다는 것이 가당하기나 한 일인가? 그것도 예의에 벗어나도 한참 어긋나게 늦게 도착한 데다가 흙먼지를 잔뜩 뒤집어쓰고 냄새 팍팍 풍기는 당신의 제자에게 어떻게 자리를 나누어 줄 수 있겠는가?

하지만 부처님은 그런 가섭과 자리를 나누어 앉았다. 부처님 자리에 함께 앉는다는 것은 깨달음을 함께 한다는 것이다. 왜 그랬을까? 이 또한 부처님의 마음을 전하는 또 하나의 상징이며 우리가 풀어야 하는 화두다.

석가모니와 마하가섭 사이에 말없이 이어지는 긴밀한 교감은 다음의 일화에서 최고조에 도달한다.

부처님께서는 80생을 마감하시고 사라쌍수 밑에서 조용히 열반에 잠겨 법신法身의 모습으로 돌아갔다. 그때 가섭이 늦게 도착하여 열반하시는 모습을 못 본 것을 안타까워하면서 흐느껴 울자, 석가모니불은 관 밖으로 두 발을 내밀어 보인다.

산 자와 죽은 자 사이에 생생한 거래가 이루어진 것이다. 그것은 삶과 죽음의 장벽을 뛰어넘어 문 없는 문의 빗장을 허문 것과 다름없다.

이 이야기를 간결하게 표현해 주는 구절이 사라쌍수하 곽시쌍부沙羅雙樹下 槨示雙趺다. 우리는 부처님과 가섭 사이의 이러한 말을 떠난 상징적 대화에서 죽은 자와 산 자를 갈라놓는 죽음의 경계마저 뛰어넘는 이심전심의 관계와 오도의 비밀을 읽어낼 수 있다. 물론 그것은 우리가 이 자리에서 풀어내야 할 비밀이며 화두이기도 하다.

이렇게 부처님께서 영축산에서 가섭에게 꽃을 들어 보인 사연, 다자탑에 자리를 함께 앉은 사연, 사라 나무 아래의 관 밖으로 발을 보인 사연을, 세 장소에서 가섭에게 마음을 보였다 하여, 삼처전심三處傳心이라 한다.

마하가섭의 뛰어난 선적 직관은 아마 그의 철저한 수행, 즉 두타행의 소산일 것이다. 그래서인지 초기 선종의 역사를 펴나간 중국 선사들의 가슴속에는 그의 두타행이 고스란히 살아서 움직인다. 중국 선종의 초조 보리달마 입적 직후 초기 선종의 구도자들은 북부 중국을 중심으로 일정한 선원이 없이 두타행을 실천하고 있었다.

경전을 편찬하다

마하가섭은 부처님께서 입멸에 들자, 그분의 말씀을 고스란히 보존하여 후세에 전하고자 경전을 편찬하는 우두머리 역할을 한다. 그것은 부처님께서 열반에 앞서 마하가섭과 아난다에게 다음과 같이 말했기 때문이기도 하다.

"나는 이제 늙어 나이가 80이 다 되었다. 그리고 나는 오래지 않아 열반에 들 것이다. 그러므로 이 법을 너희 두 사람에게 부촉한다. 잘 기억하여 외워서 가르쳐 끊어지지 않게 하고 세상에 널리 펴야 한다. 성문 중에서 가섭과 아난, 너희들이 가장 뛰어나기 때문이다."증일아함 권35

부처님께서 열반에 들자 마하가섭은 자신의 고향인 왕사성 칠엽굴에서 최초로 경전의 편찬에 나선다(이것을 제1차 결집結集이라 한다). 부처님 말씀을 후세에 전하기 위해서다. 그리고 부처님 입멸 이후 교단의 실질적인 통솔자가 없어지자, 여기저기서 벌어지는 혼란을 불식시키고자 교법을 통일시키고 자신의 위치를 공고히 다지려는 목적으로 경전을 편찬한다. 경전 편찬 장소를 그가 태어난 고향으로 정한 데서 그러한 정황을 짐작할 수 있다.

그리고 경전 편찬에 따른 재정적 지원으로써 당시 아사세 왕의 후원을 받았다고 하나 이는 명목상이고 실제로는 가섭 본가의 재력이 동원되었을지도 모른다고 최완수 선생은 말한다. 사실 여러 경전에서는 그가 일체의 재산을 다 버리고 출가하고 철저한 두타행을 실천했다는 증거가 확연하게 보이나, 그가 버린 재산은 항상 그의 보이지 않는 힘이 되었을 것이며, 이를 바탕으로 경전 편찬의 커다란 불사를 펼쳤다는 것이다.

내막이야 어찌하든 마하가섭은 수행승 중에서 대표자를 모아서 그

석굴암 마하가섭 존자상

각각의 사람들이 기억한 부처님 말씀을 표현하게 한 다음, 그 가르침을 통일시키고자 편집 회의를 열어 가르침의 산실을 막고 교권을 확고하게 확립한다.

그런데 그 편찬이란 것이 문자로 써서 기록하는 것이 아니라 부처님 곁에 항상 머물렀던 아난 존자가 부처님 말씀을 기억해 내서 외우면 거기에 참가한 500제자가 그 말에 동의를 표하고 머리에 정리해 두는 식의 편집이었다. 혹자는 그 방대한 경전을 외워서 기억하기란 도저히 불가능한 일이라고 반박할지 모르지만, 구도의 길로 나서는 인도인의 삶의 방식으로서는 가능한 일이다. 그들은 지금도 저 베다며 우파니샤드도 줄줄 외우고 있을 정도다.

오늘날 전하는 500나한도는 이때 모인 5백 명의 아라한의 모습을 그린 것이다. 거기에서 마하가섭의 모습은 백발이 성성한 노인의 모습으로 그려져 있다. 염화시중의 광경을 그린 불화나 그 밖의 석가모니 후불

탱화에서도 마하가섭은 백발이 성성한데다 길고 흰 수염이 나부끼는 노인의 모습으로 등장한다.

석굴암 십대제자상에서 마하가섭은 입구에서 본존불을 향하여 우측, 사리불 다음에 등장한다. 합장한 두 손을 눈높이까지 극진히 올린 채 살짝 고개를 숙인, 누군가를 예경하거나 간절히 기구하는 모습으로 서 있다. 왜소한 체구에다 가사 자락 밑으로 나온 발목이 눈에 띈다. 그것은 샌들을 신어 발을 전체를 드러낸 모습이다. 마치 맨발로 서 있는 듯하다. 아마도 그것은 두타제일인 그의 수행생활의 상징인 듯싶다.

천안제일 아나율
天眼第一 阿那律

청정한 비구의 표상 아나율 존자,
육신의 눈을 잃었지만 영혼의 눈을 얻다.

—

영원한 비구의 표상

바람직한 수행자상의 모범을 제시한 부처님 제자 중에서 대표적인 사람 하나를 뽑으라면 우리는 주저 없이 아나율 존자를 들어야 한다. 그는 모든 번뇌를 여읜 청정 비구의 모습으로서 걸림 없는 삶을 살았다. 천안 제일이라는 별칭도 그의 이러한 삶과 무관하지 않다.

아나율 존자의 산스크리트 이름은 '아니룻다Aniruddha'이다. 여기서 '니루다niruddha'란 '멸하다', '떠나다', '끊어지다', '없어지다'라는 동사원형 '루드rudh'의 과거분사형으로 거기에 부정을 뜻하는 접두사 아a가 붙어 무멸無滅, 불멸不滅 등으로 의역된다. 그리고 '아니룻다'라는 말 자체가 하나의 형용사로서 '장애가 없는', 또는 '자유의지가 있다'는 뜻에서 여의如意·이장離障·선의善意 등으로 의역된다. 아나율阿那律·아니루다阿尼樓陀 등은 그 음역이다.

아나율은 석가모니불의 사촌형제다. 말하자면 그는 석가모니불의 작은아버지 감로반왕甘露飯王의 아들이다. 아나율에게는 마하남摩訶男,

Mahamana이라는 형이 있었다. 어느 날 마하남은 자기 가족 중에는 출가한 사람이 없어 걱정하던 차에 동생 아나율에게 출가를 권유해 보았다. 그러나 아나율은 형의 권유에 반대 의사를 표했다. 그러자 형은 그렇다면 본인이 출가를 할 터이니 아나율에게 일가를 이끌어가는 데 필요한 여러 가지 복잡한 의무를 수행할 것을 요구하자 그때야 석연치 않은 출가를 결심한다.

형제는 아나율의 출가를 허락해 줄 것을 어머니에게 요청하자, 모친은 출가를 막으려는 속셈으로 이미 정치적 기반을 확고하게 잡고 있던 사촌형 발제跋提가 출가한다면 허락하겠노라고 약속했다. 그러나 아나율은 발제뿐만 아니라 아난다, 우팔리 등을 동반하고 출가를 감행한다.

석연치 않은 출가 때문인지 아나율은 출가 생활에 잘 적응치 못했다. 그런데 그에게 진정한 회심의 순간이 다가왔다. 어느 날 부처님께서 출가 제자들은 물론이고 재가 신도들을 모아놓고 기원정사에서 설법하고 계실 때의 일이다. 그날 아나율은 설법하는 부처님 앞에서 꾸벅꾸벅 졸고 말았다. 그것을 본 부처님께서 아나율에게 "도대체 출가한 이유가 뭐냐?"고 하면서 호되게 주의를 주었다. 부처님의 이런 말에는 다시 한 번 출가의 의미를 되새기고 치열한 정진을 해 보라는 무언의 메시지가 담겨 있었다.

순간 아나율은 이제부터 다시는 부처님 앞에서 졸지 않겠노라고 맹세하면서 일주일 동안이나 자지 않는 정진에 들어갔다. 그 결과 눈으로 사물을 제대로 식별할 수 없을 정도로 심각한 실명 위기에 직면하게 되었다. 그러자 부처님께서는 명의名醫 지바카Jivaka에게 가서 치료받도록 명했다. 그러나 아나율은 "부처님께 맹세한 것을 깨뜨릴 수 없습니다"라고 거절하고 계속 정진을 하였다. 그리고 끝내는 실명해 버리고 만다.

그런데 이게 웬일인가? 그는 육안으로 사물을 식별할 수 없었지만 직감으로 이 세상에서 벌어지는 모든 일을 꿰뚫어보게 된 것이다. 미세한 사물까지 멀리 그리고 널리 볼 수 있으며, 중생들의 미래에 생사하는 일도 알아내는 천안天眼을 얻은 것이다. 그것은 찰나 속으로 사라져 버리는 육신의 속박에서 벗어난 신통한 능력이었다. 그래서 그는 육체의 눈은 잃었지만 정신의 눈, 즉 영혼의 눈만은 초롱초롱 빛나고 있었다는 의미에서 천안 제일이라 불렸던 것이다. 그의 탁월한 능력을 일컬어 『앙굴리마라경』에서는 "아나율 같은 이는 천안이 제일이어서 참으로 공중을 새 발자국을 본다"라고 했다.

수행자의 조건

자, 이제 아나율의 흔들림 없는 수행자의 표상을 보여 줄 차례다. 어느 날 아나율 존자가 사위국에서 코살라국으로 가는 도중 한 마을에 이르러 여인숙을 겸한 기녀의 집에 머무르게 된다(다른 경전에 의하면 과부의 집에서 하루를 묵게 된다). 그런데 그녀가 그에게 음심을 품고 격렬한 유혹의 숨길을 보내오자, 그는 단호하게 이를 물리치고 교화까지 한다. 이를 계기로 출가 비구는 부인이 있는 집에서 잠을 자서는 안 된다는 계율이 나온다.

아나율 존자는 8가지 수행자의 조건을 제시해서 그것을 구도자의 표상으로 삼고자 했다. 그것이 팔대인념八大人念이다. 이 말은 팔대인각八大人覺이라고도 하는데, 풀어보면 대인 또는 대인이 되기 위한 8가지 마음가짐 또는 그러한 각오라는 뜻이다. 그 대인이란 보살, 아라한 등의 위대한 성인들을 말한다. 그 내용을 알아보자.

첫째. 지족知足할 줄 아는 마음가짐知足者

둘째. 시끄럽지 않고 적정한 곳에 머무는 마음가짐閑居者

셋째. 욕심 없는 마음가짐小欲者

넷째. 계율을 지키는 마음가짐持戒者

다섯째. 생각이 고요한 마음가짐三昧者

여섯째. 지혜로운 마음가짐智慧者

일곱째. 많이 들으려는 마음가짐多聞者

여덟째. 정진하는 마음가짐精進者

아나율이 이러한 여덟 가지 위대한 인간의 조건을 제시하자 부처님께서는 그것은 고귀한 일이며 또한 가장 뛰어난 일이라고 칭찬하며 사부대중에 설명하라고 분부한다.증일아함경 36권 「팔난품」

아나율 존자는 또한 깨달음으로 가는 구체적인 수행법을 잘 알고 있었다. 목건련 존자는 그에게 깨달음으로 향하는 여러 덕목인 37각지三十七覺支; 37菩提分法이라고도 한다 중 사념처四念處에 관해서 물어올 정도였으며, 또한 여러 동료 비구들은 그에게 역시 37각지에 포함된 칠각지七覺支에 대해서 설해줄 것을 부탁한다.

사실 이 37각지에는 사념처를 필두로 해서 팔정도八正道, 사섭법四攝法, 사무량심四無量心이 설해져 있어 부처님 생존 당시 수행의 전 체계가 모두 망라되어 있다고 해도 과언이 아니다.

아나율은 사념처에 대한 질문에, 신身; 우리들의 육체, 수受; 감각기관, 심心; 우리들의 마음, 법法; 바깥 대상은 각각 부정不淨하고 고통스러우며, 무상

번뇌의 타파, 십대제자

석굴암 아나율 존자상

할뿐더러 무아라고 설하면서, 그렇다고 해서 거기에 대한 부정적인 생각에 머물지 말고 그 부정과 긍정의 양극단을 떠나는 것이 정지正支요 정념正念이라고 설했다.

잡아함 권27 『아나율경』권에서는 아나율 존자가 칠각지에 대해서 비구들에게 설명하는 내용이 소개되어 있다.

칠각지란 우선 법의 진위眞違를 알아차린 다음擇法覺支, 그 진실한 법에 따라서 정진精進覺支하여 참된 법에 대한 기쁨을 맛보는 것喜覺支이며, 마음을 가볍고 편안히 하고輕安覺支, 집착을 버리며捨覺支, 삼매를 얻고定覺支 마음을 집중하여 깨어 있는 것念覺支을 말한다. 이러한 칠각지는 초기 불교 수행 체계의 핵심을 이루며 사리불 존자도 칠각지를 얻어 자유롭게 삼매에 드는 제자로 유명하다.

이렇게 그는 수행자들이 깨달음을 향해 걸어 나가야 할 여러 가지 덕목을 빈틈없이 알고 있었을뿐더러

그것을 동료들에게 설해 줄 정도로 탁월한 수행력과 지적 능력을 소유한 걸림이 없는 비구의 표상이었다.

그는 또한 마음이 침착하고 의젓하여 석가모니께서 열반에 드시자 어찌할 줄 몰라 당황해 하는 제자들을 안정시키고 부처님의 열반을 공표하였으며 그 뒷수습을 맡았다.

석굴암 십대제자상에서 아나율은 본존불을 향하여 우측 네 번째로 등장하는데 눈을 꾹 감은 채 두 손을 가슴 쪽으로 모아 홀笏인 듯 혹은 피리인 듯한 것을 다소곳이 부여잡고 있는데, 윗부분이 아랫입술에 닿아 있는 것을 보아 피리라는 생각이 든다. 그렇다면 왜 그는 피리를 불었을까? 성낙주 선생은 그가 앞을 못 보는 장님이라서 피리 소리를 듣고 미물들에게 피하라는 신호를 보내는 것이라고 한다. 아무튼 조용하면서도 단아한 분위기에서 아나율 존자의 침착하고 근엄한 수행자다운 모습이 엿보인다.

다문제일 아난
多聞第一 阿難

여성의 출가를 강력히 천거한 아난 존자,
부처님 말씀을 가장 많이 들은 제자

—

뛰어난 외모를 지닌 사문,
아난

부처님 말씀을 누구보다도 많이 듣고 기억하여 그 말씀을 우리에게 전해
준 주역은 십대제자 중에서 아난 존자라는 데에 이의를 제기할 사람은 없
을 것이다. 그의 마음엔 부처님의 가르침을 배우려는 열망으로 가득했으
며 기억력 또한 타의 추종을 불허할 정도였다. 게다가 그는 석가모니가 열
반에 들 때까지 곁에서 끝까지 시중을 든 부처님의 사랑스러운 제자였다.

  아난 존자는 부처님의 사촌 동생으로 곡반왕斛飯王의 아들이었다 한
다. 그러나 엄밀히 말해 그의 아버지가 누구인가에 대해서는 여러 경전
사이에서도 견해가 일치되지 않는다. 부친이 감로반왕甘露飯王이라는 설
도 있으며, 백반왕白飯王이라고 하기도 하지만 여기서는 얘기의 전개상
곡반왕의 아들로 해 두겠다.

  그는 싯다르타와 같은 해, 같은 달, 같은 날에 태어났던 모양인데, 그
의 부친 곡반왕은 아난의 출생 사실을 사자를 시켜 싯다르타 태자의 아

버지인 정반왕에게 알렸다. 정반왕은 그 말을 듣고는 "오늘은 대길大吉하
도다. 바로 환희로운 날이구나. 그 아들의 이름은 마땅히 아난다Ananda
라고 해야 하리라"라면서 기뻐한다. '아난다'란 바로 '기쁨', '환희'를 뜻한
다. 그가 태어나서 기쁘니 그의 이름을 기쁨을 뜻하는 '아난다'란 한 것
이다. 환희歡喜, 경희慶喜는 그 의역이며 아난阿難은 음역이다.

아난은 싯다르타가 깨달음을 이룬 후 붓다가 되어 고향인 카필라 성
으로 돌아왔을 때 출가한다. 석가족의 자연스러운 출가 분위기에 따라
사촌들과 더불어 석가모니의 교단에 발을 디디게 된다.

그는 생김새가 굉장히 출중한 미남이었다. 얼굴은 둥근 달과 같고 눈은
푸른 연꽃과 같았다. 몸은 밝게 빛나 마치 맑은 거울과 같았다. 이렇게 뛰
어난 외모를 지닌 탓에 그는 많은 여인으로부터 유혹을 받기도 한다.

여성의 출가를 강력하게 천거하다

이러한 아난 존자에게 불교사적으로 굉장히 중요한 몇 가지 일이 벌어진
다. 첫째, 부처님의 시자로서 인류의 스승이 열반에 들 때까지 보필한 일
이요 둘째, 여인의 출가를 부처님께 간청하여 받아 낸 일, 그리고 경전
결집結集에 중요한 역할을 한 일이다.

부처님은 정각을 성취한 후 오랜 세월 동안 누구의 도움 없이 스스로
생활해 나갔으나 점점 연로해진 데다 점차 교단의 조직이 커지자 당신을
옆에서 보좌할 사람이 절실히 필요했다. 불교에서는 그러한 역할을 하는
사람을 시자侍者라 한다. 여러 제자는 그 시중을 들 적격자로서 아난을
천거한다. 그러자 그는 다음의 조건을 들어 시자직을 수락한다.

먼저 부처님께 보시된 옷이나 음식을 저에게 나누어 줘서는 안 되며, 자신이 받은 보시물을 부처님께 올리는 것을 허락해야 한다. 둘째, 부처님을 뵈러 온 사람은 반드시 자신을 거쳐 부처님 앞으로 인도하도록 해야 한다. 의심나는 것은 언제든지 질문할 수 있고, 마지막으로 자신이 없을 때 하신 법문은 나중에 다시 들려주어야 한다. 이러한 조건을 받아낸 아난 존자는 그 뒤로 부처님께서 열반에 드시는 그 날까지 20여 년 동안 부처님을 곁에서 극진히 모신다.

그렇게 부처님을 곁에서 모시다 보니 그는 부처님 말씀을 빠짐없이 듣는다. 아니 어쩌면 그는 부처님의 말씀을 모조리 듣기 위하여 시자직을 허락한 듯 설법을 듣는 것은 가히 삼매의 경지에 오를 정도였다. 등창이 나서 그 종기가 난 부분에 메스를 가했을 때도 부처님께서 설법을 들려주자 그는 거의 아픔을 느끼지 않았다고 한다. 다문제일多聞第一이라는 별칭은 이렇게 부처님 법문을 가장 많이 들었을뿐더러 그 법문을 듣는 것에서 진정한 기쁨을 느꼈기 때문에 붙여진 것이다.

성격이 다정다감한 그는 인간이 불성을 지닌 이상 남녀 간에 차별이 있을 수 없다는 강한 신념에서 여성의 출가를 부처님께 간청한다. 이는 여성을 하찮게 여기던 당시의 인도적 시대 분위기에서 획기적인 일이었다.

아난 존자는 세 번씩이나 부처님께 여성 출가를 허락해 달라고 부탁하는데, 놀라운 일은 유비가 제갈공명을 정치·군사 고문으로 모시고자 감행한 삼고초려의 과정을 뛰어넘는 네 번째 부탁 끝에 허락을 받아냈다는 사실이다. 그 정경을 그려보면 이렇다.

부처님의 이모인 마하파자파티는 어머니를 대신하여 왕자 시절의 싯다르타를 길러냈을뿐더러 당신의 부친인 정반왕을 극진히 모셨다. 정반왕 사후 부처님께서 카필라성의 니그로다 정사에 머무르고 계실 때 그녀는 불문에 귀의하고자 찾아왔으나 부처님은 허락하지 않았다. 그 뒤 부처님은 카필라성을 떠나 바이샬리로 그 거처를 옮겼다. 마하파자파티는 이에 굴하지 않고 머리를 깎고 누더기를 걸친 채 맨발로 부처님 뒤를 따라다녔다. 발은 돌부리에 채어 피가 흘렀다.

그렇게 그녀가 부처님께서 머무는 바이샬리로 오자 아난은 그 처절한 모습을 보게 된다. 마하파자파티는 아난에게 자신을 비롯한 여성의 출가를 부처님께 말해 달라고 애걸했다. 아난은 그 말을 듣고 세 번씩이나 부처님께 여성의 출가를 간청했으나 묵묵부답이었다. 그는 비장한 각오로 부처님께 다시 묻는다.

"세존이시여, 만일 여성이라도 출가하여 부처님 말씀대로 수행한다면 성스러운 수행의 과보聖果를 얻을 수 있습니까?"

드디어 부처님은 침묵을 깼다.

"그렇다. 아난아. 여인도 법에 귀의하여 지성으로 수행하면 값진 열매를 얻을 수 있느니라."

그렇다면 왜 부처님은 침묵하다 네 번째 간청에서 여성 출가를 허락했는가? 거기에는 부처님이 시대의 조류를 읽으려는 안목이 있었기 때문이다. 당연히 여성 출가가 금기시되었지만, 그것을 여론화하여 상황을 살핀 뒤 여성 출가의 보편적 지지가 어느 정도 확보되었을 때 허락한 것이다. 물론 아난의 한결같은 간청이 지대한 영향을 끼쳤을 것이다.

이렇게 하여 아난 존자는 부처님께 파하파자파티의 출가를 허락받는다. 그러나 거기에는 조건이 있었다. 교단의 질서를 위하여 여성 출가자들은 따로 여덟 가지 계를 더 지켜야 한다는 것이다. 그것을 비구니 팔경계八敬戒라 한다. 현재로써는 이 계율을 오늘날 그대로 적용시키는 데는 문제가 있지만 이렇게 해서 여성의 출가가 허락되었다는 점에 그 의의를 두어야 한다.

그렇다면 부처님께서는 왜 여성 출가를 달갑게 여기지 않았을까? 독일의 불교학자 폴커 초츠Volker zotz는 이를 두고 여성들이 너무 많이 부처님의 비호 아래 속세의 억압을 버리고 떠난다면 부처님 교단의 전체 운동에 대한 공적인 반대가 일어날 수 있다는 우려와, 비구 공동체는 같은 소속의 여성들이 바람직하지 못한 유혹으로 여겨졌을 것이라는 몇 가지 이유를 설득력 있게 거론한다.

경전 편찬 과정에서 벌어졌던 아난다와 마하가섭의 갈등

그러나 무엇보다도 아난의 가장 뛰어난 공적은 경전을 편찬하는 데 주도적인 역할을 했다는 것이다. 부처님 열반 후 교단의 통솔자가 없어지자, 교단에 혼란이 발생함에 따라 부처님 가르침을 통일하려는 운동이 일어난다. 그래서 여러 갈래도 분산된 수행승들 중에서 대표자를 모아서 그들이 기억한 가르침을 표현하게 한 다음, 그것을 통일시키려는 회의를 열어 부처님 말씀의 산실을 막고 교권을 확고하게 확립시키게 된다. 이것을 결집結集이라 한다.

마하가섭이 주도하는 그 경전 편찬 모임에서 아난은 가장 중요한 부처님 말씀을 외워 보인 뒤 거기에 참가한 500나한들의 지지를 받고 정식으로 경sūtra을 성립시키는 주역으로 등장한다. 오늘날 경전의 첫머리에 상용구처럼 따라다니는 "이와 같이 나는 들었다如是我聞"라는 말은 바로 아난 존자가 부처님께 들은 말씀에 대한 증거이다.

그러나 그는 이 경전 편찬 과정에서 처음에는 마하가섭에게 신임을 받지 못해 거기에 참여하지 못하고 쫓겨나는 참담한 운명에 처한다. 그 얘기인즉슨 이렇다.

부처님 열반 후 마하가섭과 나머지 제자들은 다비를 마친 후에 왕사성으로 향했다. 그러나 아난 존자는 그곳에 남아 7일간 부처님 사리에 공양하고 기원정사에 들러 불적佛蹟에 절한 후 최후의 공양을 하고 왕사성으로 갔다. 그러나 아난이 경전 편찬 모임에 참여하려고 하자 마하가섭은 다섯 가지 죄목을 들어 그를 책망하고는 편찬 장소인 칠엽굴 출입을 금한다.

그렇다면 도대체 아난 존자는 어떤 죄를 범했기에 경전 결집에 참여하지 못하고 밖으로 쫓겨난 비운을 겪은 것일까? 그 죄목 하나하나를 나열해 보자.

첫째, 여인을 출가시켜 정법을 500년이나 감퇴시킨 일. 둘째, 부처님의 승가리僧伽梨를 갤 때 발로 밟은 일. 셋째, 부처님께서 열반 전 물을 찾으실 때 바로 드리지 않은 일. 넷째, 부처님께 수명 연장을 청하여 이 땅에 더 머무르지 못하게 한 일. 다섯째, 부처님 열반 후 음장상陰藏像을 여인에게 보인 일이다. 이 밖에도 소소계小小戒가 무엇인지 자세히 묻지 않은 일, 열반 후 여인들의 접근을 막지 않아 불족佛足을 눈물로 더럽힌 일(『사분율』의 6죄)도 거론하는 경전도 있다.

사실 이것이 아난 존자가 번뇌를 끊지 못한 증거며 죄라는 것을 누구도 이해하지 못할 것이다. 어떤 근거에서 여인이 출가하여 불법이 500년 후퇴했다고 하는가? 게다가 소소계의 문제도 사실 부처님이 살아계실 때 사소한 계는 버려도 좋다는 부처님 말씀에 아난은 그 구체적인 내용을 여쭈어보지 않은 것인데, 그렇다면 상황에 따라서 달라질 수 있는 그 수많은 계율 조항을 묻고 답할 수 있었겠는가? 그리고 물을 제때 드리지

번뇌의 타파, 십대제자

못했거나 부처님 수명 연장 등 시자직을 충실히 이행해 내지 못했다는 마하가섭의 아난에 대한 비난은 지극히 사소하며, 상식 밖의 일이다.

그런데도 왜 마하가섭은 아난을 곱게 보지 않았을까? 아난은 파하파자 파티의 출가를 허락받아 여성 출가의 문을 열어 놓는데, 사실 마하가섭은 아난의 이러한 행동이 못마땅했으며, 그 결과 마하가섭은 비구니들로부터 좋지 않은 평가를 받는다. 경전 속에서 묘사된 정경을 떠올려 보자.

어느 날 아난 존자는 가섭과 함께 왕사성으로 걸식을 나가던 도중 때가 너무 일러 비구니 정사에 들르자, 비구니들이 이들에게 자리를 마련하여 법을 청했다. 마하가섭이 법상에 올라 설법을 하는데 한 비구니 왈, "가섭이 아난 앞에서 설법하는 것은 마치 바늘 파는 애가 바늘을 만드는 집에 찾아가서 바늘을 팔려고 하는 것과 같다"고 비웃는다.잡아함 권41 이 일이 있고 난 직후인지 모르지만 아난 존자가 또 가섭에게 설법하기 위해 비구니 처소로 가자고 권유하자 가섭 존자는 "그대 혼자 가라, 그대는 참 바쁜 모양이로구나"하며 언짢은 투로 말하는 구절도 있다.

부처님께서 열반에 드신 이후에도 이와 비슷한 사건이 또 일어난다. 마하가섭이 아난에게 "자네는 아직도 미숙하다"고 책망하자 아난 존자는 "가섭 존자이시여, 나의 머리카락도 이제는 잿빛이 되었는데 아직도 나를 어린애 취급하는 행동을 금해 주시오"라고 반박했다. 이 대화를 듣던 한 비구니가 말한다. "전에는 이교도였던 자가 정통 제자인 아난을 어린애 취급하는 것은 말도 안 된다".

사실 위의 인용 구절에서 마하가섭이 여성 출가에 노골적으로 반대한 내용은 보이지 않지만, 시종일관 비구니들의 가섭에 대한 비판적 태도와 비구니를 싫어하는 그의 언행에서 그가 여성 출가를 좋지 않게 생각했던 것은 아닌가 하는 의구심을 품을 만하다. 그리고 여성 출가에 대한 그의 불편한 감정은 그와 뜻을 같이하는 비구승 전체의 입장이었는지도 모른다.

이런 대목들에서 아난과 마하가섭은 여성의 출가 문제로 의견 대립이 심했던 사실을 알아차릴 수 있다. 거기에다 그 두 사람 사이의 성격 차이는 극명하게 드러난다. 마하가섭이 가부장적이고 권위주의적이며 냉혹할 뿐더러 직관적이고 카리스마적인 인물이라면 아난은 모성적이고 다정다감하며 논리적인 성격을 소유자라 볼 수 있다.

이와 관련해 상상의 날개를 편다면, 마하가섭은 자신과 전혀 상반된 견해를 지닌 아난이 부처님의 사랑을 받고 곁에서 시중드는 것을 바람직하지 않게 생각했을 것이다. 비록 가섭이 번뇌를 모두 다스려 아라한의 경지에 이르렀다 할지라도 아난과의 가치관 차이에 인한 의견 대립은 분명히 있었을 것이다. 또한 가섭이 두타행의 일인자로서 선적인 직관이 뛰어났을지라도 아난과의 선과 교의 대립과 경쟁은 지속적으로 전개되었을 것이다.

드디어 부처님 사후 주도권을 잡은 가섭 존자는 아난의 무저항적 투항을 받아낸 뒤 그를 경전 편집에 참여시킨다. 물론 경전에는 아난이 번뇌를 모두 없앤 뒤 경전 편집에 참여하였다고 적고 있지만 말이다. 그런데 사실 아난이 십대제자 중 가장 늦게 아라한이 된 것은 사실로 보인다. 대기만성大器晚成적 인물이 아난 존자인 셈이다.

부처님의 사랑스러운 제자

아난 존자는 부처님이 열반에 드시기 전까지 당신이 가장 사랑하는 애제자였음이 분명하다. 아난 존자가 부처님의 열반이 다가왔음을 알고 흐느껴 울자 당신께서는 조용히 말한다.

"아난아, 슬퍼하지 마라, 탄식하지 마라. 내 언제나 가르치지 않았더냐? 사랑하는 모든 것과 언젠가는 헤어지지 않으면 안 된다. 생겨난 것은 모두 사멸되지 않을 수 없다.

아난아, 그대는 오랫동안 내 시자로서 지극하게 시봉해 주었다. 그것은 참 훌륭한 일이었다. 이제부터는 더욱 정진하여 하루빨리 궁극의 목표를 실현하도록 하라.

아난아, 혹 너희가 '스승의 말씀은 끝났다. 우리의 스승은 이제 안 계신다'라고 생각할지도 모른다. 그러나 아난아, 그렇게 생각하지 마라. 아난아, 내가 설하고 가르친 교법과 계율은 내가 죽은 뒤에도 너희의 스승으로서 존재할 것이다."

아난 존자, 그가 누구도 제대로 말하기 어려운 여성의 출가 허락을 부처님께 간청한 사실로 보건대 그와 부처님 사이에는 격의 없는 대화가 오갈 정도로 공감대가 형성되었다는 사실을 쉽게 짐작할 수 있다.

그렇다고 해서 나는 이 자리에서 아난 존자가 옳고 마하가섭 존자가 나쁘다는 얘기를 하는 게 아니다. 마하가섭이 뛰어난 이심전심의 직관력과 카리스마적 기질을 지니고 있었다면 아난은 논리적으로 이치를 추구해 나가는 합리적 판단력과 남에게 봉사하는 동체 대비적 기질을 지니고 있었다는 것이다.

석가모니 부처님을 중심으로 한 삼존불 형식 중 마하가섭과 아난 존자

가 양 협시로 등장하는 양식이 있을
정도로 마하가섭과 아난 존자가 불교
사에서 차지하는 위치는 막중하다.

석가모니의 십대제자상이나 여러
후불탱화에서 아난 존자는 머리를
단아하게 깎은 젊고 용모가 바른 비
구의 모습으로 그려지며, 마하가섭존
자는 그 좌측에 백발이 성성한 노인
의 얼굴로 자리 잡고 있다.

석굴암에서 아난 존자는 본존불
을 향하여 좌측 맨 마지막에 자리
잡고 있다. 『유마경』에서도 아난은 10
대 제자 중 맨 마지막으로 거론된다.
경전 상에서는 아난이 맨 마지막에
깨닫는 것으로 묘사되기 때문이다.
아난 존자는 단정히 깍지를 낀 두 손
을 가슴에 대고 있으며 얼굴엔 잔잔
한 미소가 흐르고 있는 젊은 비구로
서, 옷깃을 단정하게 세운 미남형 비
구의 모습이다. 갸름한 얼굴, 단아한
이목구비, 상큼한 미소에서 단박 아
난 존자임을 알아차릴 수 있다.

석굴암 아난 존자상

지계제일 우바리
持戒第一 優婆離

노예 출신인 십대제자 우바리 존자,
지계의 일인자가 되다.

—

계율이란

하나의 공동체가 유지되기 위해서는 구성원간의 해서는 안 될 원칙이라
거나 약속이 있어야 한다. 이러한 조건이 무너질 경우 공동체는 와해되
고 만다. 부처님 초기 교단도 이와 마찬가지로 교단의 원활한 운영을 위
한 규약이 필요했다. 그것을 계율戒律이라 한다.

원래 계율이란 계戒와 율律이라는 두 가지 말의 합성어다. 계란 산스크
리트 '쉴라śīla'에서 나온 말로, 그것은 행위·습관·경향 등을 뜻하는데,
스스로 행하는 자율적 의미가 강하다. 따라서 이것은 인간의 윤리적 혹
은 도덕적 행위를 강하게 내포하며 양심을 강조할 뿐, 타율적인 강제 조
항은 없다. 반면 율은 비나야vinaya, 毘奈耶에서 나온 말로 제거·훈련·교
도 등을 의미하며 규칙·규범·규율 등의 뜻으로 쓰인다. 여기에서는 그
규칙을 지키지 않을 경우 당사자에게 법적인 제재를 가하는 타율성이
작용한다. 규율을 범할 경우 그에 해당하는 벌이 따른다. 요즘의 법률을
보면 그러한 모습을 잘 엿볼 수 있다.

따라서 계율이란 양심의 소리에 의한 자율적 행위와 조화로운 생활을 유지하기 위한 타율적 강제 조항이 섞여 있는 말로 한층 원만한 공동생활의 유지를 위해서 반드시 필요한 원칙이다. 그러나 소승적 의미에서 계율이라 할 경우, 그것을 범할 경우 제재를 당하는 타율적인 금계의 의미가 크며, 대승적 의미에서는 개인의 자율성을 최대한 보장할뿐더러 적극적인 이타적 선행을 강조하는 경향이 있다.

이러한 계율에 대해서 우리가 떠올려야 할 무엇보다도 중요한 것은 몸과 마음이 깨끗하지 않은 상태에서 수행하게 되면, 그것은 청허 휴정淸虛休淨 스님의 말씀대로 모래를 쪄서 밥을 짓는 행위와 다를 바 없다는 점이다. 그런 의미에서 계율 준수는 수행자들의 아주 기본적인 조건이다.

지계제일持戒第一 우바리

우바리 존자는 계율을 지키는 데 타의 모범이 되었을뿐더러 그 계율 조항을 가장 많이 알고 있는 부처님 십대제자 중 한 사람이다. 게다가 그는 노예 출신으로 부처님 교단에 들어온 대표적인 인물로 계급을 떠난 부처님 교단의 평등성을 보여 준 인물이다.

우바리의 산스크리트 이름은 '우팔리Upali'이다. 이를 음역하여 우바리優婆離라 했다. 그는 노예 출신이라 상세한 기록을 경전에서는 찾아보기 힘들다. 그는 인도 사성 계급 중 최하층인 수드라sudra 출신으로 샤카족의 이발사 노릇을 하고 있었다. 어느 날 그가 모시고 있던 바디야 Bhaddiya, 跋提 · 아니룻다Aniruddha, 阿那律 · 아난다Ananda, 阿難 · 난다Nanda, 難陀 · 브리구Bhṛgu, 婆呴 · 킴바라Kimbara, 金毘羅 · 데바닷다Devadatta, 提婆達

多 등 7인의 석가족이 한꺼번에 출가하면서 살림살이를 모두 그에게 넘겨주었다. 우바리는 자신만이 천민 출신이라 출가하지 못한 사실에 대해서 유감으로 생각하지만 다음과 같이 마음을 굳게 다지고 출가를 감행한다.

'나는 본래 이들 석가족 아이들에 의해서 살아왔는데 그들은 오늘 나를 버리고 부처님의 제자가 되고자 떠났다. 나도 차라리 그들의 뒤를 따라 출가하리라. 만일 그들이 얻는 바가 있으면 나도 얻는 바가 있을 것이다.'

이렇게 하여 우바리는 석가족의 사촌 형제들을 따라 집을 떠나게 된다. 그런데 왕자들은 출가에 따른 무소유와 평등 정신을 철저하게 되새기려 했음인지 석가모니께 다음과 같이 사뢴다.

"바라건대 우바리를 먼저 득도得度케 해 주십시오. 그 이유는 저희는 교만한 생각이 많았으므로 그 교만한 마음을 제거하기 위해서 입니다."

그래서 우바리가 제일 먼저 수계를 받고 윗자리에 앉게 된다. 출가 교단에서는 계급의 차별이 없고 대신 출가한 순서에 따라 자리를 정했기 때문이다.

난다Nanda는 석가모니의 이복동생으로서 정반왕과 그의 이모 파하파자파티 사이에서 태어났지만 그 역시 수계를 받고 출가하여 먼저 출가한 사문들에게 차례차례로 예를 표하다가 우바리 앞에 이르렀을 때 예 올리기를 머뭇거리자, 부처님께서는 이렇게 말씀하신다.

"교단 안에서는 오직 수계 순서에 따른 전후가 있을 뿐, 귀천과 신분의 차이는 여기에 없다."

우리는 여기에서 계급과 신분의 차별을 떠난 승가 사회의 평등성과 승가 사회만의 엄격한 규율을 살필 수 있다. 사성 계급과 신분의 차별은 거기에서 용납되지 않는다.

이렇게 해서 우바리 존자는 부처님 교단의 동등한 일원으로서 수행자의 길을 갔다. 게다가 그는 사회에서의 직업이었던 이발사의 기능을 살려 부처님의 머리를 깎게 되었다. 그러면서 부처님이 친히 전한 계율에 관한 사항을 꼼꼼히 기억해 내 계율을 빈틈없이 행한다. 그래서 증지부增支部 니카야에서 "나의 제자 중에서 지계 제일은 우바리이니라"라고 부처님께서 말씀하시게 된 것이다.

초기 교단에서 수계 의식은 삼귀의 내지는 오계伍戒에 대한 서약이 전부였다. 맨 처음에는 삼귀의계만 주어도 불자가 되었다. 그 삼귀의란 주지하다시피 불佛·법法·승僧에 대한 귀의를 말하며 오계란 살생, 도둑질, 음란한 행위, 거짓된 말, 그리고 음주를 불허하는 다섯 가지 금계를 말한다. 우바리나 여덟 왕자 모두 이 삼귀의 또는 오계를 받아들이는 수계식을 통해서 정식으로 불문에 발을 들여놓게 된다. 수계의 과정을 거쳐 출가 사문이 되는 것을 득도得度라 한다.

그러나 맨 처음에 다섯 가지에 불과했던 계율이 승려들의 비행이 이나 수행자로서 난처한 일이 생길 때마다 새로운 금지 조항으로 추가되었고 계속 늘어나 최종적으로 비구 250계, 비구니 338계로 확정된다. 수행자로서의 법도에 어긋나거나 난처한 상황이 생겨날 때마다 부처님은 그에 걸맞은 계율을 선포하게 된다. 그렇게 죄를 범한 행위에 따라서 계를 정하였기 때문에 이를 일러 수범수제隨犯隨制 또는 범계수제犯戒隨制라 했다. 그리고 그러한 과정에서 우바리는 부처님 곁에 늘 붙어 다니면서 부처님이 말하는 계율 조항을 빠짐없이 기억해 내고 그것을 실천하는데 단연 앞섰다. 그 결과 우바리는 왕사성 칠엽굴에서 벌어진 첫 번째 경전 결집과정에서 율律을 외워내고 500나한의 공인을 받아 율장律藏을 만들어내는데 주도적인 역할을 한다. 이렇게 해서 우바리는 불교 율장의 제1조로 자리 잡게 된다.

십대제자 중 석굴암 본존불을 향하여 좌측의 네 번째로 자리잡고 있는 인물로, 고개를 약간 치켜든 상태에서 이마가 튀어나오고 눈썹이 위로 치켜 올라간 매서운 인상의 비구가 우바리다. 오른손으로 커다란 발우를 껴안듯 들고 있는 엄정한 모습에서 율사律師다운 면모를 읽을 수 있다. 그럼 그는 왜 발우를 들고 있을까? 발우는 엄정한 수행자의 상징이다. 수행자가 소유할 수 있는 것은 가사와 발우뿐이다. 발우 그것은 소욕지족所欲知足의 청정한 생활을 상징한다.

석굴암 우바리 존자상

설법제일 부루나
說法第一 富樓那

설법의 일인자 부루나 존자,
언행일치와 인욕의 모범을 보여 주다.

—

법을 설한다는 것

설법이란 법을 설명한다는 것이다. 법을 설명하는 데는 여러 가지 다양
한 방법이 있겠지만, 그중에서 상대방을 합리적으로 설득력 있게 납득시
키는 매개체로써는 말 이상 중요한 것은 없다. 물론 때로는 말보다는 침
묵이 그 이상의 효과를 전해 줄 수도 있다. 그러나 공공 생활에서 역시
일차적인 매개 수단은 말이다.

　불교는 말이 지니는 허위성과 그 일의적 기능 때문에 말을 떠난 자리,
그 궁극의 자리를 중요시한 것이 사실이다. 궁극의 진리는 말과 생각을
떠나 있기 때문이다. 그 결과 선에서는 문자를 세우지 말고 문자에 의지
하지 말라는 불립문자不立文字를 주장한다. 그러나 그 궁극의 진리에 오
르기 위한 매개체로써 말은 필요하다. 게다가 논리적인 말은 진리를 객
관적으로 증명하는데 크게 이바지한다.

　부루나 존자는 그런 말을 통해 부처님의 말씀을 전한 뛰어난 부처님
의 제자다. 그는 말을 구사하는 데에 가히 천부적이어서 뛰어난 수사법

을 구사하면서 물 흐르듯 가르침을 전한다.

그의 본명은 '푸르나 마이트라야니 푸트라Purṇa maitrāyaṇīputra'다. '푸르나'란 '충만한', '만족된'이라는 뜻의 과거수동분사이며 '마이트라야니'는 '자애심이 깊다'는 뜻의 '마이트레야maitreya'에서 나온 여성 명사이고, '푸트라'는 그 자식이란 말이다. 풀어보면 자애로운 마음으로 충만한 여성의 자식이다. 그래서 이 말은 만자자滿慈子·만족자자滿足慈子 등으로 의역되었으며, 부루나미다라니자富樓那彌多羅尼子는 그 음역으로, 줄여서 부루나라고 불리게 되었다.

이와 관련하여 중아함 제2 『칠거경七車經』에서는 "내 아버지의 이름은 만滿이고 내 어머니의 이름은 자慈이다. 그러므로 모든 범행자梵行者들은 나를 만자자滿慈子라고 부른다"라고 전한다.

언행일치와 인욕의 모범을 보여 주다

부루나 존자는 부처님으로부터 설법제일說法第一이라는 칭호를 받았다. 사리불도 그를 극구 칭찬한다. 사리불은 어느 날 부루나에게 부처님을 따라 범행梵行, brama-carya; 청정한 행위을 닦는 이유를 묻자 그는 이렇게 답한다.

"현자여사리불이여, 계행이 깨끗함으로써 마음이 깨끗함을 얻고, 마음이 깨끗함으로써 깨끗한 자신의 견해를 얻고, 그러한 깨끗한 견해로써 의심을 없앤 깨끗함을 얻고……. 지혜의 깨끗함으로써 사문 고타마는 무여열반無餘涅槃을 연설하는 것입니다."

"훌륭하고 훌륭합니다. 부루나님이여. 그대는 여래의 제자가 되어 행동하고 지변智辯과 총명함은 확고하고 안온하며 두려움이 없어 마음먹은

석굴암 부루나 존자상

대로 다스릴 수 있는 능력을 성취하셨으니 큰 변재에 통하셨습니다……."

신념에 차 있으며 논리적일뿐더러 설득력 있는 그의 달변은 올곧고 자신감 있는 행위에서 나온 것이다. 그는 지행합일知行合一, 언행일치言行一致의 삶을 영위해 나갔다. 부루나는 약장사처럼 입만 나불거릴 뿐 진실한 행위가 없는 사람과는 분명 달랐다.

설법이 탁월한 부루나의 이러한 능력은 대승불교에도 그대로 이어진다. 『유마경』에서 그는 유마거사로부터 한 방 얻어맞지만 『법화경』「오백제자 수기품」에서는 거침없는 언설로 부처님 말씀을 잘 전해, 중생들에게 이익을 베푼 결과, 장차 법명法明 여래가 될 것이라는 수기를 받는다.

"너희는 부루나 미다라자니를 보았느냐? 나는 항상 설법하는 사람 가운데서 그가 제일이라 칭찬했을뿐더러 여러 가지 그의 공덕을 찬탄하였느니라. 그는 부지런히 정진하여 나의 가르침이 세상에 바르게 행해지도록 지켜왔으며, 나를 도와 가르침을 잘 말해주어 사부대중에게 가르쳐 보여 이롭게

번뇌의 타파, 십대제자

하고 기쁘게 했다. 게다가 부처님의 바른 가르침을 해석하여 같은 범
행자를 크게 이익 되게 하였느니라. 여래를 제외하고는 그 언론의 변
재를 당할 자 없느니라."

「오백제자 수기품」

잡아함 권13 『부루나경』에는 이렇게 뛰어난 변재의 힘으로 부처님 말
씀을 전하려는 그의 비장한 각오가 잘 그려져 있다. 부루나가 불법을 전
하기 위해 민심이 몹시 흉악하고 성미가 급한 사람들로 가득 찬 수나파
란타국으로 가겠다고 하자 부처님은 묻는다.

"그들이 나무나 돌로 때린다면 어떻게 할 것인가"

"칼을 가지고 해치지 않은 것만도 다행으로 생각할 것입니다."

"칼로 상처를 입힌다면……."

"그들은 지혜롭기에 그런 무기로 저를 해치기는 하되, 죽이지는 않을
것입니다."

"끝내 칼로 죽인다면……."

"온갖 고뇌 때문에 칼이나 독물로써 자신의 생명을 끊으려 했던 자도
있습니다. 그러니 그들은 좋은 사람입니다."

"훌륭한 일이로다. 너는 능히 인욕을 배웠으니 수나파란타국 사람들
사이에 머물만하다. 너는 그곳에 가서 제도 못 받은 자를 제도하며, 안심
못 얻은 자를 안심케 하며, 열반 못 얻은 자를 열반에 들게 하라."

석굴암 제자상 중에서 본존불을 향하여 우측 세 번째로 등장하는 비
구가 부루나다. 오른손은 아래로 내려뜨려 정병을 비스듬히 거머쥐고 있
는 상태에서 왼손을 입 언저리까지 자연스레 들어 올려 열정적으로 설
법하고 있는 자신만만한 모습이다.

해공제일 수보리
解空第一 須菩提

> 다툼이 없는 평화의 도인 수보리 존자,
> 공을 보는 안목을 지니다.
>
> —

공空을 보는 눈

수보리 존자의 산스크리트 이름은 '수부티Subhūti'로서 브라만 부티Bhūti, 負梨의 아들로 태어났다. 여기서 '수su'는 '잘', '훌륭히'라는 뜻의 부사로 선善이라 번역되었으며 '부티bhūti'는 '존재', '능력', '행복'을 뜻하는 여성 명사다. 게다가 '존재하다', '나타나다'라는 뜻의 동사원형 '부bhu'에서 파생된 과거수동분사 '부타bhūta'가 '존재하는', '현존의'라는 뜻이기에 수부티는 선현善現·선생善生·선업善業·선길善吉 등으로 의역되었다. 수보리須菩提 또는 소부제蘇部帝 등은 그 음역이다.

이러한 이름과 관련하여 그의 용모가 단정하고 출중했다 하여 선현善現이라 했다는 설도 있는데, 후대에 들어 그의 탄생 사건 자체가 신비화되어 나타난다. 즉 수보리 존자가 태어날 때 꿈을 꾸니 창고가 텅 비어 공생空生이라 하고, 일주일 후에 다시 창고가 가득 차 있는 것을 보고 선현善現이라 했다 하며, 그의 장래를 점치는 사람에게 물어보니 오직 길吉하다 해서 선길善吉이라 했다는 얘기도 있다. 또 『법화경문구法華經文句』 제

번뇌의 타파, 십대제자

3에 "존자가 태어났을 때 집안에 있는 창고나 광주리, 상자, 그릇이 모두 비었기 때문에 공생空生이라 하였고 공행空行을 닦았기 때문에 선업善業이라고 이름했다"는 설도 그렇다. 아무래도 이러한 얘기는 대승불교권에서 공 도리에 뛰어난 그의 역할을 강조하려고 지어낸 것으로 볼 수 있다.

이러한 이야기가 또 하나 전한다. 『일체경음의一切經音義』에 나와 있는 것이다. 하루는 그가 먹을 것을 청했는데 그의 어머니는 하녀가 이미 밥상을 치우고 그릇을 깨끗이 씻어냈기 때문에 음식이 없다고 대답했다. 그런데 어떤 영문인지 수보리가 그릇 뚜껑을 열자 그 속에 음식이 가득 차 있는 게 아닌가? 신기하게도 온 집안 식구가 다 같이 그것을 먹자 심신이 안온해졌다. 그러자 부모 형제들이 그의 비범함을 깨우치고 부처님과 보살들을 청하여 음식을 베풀었다. 그리고 난 뒤 수보리는 출가하여 아라한과阿羅漢果를 얻게 되었다.

그런데 『장노게』의 주석에 따르면 그는 코살라국에 부처님 가르침을 최초로 알린 수닷타 장자의 동생 수마나의 아들로 사위성에서 태어났다. 수닷타가 기원정사를 부처님께 바치던 날 그는 부처님 설법을 듣고 출가하는데, 부처님은 그에게 무공제일無空第一, 혹은 소공제일小空第一이라는 칭호를 내렸다.

그렇다면 초기 불전에서 이 공과 관련된 구체적인 그의 일화를 보면서 그가 파악한 공의 의미가 도대체 무엇인지 알아보자.

부처님께서 도리천에 올라 어머니를 뵙고 석 달이 지난 뒤 사바세계로 돌아오는 날이 되자 많은 제자들이 부처님을 마중하기 위해 나섰다.

그때 수보리는 영취산 바위굴 안에서 옷을 꿰매고 있던 중 밖으로 나가려다가 발을 멈추고 잠시 생각하였다. 그리고 다시 자리에 앉아 옷을 꿰매기 시작했다. '내가 서둘러 부처님을 맞이하러 가려고 하다니 부처님의 형상은 무엇인가?'. 눈眼·귀耳·코鼻·혀舌·몸身·마음意이 그것인가? 땅地·물水·불火·바람風 4원소가 그것인가? 일체 모든 것은 다 텅 비고 고요하여 만들거나 만들어지는 것도 없다.

'부처님께 예배하려거든 모든 존재하는 것들이 무상한 것이라 관해야 한다. 과거의 부처님이나 미래의 부처님도, 현재의 부처님처럼 모 무상하다. 만약 부처님께 예배하려거든 과거나 미래나 현재 말하는 것이나 모두 공한 것이라고 관해야 한다'고 세존께서 말하지 않았던가?

이것들은 모두 무아요 영혼도 없으며 실체도 없다. 만들거나 만들어지는 것도 없다無造無作. 형용할 것도 없으며 가르칠 것도 없다. 무릇 일체의 모든 것이 공적空寂하니 무엇이 나인가? 나는 지금 진실한 진여의 몸法聚에 귀의하리라.' 이렇게 생각하는 그는 계속 바느질을 했다.

한편 제자들 중 연화색蓮華色 비구니가 제일 먼저 부처님을 뵙고 예를 올리면서 자신이 첫 번째로 예배를 올린다고 하자 부처님은 게송으로 말한다.

"착한 업으로 먼저 예배했으니 그대가 최초라 해도 허물이 없겠지만 텅 비어 아무것도 없는 공무해탈문空無解脫門이 바로 예불이며 텅 비어 아무것도 없는 공무법空無法을 관찰하는 것을 예불이라 한다."증일아함 권28

운둔자요 무쟁도의 일인자이며 능히 공양 받을 만한 자

대승불교는 공에도 집착하지 말 것을 촉구하여 그 공이 다시 현실로 살아 움직여야 한다는 것을 강조한다. 반면 초기 불교에는 세상에 대한 무상성이 강조된다. 어떻게 보면 염세주의적 냄새가 강하게 풍긴다 해도 과언은 아니다. 그러다 보니 어떤 적극적인 행위 자체, 즉 업을 만드는 일을 꺼린다. 초기 불교의 공에 대한 개념은 그러한 면이 적지 않게 보인다.

그러기에 수보리 존자는 시끄러운 것보다는 고요를, 형상보다는 무상無相을 즐겼다. 아마 그는 내성적 성격의 소유자로서 은둔적 정서가 물씬 풍기는 그러한 인물이었을 것이다. 그래서 증일아함 제3 「제자품」에서는 이렇게 말한다.

"좋은 옷을 즐겨 입지만, 행이 본래 청정하여 항상 공적을 즐기고 공의 뜻을 분별하여 공적의 미묘한 덕업에 뜻을 둔다. 그래서 은둔자 중에서 제일이라고 칭했다."

그러나 고요한 곳에서 은둔한다고 해서 그가 깊은 산에서 홀로 숨어 지냈다는 의미는 아니다. 수보리 존자는 내면의 고요를 응시하면서 대립과 다툼이 끊어진 생활을 영위하였다. 다툼이 없는 무쟁행無諍行은 바로 맑고 향기로운 행이요 무아의 빛이 외면으로 비추어진 행이다. 그래서 그는 무쟁도無諍道의 제일인자로도 거론된다. 그런데 무쟁행과 관련된 그의 이야기는 위에서 말한 그의 신비한 탄생설과는 사뭇 다르다.

그는 총명하였지만 성질이 포악했다. 그래서 주변의 사람이며 짐승들을 보면 그냥 지나치는 법이 없어 못살게 굴었다. 도가 지나치자 부모며 친구들도 그를 외면하고 미워해 산으로 들어갈 수밖에 없는 처지가 되었다. 그러나 그는 산으로 들어가서도 마주치는 짐승이나 나뭇가지에 해를 끼치는데 산신의 도움으로 부처님을 뵈어 교화를 받고 출가하여, 이윽고 그는 무쟁도無諍道를 깨닫고 다툼이 없는 무쟁의 제일인자가 된다. 출가 전의 난폭한 인물이 부처님의 교단에 출가한 이후 새로운 인물로 탈바꿈하게 된 것이다.

이렇게 수보리 존자는 조용한 곳에서 무쟁의 삼매를 닦아 모든 법의 공적을 관찰하고 은둔 제일, 무쟁 제일, 해공 제일인자로 두각을 보여 마침내 공양을 받을 만한 모든 성문·아라한 가운데서 으뜸이신 분, 즉 소공양제일所供養第一로 찬양된다.

　이러한 수보리 존자의 다툼이 없는 평화로운 경지는 다음의 일화에서도 잘 드러난다. 수보리가 우연히 마가다국 왕사성에 갔을 때의 일이다. 빔비사라 왕이 그를 존경하여 작은 집을 지어 머무르게 했는데, 그만 지붕 잇는 것을 잊어버리고 말았다. 그럼에도 수보리 존자는 불평 한마디 없이 하늘의 별을 벗 삼아 평온하게 수행하였다. 이러한 수보리 존자의 덕을 찬탄한 하늘이 그가 물에 젖을가 하여 비를 내리지 않자 백성들은 곤경에 처했다. 이때 존자가 우러르며 말했다. "나의 작은 집은 잘 이어져 바람도 들지 않아 기분이 좋나. 하늘이여, 미 음대로 비를 내려라. 나는 마음을 잘 다스려 해탈을 얻어 기쁘게 머무니, 하늘이여, 비를 내려라". 그때야 하늘이 비를 내리니 왕은 자신의 과실을 알고 다시 지붕을 이어주었다는 이야기다.

　위 내용은 경전에 따라 약간 다르게 전개되는데, 그 사연인즉 이렇다. 하늘이 수보리 존자를 염려하여 비를 내리지 않자 마가다 사람들이 가뭄에 고통스러워했다. 그제야 빔비사라 왕이 실수를 알아차리고 서둘러 지붕을 이었다. 그러자 비가 내리가 시작했다. 이때 수보리 존자는 게송으로 다음과 같이 노래한다.

> 나의 토굴이 완성되니 소란한 주위가 고요하고
> 마음이 평화로우니 여기가 바로 깨달음의 자리라네
> 하늘이여 비를 내려주오.
> 나는 진리를 찾았거늘 비를 내려주오　　　　　『장노게』

증일아함에는 다음의 이야기가 또한 전한다. 부처님이 왕사성 기사굴산에 계실 때 수보리 존자는 병에 걸려 고통스러워했다. 그래서 고통이 어떻게 생겨나고 사라지는가를 명상하고 있을 때, 제석천이 파차순波遮句을 데리고 와서 문병하며 병환이 어떠한가를 묻자, 존자가 가르침을 설하는 광경이다.

"훌륭합니다. 제석이여. 모든 법은 저절로 생겨났다가 저절로 소멸합니다. 또한 모든 법은 스스로 움직이며 스스로 쉬는 것입니다. 마치 독약이 있으면 다시 그 독을 해독시키는 약이 있는 것처럼 법과 법은 서로를 어지럽히고 서로를 고요하게 합니다. 법이 곧 법을 생겨나게 합니다. 흑법黑法은 백법百法으로 다스려야 하고 백법은 흑법으로 다스려야 합니다. 이처럼 탐욕의 병은 자비심으로 다스리며, 어리석음의 병은 지혜로 다스립니다. 이와 같이 일체의 소유는 공空으로 돌아가 나도 없고 남도 없으며 수명도 없고 형상도 없고 남자도 여자도 없는 것입니다. 바람이 큰 나무를 쓰러뜨려 가지와 잎사귀를 마르게 하고 우박과 눈이 내려 꽃과 열매를 망치게도 한다. 또한 비가 오면 시든 초목도 스스로 생기를 얻는 것처럼 법과 법은 서로 어지럽히다가도 다시 서로를 안정시킵니다. 내가 전에 앓던 아픔과 고통도 지금은 다 사라져 심신이 평안합니다." 증일아함 권6. 한글대장경 참조

이러한 공에 대한 그의 식견은 대승불교에 와서 확연하게 부각된다. 초기 반야계 경전의 정수이자 대한불교조계종의 소의경전所依經典인 『금강경金剛經』에서 수보리 존자는 부처님의 상대역으로 등장한다. 스승과 제자는 서로 공의 모습에 관하여 묻고 대답하는 하모니를 이루어 결국

깨달음이라는 아름다운 꽃으로 피어난다.

『유마경』의 십대제자 순서에 따르면 수보리는 마하가섭 다음에 등장한다. 그래서 석굴암에서는 본존불을 중심으로 좌측의 가섭 존자와 마주보고 있는 모습으로 우측의 수보리 존자가 모습을 드러내고 있다. 몸을 웅크리고 서 있는 비구의 형상이다. 두 손을 턱밑에 모아 왼손의 엄지와 검지 사이로 오른손을 덮어 독특하게 포개고 있는데, 운둔자로서의 그의 개성을 강조하려는 듯 잔뜩 사색에 잠긴 모습을 하고 과묵한 표정을 보인다. 그리고 오묘한 공의 세계를 꿰뚫어 보고 있는 듯 눈을 지그시 감고 있다.

석굴암 수보리 존자상

번뇌의 타파, 십대제자

논의제일 가전연
論議第一 迦旃延

가전연 존자가 논리적 해설에 발군의 실력자로 불렸던 이유는?

—

논리적 해설이 의미하는 바는

불경을 크게 나눠 경經·율律·론論 삼장三藏으로 나눈다. 이 중에서 경은
부처님의 말씀이요, 논은 그 말씀에 대한 해설이다. 부루나 존자는 부처
님 말씀에 대한 해설로 뛰어난 실력을 발휘한다. 그는 탁월한 논리적 분
석력으로 간명하게 설한 부처님 말씀에 살을 보태고 피가 통하게 한다.
그래서 그는 논의제일論義第一 또는 분별제일分別第一이라는 별칭으로 불
린다. 말을 하는데 그 논리적 구사는 필수적이므로 설법제일이었던 부루
나 존자도 그의 도움을 많이 받았다.

이 자리에서 굳이 설법 제일인 부루나와 논의 제일인 가전연 존자를
비교하면 이렇다. 부루나 존자는 재가자들을 상대로 말하는데 뛰어났
고, 가전연 존자는 출가한 사문들에게 논리적이고 학문적인 해설을 하
는데 탁월한 능력을 발휘했다. 말하자면 가전연 존자는 철학이나 사상
을 가르치는 자질을 있던 것으로 생각된다.

가전연 존자의 산스크리트 이름은 '마하 카차야나Mahākātyayāna'로서

대가전연大迦旃延 또는 마하가전연摩訶迦旃延으로 한역된다. 그는 부처님 당시 16대국 중 하나인 서인도 아반티Avanti국의 수도인 웃제니에서 태어났다. 그의 가계는 크샤트리아 계급으로서 아버지는 아반티국의 국왕인 악생왕惡生王을 보필하는 일국의 재상(보좌관)이었다.

『장로게주長老偈註』에 의하면 그는 악생왕의 명을 받아 부처님을 아반티국으로 초청하기 위하여 사신으로 갔다가 부처님을 뵙자마자 그 인격에 감복되어 그대로 출가했으며 왕을 불교에 귀의시키고 많은 사람을 출가시켰다.

웃제니는 마가다국에서 보았을 때 아주 먼 변방이다. 어느 정도 변방이었느냐 하면 원래는 비구가 10명 이상 무리를 지을 때만이 구족계具足戒를 주었는데, 이곳에서는 5명만 모여도 계를 줄 정도였다. 가전연 존자는 자신의 고향인 그러한 변방에 가서 정확하게 부처님 말씀을 파악해서 전해주려고 세심한 노력과 훈련을 쌓았을 것이다. 설법제일인 부루나 존자도 변방 출신임을 고려해 볼 때 이는 설득력 있는 얘기이지 않은가?

가전연 존자는 총명한 머리로 명석 판명한 논리를 구사하여 부처님 말씀을 해설하는 데 걸림이 없었다. 아마도 그는 논리 전개과정을 잘 꿰뚫고 실천했을 것이다. 그래서 증일아함 제2 「지품智品」에는 "뜻을 잘 분별하여 진리를 펴는 데는 가전연 비구가 으뜸이다."라고 말했다. 같은 경전 제3 「제자품」에서는 그를 지칭하여 이렇게 말한다.

> "비구들아, 마땅히 알라. 나의 이 성문 대중 가운데, 민첩하게 뜻을 취하고, 많이 들어도 총민하기 때문에 모두 깨달으며, 조금만 듣더라도 남을 위해 널리 분별해서 설하는데 으뜸인 사람은 바로 이 대가전연 비구이니라."

바로 가전연 존자가 언어를 분석하여 해설하는 데 있어 많은 분량의 내용을 듣더라도 그것을 간략하게 요약하여 그 핵심을 파악하는 탁월한 능력을 지녔을뿐더러 설명이 거의 없는 압축된 내용도 그 전달하고자 하는 바를 잘 파악하여 알기 쉽게 설명하는 능력을 갖추었다는 것이다. 그래서 중아함 제28 『밀환유경密丸喩經』에서는 "부처님께서는 간략하게 법을 설하시면 마하가전연은 그 법의 뜻을 잘 분별하였으므로 부처님의 칭찬을 받았다"라고 한다. 『증지부 경전』에서도 가전연은 "세존이 요약하여 말한 설법을 비구들의 요청으로 폭넓게 설하였다"라고 말한다.

어째서 그는 논사論師로 불리었는가

가전연 존자가 뛰어난 논리력을 구사하여 긴 것은 짧게, 짧은 것은 길게 자유자재로 부처님 말씀을 일목요연하게 해설하자 후기 불교 학파에서는 그를 뛰어난 논서를 저술한 논사論師로 묘사한다. 사실 그것은 시간의 벽을 넘어서 그의 위치를 비약한 결과로 그것은 시대상과 맞지 않는 설정이다. 즉 부파불교의 핵을 이루는 아비달마 논사들은 가전연 존자를 자파自派로 수용한 결과 그러한 시대와 맞지 않는 설정을 한 것이다. 예를 들어 설일체유부說一切有部에서는 자파의 근본 논장인 육족론六足論 중 『시설족론施設足論』이 그의 작품이라고 주장했으며, 『부집이론소部執異論疏』에서는 "대가전연은 부처님 재세 중에 논을 지어 분별하고 해설하였다"라고 적고 있다.

심지어 용수龍樹보살의 저작으로 알려진 『대지도론大智度論』 권2에서는 그를 일러 말하길, 부처님 말씀을 해설하여 『비륵毗勒』이라는 논서를 지었다고 한다. 이 책은 비유비공非有非空에 집착하는 사람들을 위하여 역유역공亦有亦空의 도리를 설한 논서다. 유에 대한 집착을 떠나 공空을 천명하다가 다시 그 공에 대한 집착을 떠난다 해서 유와 공에 머물지 않는다 하지만, 다시 그 유와 공에 머물지 않는다는 것에 집착한 결과 그러한 집착마저 떠나라는 역유역공의 논리를 편 것이다. 게다가 『대지도론』 권5에서는 『지도론指導論』, 『장론석藏論釋』 등의 논서들이 가전연의 작품으로 널리 유포되고 있었다는 얘기를 전한다.

사실의 진위를 떠나 이렇게 부풀어진 그에 대한 설명 속에서 우리는 그가 논의를 전개하는 데에서는 뛰어난 실력을 보여 준 부처님의 소중한 제자였다는 사실을 알 수 있다.

가전연 존자는 빈틈없는 논리를 바탕으로 인도 선역을 돌아다니며 탁월한 말솜씨를 구사하여 중생 교화에 힘쓴다. 그는 뛰어난 포교사였다. 심지어 그는 먹을 것마저도 구하기 힘든 악조건으로 부처님도 가시기 꺼렸던 마두라로 포교의 길을 떠난다. 그곳 한 숲에서 가전연 존자는 국왕 아반티풋타를 만나 사성四姓 계급의 무차별을 설득력 있게 구사한다.

국왕은 묻는다.

"브라만들은 스스로가 제일이고 다른 사람은 비열하다 하며, 브라만이 청정하고 다른 사람은 그렇지 않다고 하니 그 이유가 무엇입니까?"

"대왕이시여, 그것은 말로만 그럴 뿐이지 실제로는 그런 것이 아닙니다. 오직 업에 의한 것입니다"

왕은 이해가 안 가는 듯 왜 그러냐고 그 이유를 묻는다.

"당신이 브라만으로서 왕이 되어 여러 계급의 사람들을 권력으로 다스리면 시키는 대로 말을 듣습니까?"

번뇌의 타파, 십대제자

석굴암 가전연 존자상

"시키는 대로 합니다."

"그렇다면 다른 계급의 사람이 왕이 되어 시키면 백성들은 그 말을 들을까요?"

"듣습니다."

"어느 계급의 사람이 왕이 되더라도 모두 왕의 말을 듣는다면 네 가지 종성은 다 평등한 것으로 차별이 없습니다. 또 브라만이라도 도둑질을 하면 왕은 벌을 줄 것이며 그를 도둑이라고 부를 것입니다. 그러므로 사성 계급의 차별은 없으며 평등한 것입니다. 그러므로 브라만이 제일이요 청정하고 다른 사람은 그렇지 않다는 것은 업에 의한 것입니다."잡아함 권제20

그야말로 기막힌 수사법이다. 그는 이러한 논리적 언변으로 인도의 많은 지역을 불법으로 교화하기에 이른다.

가전연 존자는 석굴암 제자상 중 본존불을 향하여 좌측 세 번째로 등장한다. 설법제일 부루나 존자와 마

주 보고 있는 모양새다. 왼손을 옷 속에 넣은 채 오른손을 올려 첫째, 둘째 손가락으로 둥근 원을 그리고 나머지 손가락을 쭉 펴들어 설법하는 모습을 보인다. 얼굴은 왼쪽으로 약간 돌려 고개를 한껏 쳐든 채 눈으로 상대방을 응시하며, 두 발을 활짝 밖으로 벌려 버티어 서서 굳은 의지를 내보이고 있는데, 상대방과 자신 있게 논쟁하는 가전연 존자의 특징이 잘 나타난다.

번뇌의 타파, 십대제자

밀행제일 라후라
密行第一 羅候羅

부처님의 아들로서 은밀한 실천행의 모범을 보이다.

—

장애障碍라는 이름

라후라 존자는 부처님의 하나밖에 없는 아들로서 남의 눈에 띄지 않은 가운데도 은밀하게 스스로 행할 바를 실천하여 부처님께 밀행제일密行第一이라는 칭호를 받는다. 그는 부처님으로부터 배운 바 그대로 사소한 일 하나하나까지도 타인의 눈을 의식하지 않고 충실히 실행한 결과 그렇게 불리었다. 실제로 그는 인욕행忍辱行과 계율 준수를 남이 보지 않는 데에서도 철저히 해 나갔다.

라후라의 산스크리트 이름은 '라훌라Rāhulla'이다. 이 말은 월식月蝕·복장覆障·장목障目이라는 뜻으로 흔히 장애障碍로 의역된다. 그런데 사실 '라훌라'는 이름은 호전적인 악신惡神인 아수라의 일종으로 그 아수라의 무리 중에서 가장 힘이 센 자를 일컫는다. 바로 '라후Rahu 아수라'는 신(수라)과 악마(아수라) 사이에 싸움이 벌어져 불사不死 감로수인 '아무리타'를 얻는 과정에서 몰래 신의 무리에 끼어들어 아무리타를 목까지 삼키는 순간, 그만 비슈누 신의 칼에 맞은 자였다. 해와 달이 비슈누 신에게 라후 아수라가 신의 무리 속에 있다고 일러바쳐 일격을 당한 것이다. 다행히도 그 아수라는 목까지 아무리타를 마셨기 때문에 얼굴만 살아서 자신의 원수를 갚기 위해서 해와 달을 삼키지만 너무 뜨거워서 금방 토해냈고, 그 결과 일식과 월식이 생겨나게 되었다. 이 신화에 근거하여 '라훌라'라는 말은 월식으로 불리게 되었으며, 결국에는 장애라는 의미를 지니게 된 것이다.

그렇다면 어째서 석가모니 부처님의 아들이 장애障碍로 불리게 되었을까? 가장 많이 알려진 얘기는 고타마 싯다르타가 생노병사의 고통을 목격하고 출가하기를 마음먹고 돌아오던 길에 아들이 태어났다는 소식을 듣고 "라후라(장애)가 생겼구나!"라고 통탄했다는 일화이다. 이와 관련하여 현대 한국선의 커다란 별, 성철 스님도 속가와의 인연으로 낳은 친딸에게 불필不必이라 불렀다는 얘기가 회자된 적이 있다. 혹자는 이러한 행위에 대해서 가혹한 처사라고 불만을 토로할지도 모른다. 그러나 큰길로 들어서려면 세속의 끈끈한 정을 끊어내야만 한다. 그것을 절연絶緣이라 한다. 그 결과 크나큰 자비가 보편성을 확보하면서 모든 자를 똑같이 사랑하는 박애로 펼쳐지게 된다.

출가와 묵묵한 실천행

라후라의 유년 시절에 대한 별다른 기록은 없다. 다만 그의 출가에 대한 기연만 전할 따름이다.

부처님께서 깨달음을 이루신 후 고향 카필라 성으로 돌아왔지만, 야소다라 비는 부처님께 미소조차 보내지 않는다. 사실 그녀의 측면에서 볼 때 남편이 대각을 성취하여 붓다가 되었다고 하지만, 자신은 버림받는 여자라는 생각이 머릿속을 떠나지 않았을 것이다. 이러한 그녀의 응어리진 마음은 라후라에게 다음과 같이 말한 것에서 잘 드러난다. 라후라는 당시 왕위를 계승할 예정이었다.

"저분이 너의 아버지이다. 가서 나는 왕이 되려하니 물려줄 재산을 달라고 하라."

너무나 당혹스런 말이다. 그러나 어린 라후라는 어머니의 말대로 부처님의 뒤를 따라다니면서 물려줄 재산을 요구했다. 부처님은 그녀의 마음을 간파하고 '차라리 그에게 보리도량菩提道場의 거룩한 보물을 주어 세상에서 가장 뛰어난 법의 상속자가 되게 하리라'고 생각하고는 사리불에 명해서 라후라의 출가 의식을 명령했다. 당시 그의 나이 6세 혹은 10세라 한다. 이렇게 라후라는 사리불을 스승으로 삼아 최초로 사미가 되었다.

손자 라후라가 부처님 교단에 들어갔다는 소식은 정반왕의 마음을 아프게 한다. 막내아들 난다Nanda마저 출가한 마당에 손자가 집을 떠나는 상황에서 왕위는 물론이요 대가 끊기게 되었으니 그 슬픔이 눈에 밟힌다. 그 후 정반왕은 부모의 허가 없이는 출가를 금하도록 부처님께 제안해서 부처님은 그것을 받아들여 그렇게 하도록 계율을 제정했다.

어린 시절 라후라의 출가 생활에 이런 일이 있었다. 하루는 자기 방에 와보니 객승이 먼저 와서 자리를 차지하고 있는 게 아닌가? 당시로써는 비구계를 받지 못한 사미승 및 재가 불자는 비구와 한 방에서 머물 수 없는 규율 때문에 라후라는 방에 들어갈 엄두도 못 냈다. 때마침 공교롭게도 소나기가 내려 그는 구린내 나는 뒷간에 들어가 잠을 청하였다. 그날 부처님이 라후라가 걱정이 되어 그곳에 와서 라후라를 부르자, 그는 뒷간에서 뛰쳐나와 부처님 품에 안겨 눈물을 흘렸다. 그 후부터 사미는 이

틀 밤을 비구와 같은 방에서 거처할 수 있게끔 되었다『四分律』.

17세가 되던 어느 날, 라후라는 착한 성품을 가지고 있었지만 장난기가 심하여 때때로 잦은 거짓말로 사람들을 속이고는 재미있어 하는 것이었다. 결국 부처님께 심한 꾸지람을 듣는다.

"사문으로서 행동을 조심하지 않고 거짓말로 사람을 괴롭히다니 죽을 때까지 깨달음을 얻지 못하고 미혹에 헤매고 말지니 뜻을 가다듬으라."

그 후부터 라후라는 계율을 충실히 지키며 정진한다. 20세가 되던 어느 날 부처님과 더불어 걸식에 나갔을 때, "모든 삼라만상과 몸이며 마음과 생각이 모두 무상하다고 생각하여라. 그러면 모든 집착이 사라지고 깨달음을 얻을 수 있다"는 법문을 듣고 마음이 열린다. 그는 홀로 기원정사에 들어와 좌선하여 마침내 깨달음을 얻게 된다.

석굴암 라후라 존자상

번뇌의 타파, 십대제자

밀행密行의 진정한 의미

라후라의 특징은, 계율과 수행자로서 지켜야 할 도리를 남이 보든 안보든 은밀하게 실천하는데 으뜸이라는 밀행제일密行第一에서 찾을 수 있으며, 거기에 하나 더 보태 그는 인욕행을 잘 실천했다는 것이다. 사리불과 더불어 왕사성으로 탁발 나갔을 때의 일이다.

그들은 길가에서 악한과 부딪혔다. 악한은 사리불의 발우에 모래를 들이붓고 그의 뒤를 따라가는 라후라의 머리를 후려쳐 머리에서 피가 주르륵 흘렀다. 그 자리에서 사리불은 라후라에게 부처님 제자 된 자로서의 본분, 즉 참고 자비심을 베풀며 인욕하라는 조언을 했다. 그 말을 들은 라후라는 이렇게 말했다.

"저는 이 아픔을 견디며 오랫동안 괴로워하는 자들을 생각해 보았습니다. 실제로 세상에는 악한 사람이 있습니다. 세상은 참으로 좋지 않은 일이 많이 벌어지는 곳입니다. 그러나 저는 화내지 않겠습니다. 다만 진리를 모르는 사람들을 어떻게 교화하면 좋을까 생각하고 있습니다. 부처님께서는 저에게 대자비를 가르치십니다. 광폭한 자는 잔악한 짓을 즐겨 하지만, 사문은 인욕을 지키고 높은 덕을 쌓습니다."

부처님은 이러한 라후라의 태도를 칭찬하면서 "자신이 붓다가 되어 제천諸天으로부터 존경을 받고 오직 홀로 삼계를 거닐며 안온한 마음을 지닐 수 있었던 것은 이 인욕의 덕 때문이다"라고 말한다.

한 나라를 계승할 태자의 신분인 데다가, 부처님의 외아들이라면 그만큼 주위로부터 많은 주목을 받았을 것이며 그의 의식 내에도 고귀한 신분이라는 우월감이 자리 잡고 있었을 것이다. 그러나 라후라는 수행자로서 조용히, 너무나도 은밀하게 자신의 길을 간다. 흔히 유명 인사의 아들이 부친의 후광을 입고 우쭐거리는 모습과는 너무나 비교가 된다. 여기서 우리는 부처님 교단, 그 출가수행 집단의 아름다운 살림살이를 엿볼 수 있을뿐더러 라후라의 고결하고 겸손한 인품을 읽을 수 있다. 밀행제일이라는 별칭이 라후라에게서 유독 아름다운 가치를 발하는 이유도 여기에 있다.

라후라는 출가했을망정 부모에 대한 애정은 지극했다. 그는 아들의 도리를 다하기 위해 병에 걸린 어머니에게 애정 어린 간호를 했으며 아버지인 석가모니 부처님께서 열반에 들자 슬프게 흐느낀다.

석굴암 십대제자상 중에서 본존불을 향하여 우측 맨 마지막 5번째로 등장하는 라홀라 존자는, 부처님 뒷모습을 향하여 정면으로 바라보고 있으며, 왼손은 주먹을 쥔 채 가슴에 대고, 오른손은 활달하게 들어 올려 옷자락을 잡은 모습이다. 미남형의 중후한 비구로서 단정하고 활달한 자태다.

일반적으로 불화에서 라후라 존자는 아난과 마찬가지로 머리를 깎은 젊은 승려로 나타난다. 석굴암 십대제자상 도열 순서와는 달리 불화에서는 마하가섭 존자가 맨 앞의 좌측에 등장하고, 우측에 아난 존자가 머무는데, 라후라 존자는 가섭이 위치한 자리에서 약간 위에 젊은 비구의 모습으로 얼굴을 내밀고 있다.

석굴암 십대제자상의 도열 위치와 달리 불화의 화면 구성에서 가섭 존자가 맨 처음 등장하고 그다음 아난 존자가 모습을 드러내는 것은 선종의 영향이다.

안타깝고 아쉬운 점은 부처님 후불탱화 십대제자 중 마하가섭과 아난, 그리고 라후라 존자는 어느 정도 확인되는데 나머지 제자들은 전혀 분간할 수가 없다는 것이다.

불화를 그리시는 분들은 적어도 자신이 그리는 대상이 누구인지 알아야 할 것이다. 예배와 존경의 대상으로 십대제자상을 보는 사람 역시 그 화면의 주인공이 누구인 줄 알고 자신의 마음을 낸다면 이 얼마나 아름다운 정경이겠는가. 그러면 어떻게 할 것인가? 불화를 그리는 분들이 십대제자에 대한 특성을 속속들이 캐내어 초본을 만들 때부터 십대제자 각각의 인물에 맞는 개성을 살려내야 하고 그 틀에 따른 창조적 변형도 얼마든지 가능하다고 본다.

참고문헌

단행본

B. 럿셀 저, 崔旼洪 역, 『서양철학사』, 집문당, 1980

高木 豊, 坂輪 宣敬 저, 『如來』, 東京美術選書 51, 昭和 62

공파 스님 번역, 『佛說 觀無量壽經』, 불광출판사, 1998

金剛秀友 저, 원의범 역, 『밀교의 철학』, 진언종교학부, 1982

길희성 저, 『인도철학사』, 민음사, 1984

_____, 『포스트모던 사회와 열린 종교』, 민음사, 1999

김성철 저, 『중론, 논리로부터의 해탈, 논리에 의한 해탈』, 불교시대사, 2013

김승철 저, 『엔도 슈샤꾸의 문학과 기독교』, 신지서원, 1998

_____, 『전시회에 간 예수, 영화관에 간 부처』, 시공사, 2001

金子大榮 지, 고명석 역, 『불교교리 개론』, 불교시대사, 1993

김현준 저, 『관음신앙 관음기도법』, 효림, 1997

_____, 『사찰 그 속에 깃든 의미』, 교보문고, 1992

_____, 『예불, 그 속에 깃든 의미』, 효림, 1998

김현해 저, 『法華經 要品 講義』, 민족사, 1996

김형효 저, 『마음 나그네』, 소나무, 2000

김호성, 『관세음보살』, 민족사,

니시타니 게이지 저, 정병조 역, 『종교란 무엇인가』, 대원정사, 1996

望月信成 外 저, 『佛像』, 日本放送出版協會, 昭和 58

_____, 『續佛像』, 日本放送出版協會, 昭和 58

梅原 猛, 『羅漢』, 講談社, 昭和 55

_____, 『佛像のこころ』, 集榮社文庫, 1994

Murti, *The Central Philsophy of Buddhism*, George Allen and Unwin, London 1960

박도화 저, 『보살상』, 대원사, 1990

미르치아 엘리아데 저, 이용주 옮김, 『세계종교사상사』, 이학사, 2010

박찬욱 · 한자경 외 저, 『마음, 어떻게 움직이는가』, 「유식불교에서 마음의 전개」, 운주사, 2009

불교신문사 편, 『佛教經典의 理解』, 불교시대사, 1997

三枝充悳 저, 송인숙 역, 『세친의 삶과 사상』, 불교시대사, 1993

서경수 저, 『불교철학의 한국적 전개』, 불광출판부, 1990

성낙주 글, 박정훈 사진, 『석굴암, 그 이념과 미학』, 개마고원, 2000

석지현 外 저, 『왕초보 불교박사 되다』, 민족사, 2002

速水 侑 저, 『菩薩』, 東京美術選書 30, 昭和 61

失島羊吉 저, 송인숙 역, 『공空의 철학』, 대원정사, 1992

신영복 저, 『나무야 나무야』, 돌배개, 1997

조성택 저, 『불교와 불교학』, 돌베개, 2012

阿部正雄 저, 변선환 엮음, 『선과 종교철학』, 대원정사, 1996

阿部正雄 저, 변선환 엮음, 『선과 현대신학』, 대원정사, 1996

柳田聖山 저, 김성환 역, 『달마』, 민족사, 1992

안성두 외 저, 『대승불교의 보살』, 씨아이·알, 2008

이기영 저, 『내 걸음의 끝은 마음에 있나니』, 한국불교연구원, 1997

_____, 『석가』, 한국불교연구원

_____, 『宗教史話』, 한국불교연구원, 1987

_____, 『元曉思想 1. 世界觀』, 홍법원, 1989

_____, 『韓國佛教研究』, 한국불교연구원, 1982

이기영 역주, 『華嚴經의 世界』, 한국불교연구원, 1985

이병도 역주, 『三國遺事』, 명문당, 1990

이부영 저, 『分析心理學』, 일조각, 1987

이성운 저, 『천수경, 의궤로 읽다』, 정우서적, 2011

一指 저, 『100문 100답 선불교 강좌편』, 대원정사, 1997

靜谷正雄 外 저, 정호영 역, 『大乘의 세계』, 대원정사, 1991

자현 스님 저, 『사찰의 상징세계』, 불광출판사, 2012

정병조 저, 『문수보살의 연구』, 한국불교연구원, 1988

_____, 『한국불교철학의 어제와 오늘』, 대원정사, 1994

정승석 저, 『100문 100답 불교강좌편』, 대원정사, 1994

_____, 『인간을 생각하는 다섯가지 주제』, 대원정사, 1996

정호영 저, 『여래장 사상』, 대원정사, 1993

조계종 포교원 편저, 『불교교리』, 조계종 출판사, 1998

中村 元 外 저, 慧源 역, 『바우드하 불교』, 김영사, 1990

_____, 이재호 역, 『용수의 삶과 사상』, 불교시대사, 1993

_____ 編, 『佛敎語源散策』, 東京書籍, 昭和 58

_____ 編, 『續佛敎語源散策』, 東京書籍, 昭和 60

增谷文雄 저, 반영규 역, 『붓다, 그 생애와 사상』, 대원정사, 1991

_____, 정병조 역, 『현대불교 입문』, 현음사, 1984

增原良彦 저, 지방훈 역, 『석존과 십대제자』, 상아, 1985

최동순, 『원묘요세의 백련결사의 연구』, 정우서적, 2004

최완수 저, 『佛像硏究』, 지식산업사,

통일불교성전편찬위원회, 『통일불교성전』, 대한불교진흥원, 1990

Fausbőll, *Indian Mythlogy*, Cosmos Publication, New Delhi, 1981

平川 彰 外 저, 정승석 역, 『大乘佛敎 槪說』, 김영사, 1979

폴커 초츠 적, 김경연 역, 『붓다』, 한길사, 1997

대한불교조계종 포교연구실, 『표준법요집 보고서』, 2009

차드 멍탄 지음, 권오열 옮김, 『너의 내면을 검색하라』, 2013

한국불교연구원 편, 『석굴암』, 일지사, 1989

_____, 『불국사』, 일지사, 1993

한스발덴펠스 저, 김승철 역, 『불교의 공과 하나님』, 대원정사, 1993

玄奘 저, 권덕중 역, 『大唐西域記』, 일월서각, 1983

황찬익 지음, 『기도도량을 찾아서』, 클리어마인드, 2014

홍윤식 저, 『만다라』, 대원사, 1992

_____, 『한국의 불교미술』, 대원정사, 1997

황수영 저, 『석굴암』, 열화당, 1990

橫山雄一 저, 『唯識の 哲學』, 平樂社書店, 1980

현봉 스님 저, 『너는 또 다른 나』, 불광출판사, 2009

히사마쯔 신이찌 저, 정병조 · 김승철 옮김, 『무신론과 유신론』, 대원정사, 1997

논문

김희경, 「朝鮮後期 羅漢像 硏究」, 명지대학교 대학원 박사학위 논문, 2012

문명대, 「石窟庵佛敎彫刻의 硏究」, 동국대학교 박사학위논문, 1987

법상(정광균), 「念佛에 내재한 禪的要因에 대한 一考」, 『정토학연구 제11집』, 한국정토학회
2008, 1993

조준호, 「선과 염불의 관계」, 『선문화연구 제14집』, 한국불교선리연구원, 2013

이경희, 「高麗後記 水月觀音圖 硏究」, 홍익대학교 석사학위논문

이수창, 「나한신앙의 성립과 전개과정」, 『불교문화연구』 6

이현정, 「거조암 나한상의 조형성 연구」, 한국교원대학교 대학원 석사학위 논문, 2006

이효원, 「한국 관음신앙 연구」, 한국학 중앙연구원 박사학위 논문, 2009

정경주, 「만다라의 구조와 색채에 대한 연구」, 동국대학교 석사학위논문

정병국, 「朝鮮 後期 神衆幀畵의 硏究」, 동국대학교 석사학위논문

文正覺, 「千手陀羅尼에 대한 印度神話的 一考察」

사전

智冠 編著, 『伽山佛敎大辭林』, 사단법인 가산불교문화연구원,

塚本善隆, 『望月大辭典』, 世界聖典刊行協會, 昭和 40

鈴木學術財團編, 『梵和大辭典』, 講談社, 昭和 62

Willams Moniers, *Sanskrit English Dictionary*, Oxford Univercity press, London,
1956

사진 © 국립중앙박물관(11면관음 편, 미륵보살 편)

불·보살·십대제자
누구나 알고 싶어 하는 불상의 마음

초판 1쇄 펴냄 2014년 7월 31일

저   자 | 고명석
발 행 인 | 이자승
편 집 인 | 김용환
펴 낸 곳 | (주)조계종출판사

책임편집 | 고주리
편   집 | 공정선
디 자 인 | 김유선
제   작 | 윤찬목, 인병철
마 케 팅 | 김영관

출판등록 | 제300-2007-78호(2007.4.27)
주   소 | 서울 종로구 우정국로 67 대한불교조계종 전법회관 7층
전   화 | 02)720-6107~9   팩   스 | 02)733-6708
홈페이지 | www.jogyebook.com
도서보급 | 서적총판사업부 02)998-5847
구입문의 | 불교전문서점 02)2031-2070~3 / www.jbbook.co.kr

ⓒ 고명석, 2014
ISBN 979-11-5580-019-5   03220